Ralf Kesten

Grundlagen der Unternehmensfinanzierung

Finanzierungsformen und Finanzierungsderivate

2. durchgesehene und aktualisierte Auflage

GUC - Verlag der Gesellschaft für
Unternehmensrechnung und Controlling m.b.H.
Chemnitz 2012

Bibliografische Information der Deutschen Nationalbibliothek
Die Deutsche Nationalbibliothek verzeichnet diese Publikation in der Deutschen Nationalbibliografie; detaillierte bibliografische Daten sind im Internet über http://dnb.d-nb.de abrufbar.

Kesten, Ralf:
Grundlagen der Unternehmensfinanzierung. Finanzierungsformen und Finanzierungsderivate / Ralf Kesten / 2. Aufl. - Chemnitz · Lößnitz: Verlag der GUC, 2012
(Lehrbuchreihe; 8)
ISBN 978-3-86367-013-9

GUC m.b.H. · Chemnitz · Lößnitz
http://www.guc-verlag.de

Druck: Sächsisches Druck- und Verlagshaus AG, Dresden
Gedruckt auf säurefreiem Papier - alterungsbeständig

Printed in Germany
ISBN 978-3-86367-013-9

Vorwort zur 2. Auflage

Die Betriebswirtschaftslehre stellt vornehmlich eine angewandte Wissenschaft dar, die konkrete Probleme im Rahmen der Unternehmensführung insbesondere unter dem Aspekt der Einkommenserzielung aufgreift. Einkommenserzielung ist Voraussetzung für materiellen Wohlstand. Wohlstand schafft zudem die Chance, seine eigene persönliche Lebensführung möglichst unabhängig gestalten zu können und mit anderen Personen zu teilen. Unter der Annahme, in einer möglichst freien Welt leben zu wollen, ergibt sich für jeden Bürger die sittliche Pflicht zum Geldverdienen. Vor diesem Hintergrund ist jede Person letztlich als „Unternehmer in eigener Sache" anzusehen. Solange Menschen konsumieren, unabhängig leben und teilen wollen, stellt das Geldverdienen eine Art „Daueraufgabe" dar. Gleiches gilt für Unternehmen, verstanden als Koalition verschiedener Interessengruppen, die bei der Einkommensverteilung freilich Konflikte bewältigen müssen. Um die Daueraufgabe „Einkommenserzielung" zu unterstützen, bietet die Lehre der Unternehmensfinanzierung eine Reihe von Instrumenten an, mit denen sich

- das Thesaurieren von bereits verdientem Geld bspw. zur Finanzierung von Erhaltungsmaßnahmen für die Einkommensquelle „Unternehmen" realisieren lässt,
- weitere Mittel beschaffen lassen, die bspw. zur Finanzierung von Wachstumsinvestitionen oder zur Abwehr von laufenden Zahlungsstörungen eingesetzt werden können,
- Risiken aus finanziellen Verträgen bzw. Wertpapieren (bspw. erwarteter Anstieg des Zinsniveaus oder antizipierte Kursverluste) besser beherrschen lassen.

Hierfür will das vorliegende Lehrbuch elementare Grundkenntnisse zu den wichtigsten Finanzierungsformen und Finanzierungsderivaten in möglichst komprimierter Form vermitteln.

In das Buch, das ich meiner Tochter Paula widme, sind meine Erfahrungen aus der Controllingpraxis sowie aus der Lehre als Professor an der NORDAKADEMIE - Hochschule der Wirtschaft - eingegangen. Auch in der zweiten Auflage möchte ich meiner ehemaligen Mitarbeiterin, Frau Anja Wozniak, für die wertvolle Formatvorlage danken. Ebenfalls zu danken habe ich meinen Studenten, die mich immer wieder aufgrund der vielen berechtigten Fragen zu einer möglichst anschaulichen Darstellungsweise motivieren. Für alle noch vorhandenen Unzulänglichkeiten trage ich selbstverständlich alleine die Verantwortung und freue mich auf Anregungen unter der Mailadresse ralf.kesten@nordakademie.de.

Kölln-Reisiek, im März 2012 Ralf Kesten

Inhaltsverzeichnis

Abbildungsverzeichnis

Abkürzungsverzeichnis

Abb.	Abbildung
ABS	Asset Backed Securities
AfA	Absetzung für Abnutzung
AG	Aktiengesellschaft
AktG	Aktiengesetz
APV	Adjusted Present Value
Aufl.	Auflage
Bd.	Band
Bd.	Band
BGB	Bürgerliches Gesetzbuch
bspw.	beispielsweise
bzw.	beziehungsweise
c.p.	ceteris paribus
ca.	circa
CAPM	Capital Asset Pricing Model
CDS	Credit Default Swap
CF	Cash Flow
d.h.	das heißt
DAX	Deutscher Aktienindex
DCF	Discounted Cash Flow
EBIT	Earnings Before Interests and Taxes
EBITDA	Earnings Before Interests, Taxes, Depreciation and Amortisation
EBT	Earnings Before Taxes
eG	eingetragene Genossenschaft
EK	Eigenkapital
EStG	Einkommensteuergesetz
EUR	Euro
EUREX	European Exchange
EURIBOR	European Interbank Offered Rate
EWF	Endwertfaktor
f.	fortfolgend
FAZ	Frankfurter Allgemeine Zeitung
ff.	fortfolgende
FK	Fremdkapital
FRA	Forward Rate Agreement
FRN	Floating Rate Note
GE	Geldeinheit(en)
gem.	gemäß
GewStG	Gewerbesteuergesetz
ggf.	gegebenenfalls
GmbH	Gesellschaft mit beschränkter Haftung
GuV	Gewinn- und Verlustrechnung
HGB	Handelsgesetzbuch

Hrsg.	Herausgeber
HV	Hauptversammlung
i.d.R.	in der Regel
i.e.S.	im engeren Sinn, im eigentlichen Sinn
i.V.m.	in Verbindung mit
i.w.	im wesentlichen
i.w.	im wesentlichen
i.w.S.	im weitesten Sinn
IFRS	International Finance Reporting Standards
insb.	insbesondere, insbesonders
insb.	insbesondere, insbesonders
IPO	Initial Public Offering
Jg.	Jahrgang
JÜ	Jahresüberschuss
KfW	Kreditanstalt für Wiederaufbau
KG	Kommanditgesellschaft
KGV	Kurs-Gewinn-Verhältnis
KWG	Kreditwesengesetz
lat.	lateinisch
lfd.	laufend(e)
LIBOR	London Interbank Offered Rate
MBO	Management-Buy-Out
MBI	Management-Buy-In
Mio.	Million(en)
MS	Microsoft
Nr.	Nummer
o.g.	oben genannte(n)
OHG	Offene Handelsgesellschaft
p.a.	per annum
Pkte.	Punkte
RBF	Rentenbarwertfaktor
rd.	rund
REX	Deutscher Rentenindex
ROI	Return on Investment
RP	Referenzperiode
S.	Seite(n)
Sp.	Spalte
teilw.	teilweise
u.	und
u./o.	und/oder
u.a.	unter anderem, und andere
u.a.m.	und anderes mehr
u.U.	unter Umständen
USA	United States of America
USD	US-Dollar
usw.	und so weiter
v.a.	vor allem
vgl.	vergleiche
VOFI	Vollständige Finanzplanung

vs.	Versus
WACC	Weighted Average Cost of Capital
WGF	Wiedergewinnungsfaktor (auch: Annuitätenfaktor)
WISU	Das Wirtschaftsstudium
z.B.	zum Beispiel
z.T.	zum Teil
z.Z.	zur Zeit
zzgl.	zuzüglich

1. Einführung

Inhalt des Lehrbuches

Das vorliegende Lehrbuch richtet sich an Studenten wirtschaftswissenschaftlicher und/oder benachbarter Studiengänge sowie an Praktiker, die sich elementare Grundkenntnisse zu den wichtigsten Finanzierungsformen und Finanzierungsderivaten aneignen wollen. Entsprechend wird besonderer Wert auf eine verständliche und nachvollziehbare Darstellung der Grundlagen gelegt. Mathematische Formalisierungen sind nur soweit enthalten als es für das Verständnis geboten erscheint. Zur Verbesserung des Verständnisses sind in den meisten Abschnitten Beispiele integriert. Dem Titel dieses Lehrbuches folgend, bleiben Grundlagen zur Organisation von Finanzierungen über Finanzierungsmärkte und Finanzintermediäre, vertiefende Ausführungen zur Kreditwürdigkeitsprüfung als auch sämtliche Fragen zur Finanzanalyse sowie zur Finanzplanung in Unternehmen ausgeklammert.[1]

Aufbau des Lehrbuches

Den Aufbau des Lehrbuches veranschaulicht Abb. 1-1.

In **Abschnitt 2** werden begriffliche und inhaltliche **Grundlagen** behandelt. Diese umfassen im wesentlichen

- eine kurze Erörterung des Investitions- sowie insbesondere des Finanzierungsbegriffs,
- eine Differenzierung der Zahlungsbeziehungen zwischen einem Unternehmen und seiner Umwelt, die zur Systematisierung von Finanzierungsformen führt,
- einen kurzen Überblick zum Basisziel „finanzielles Gleichgewicht“ im Rahmen von Finanzierungsmaßnahmen sowie abschließend
- eine Klassifizierung typischer Geld- bzw. Liquiditätsquellen von Unternehmen sowie die Erläuterung der hohen Bedeutung einer sog. Fristentransformation, die insbesondere dank der hoch organisierten Finanzmärkte (Börsen) möglich gemacht wird.

Die **Abschnitte 3 bis 7** behandeln verschiedene **Finanzierungsformen**, mittels denen Unternehmen ihren Finanz- bzw. Liquiditätsbedarf decken können.

---

1 Einen Überblick zu den Finanzierungsmärkten sowie zur Finanzplanung geben bspw. Franke, G./Hax, H. (Finanzwirtschaft 2004), S. 53-71 und S. 101-138. Ebenfalls zur Organisation der Finanzierungsmärkte sowie zusätzlich zur Finanzanalyse und Finanzplanung vgl. bspw. Perridon, L./Steiner, M./Rathgeber, A. (Finanzwirtschaft 2009), S. 161-173 sowie S. 561-673. Sehr anschaulich zu den Finanzierungsmärkten und Finanzintermediären (wie bspw. Banken) vgl. Bösch, M. (Finanzwirtschaft 2009), S. 35-51; Gräfer, H./Schiller, B./Rösner, S. (Finanzierung 2010), S. 37-61. Zur Kreditwürdigkeitsprüfung vgl. bspw. ausführlich Müller, A./Müller, D. (Kreditvergabe 2007), S. 1 ff. und zur Kreditsicherung bspw. Wöhe, G./Bilstein, J./Ernst, D./Häcker, J. (Grundzüge 2009), S. 193-223.

Abschnitt 3 beinhaltet wichtige Formen der sog. **Innenfinanzierung.** Einerseits die Finanzierungsinstrumente, die im Rahmen der laufenden Unternehmenstätigkeit eine „Auszahlungsverhinderung verdienter Zahlungsüberschüsse" bewirken sollen (Finanzierung aus sog. Gewinn-, Abschreibungs- und Rückstellungsgegenwerten) sowie andererseits relevante Formen der Vermögensumschichtung (insbesondere „echtes Factoring" sowie die damit eng verwandten Asset Backed Securities), durch die sich zusätzliche Finanzmittel, auf die das Unternehmen als Folge seines Leistungserstellungsprozesses einen Anspruch hat, generieren lassen.

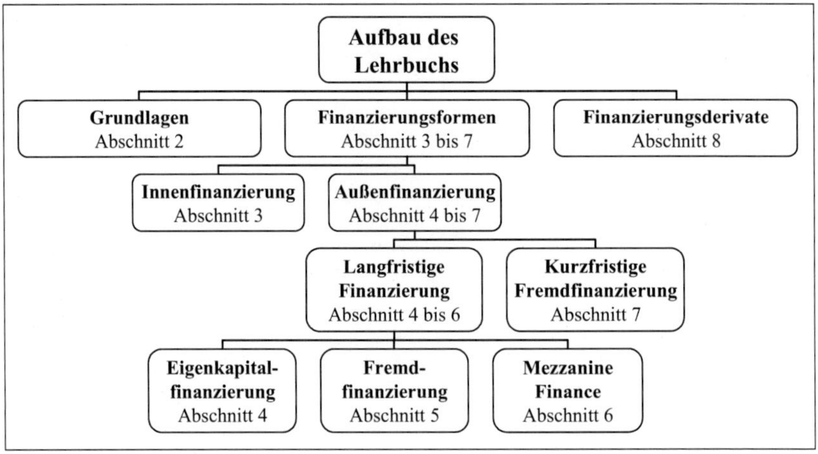

Abb. 1-1: Aufbau des Lehrbuchs

Die **Abschnitte 4 bis 7** beschäftigen sich mit den vielfältigen Arten der **Außenfinanzierung**:

- **Abschnitt 4** stellt die wichtigsten Finanzierungsalternativen in Form der externen Eigenkapitalfinanzierung (Einlagen- und Beteiligungsfinanzierung) dar, wobei die Kapitalerhöhung einer Aktiengesellschaft besonders berücksichtigt wird. Ergänzend wird auch auf einen Börsengang (sog. Going Public) eingegangen und es werden die Eigenkapitalbeschaffungsalternativen anderer Rechtsformen aufgezeigt.
- **Abschnitt 5** erörtert die typischen Möglichkeiten für eine langfristige Fremd- bzw. Kreditfinanzierung. Neben klassischen sog. unverbrieften Darlehen stehen insbesondere die sog. Schuldverschreibungen (Anleihen, Obligationen) mit einigen Sonderformen (insb. Zero-Bonds und Floating Rate Notes) sowie das Finance Leasing im Mittelpunkt der Ausführungen. Der Abschnitt endet mit einem kurzen Überblick über wichtige Formen zur Kreditbesicherung.
- Die Finanzierungspraxis hat eine Reihe von Sonderformen zur langfristigen Außenfinanzierung entwickelt, die sich im Einzelfall nicht immer treffsicher einer Eigen- oder

Fremdfinanzierung zuordnen lassen. Diese sog. „Mezzanine Finance“ ist Gegenstand von **Abschnitt 6**, dem auch die Sonderformen Venture Capital und Projektfinanzierung zugeordnet sind.

- Die Erörterung der Finanzierungsformen endet in **Abschnitt 7** mit der Darstellung kurzfristiger Fremdfinanzierungsmöglichkeiten, auf die ein Unternehmen im Einzelfall zurückgreifen kann.

In **Abschnitt 8** werden wichtige **Finanzierungsderivate** in ihren Grundzügen dargestellt, die Unternehmen des Nicht-Finanzsektors insbesondere zur Absicherung (Hedging) von bestehenden Finanzierungsverträgen und/oder zur Begrenzung operativer Geschäftsrisiken einsetzen:

- In Abschnitt 8.1 erfolgt zunächst eine kurze Charakterisierung von Derivaten mit einleitenden Beispielen.
- Abschnitt 8.2 behandelt sog. unbedingte Termingeschäfte, wobei Devisentermingeschäfte, Forward Rate Agreements und Financial Futures mittels Beispielen näher erklärt werden.
- In Abschnitt 8.3 wird zunächst die grundlegende Funktionsweise von Aktienoptionen anhand von Beispielen erläutert und, stellvertretend für übrige Derivateformen, ihre Bewertung nach dem sog. Duplikationsprinzip gezeigt. Abschließend wird auf Währungs-, Index- und Zinsoptionen kurz eingegangen.
- Abschnitt 8.4 informiert über die sog. Zins- und Währungsswaps, die auch von Firmen des Nicht-Finanzsektors gerne genutzt werden.
- Die Funktionsweise von sog. Kreditderivaten, die das Ausfallrisiko von Kreditbeziehungen für Kreditgeber begrenzen, wird abschließend in Abschnitt 8.5 anhand von Credit Default Swaps erläutert.

2. Begriffliche und inhaltliche Grundlagen

2.1 Investitions- und Finanzierungsbegriff

In dieser Arbeit werden Unternehmen als Institutionen interpretiert, die vornehmlich Ziele verfolgen, die sich aus dem Handlungsmotiv des Einkommensstrebens ableiten lassen.[1] Vereinfacht gesagt stellen Unternehmen „Zahlungsproduktionsmaschinen" dar: Ihre Kernaufgabe ist es, für die mit dem Unternehmen finanziell verknüpften Interessengruppen (insb. Kapitalgeber, Arbeitnehmer und Fiskus bzw. Staat) Einkommensströme zu erwirtschaften. In der Betriebswirtschaftslehre hat sich für diese eher ganzheitliche Sicht der Begriff „Wertschöpfung" (value added) etabliert (vgl. Abb. 2-1): Unter Nutzung von Leistungen anderer Unternehmen auf vorgelagerten Wirtschaftsstufen (sog. Vorleistungen wie Material- oder Warenaufwand, aber auch verbrauchte Potentialfaktorleistungen von Betriebsmitteln, deren finanzielles Äquivalent als Abschreibungen bezeichnet wird) entsteht auf der betrachteten Wirtschaftsstufe eines Unternehmens die Wertschöpfung als Saldo aus der eigenen Leistung (insb. Umsatzerlöse) und den Vorleistungen (sog. Entstehungsrechnung). Diese stiftet den Interessengruppen ein Einkommen und wird auf die Anspruchsgruppen als Kapital-, Arbeits- sowie Staatseinkommen in jeder Wirtschaftsperiode verteilt (sog. Verteilungsrechnung).

Während die Gruppen „Arbeitnehmer", „Fiskus" sowie „Fremdkapitalgeber" ihre Einkommensansprüche auf Basis von Vertragsbeziehungen durchsetzen, müssen sich die finanziellen Eigentümer (Shareholder, Gesellschafter, Eigenkapitalgeber) aus der dann noch verbleibenden Wertschöpfung befriedigen (sog. „Gewinn" bzw. Jahresüberschuss JÜ als Restgröße). Daher besteht für Eigenkapitalgeber ein besonderes Risiko aus der Unternehmenstätigkeit, weshalb sie die Weisungsbefugnis im Unternehmen ausüben dürfen und ein besonderes Interesse am Erhalt der Einkommensquelle „Unternehmen" besitzen. Im Idealfall soll ihr Gewinn als Einzahlungsüberschuss (Cash-flow) vorliegen und mindestens ein Niveau aufweisen, das einem Einkommen aus vergleichbaren alternativen Geldanlagemöglichkeiten der Eigenkapitalgeber für ihr investiertes Reinvermögen entspricht. Zu der Weisungsbefugnis von Eigentümern gehört u.a. auch die Strukturgestaltung im Unternehmensbereich, mit der attraktiv erscheinende Strategien auf den Absatz- und Beschaffungsmärkten verwirklicht werden. Diese Strukturgestaltung löst vielfältige Investitions- und Finanzierungsmaßnahmen aus, die angesichts des Gewinn- bzw. Einkommensstrebens oftmals auf ihre monetären Konsequenzen

1 Vgl. Schneider, D. (Geschichte 1981), S. 11 ff.; Schneider, D. (Grundlagen 1993), S. 22 ff., S. 109 ff.; Schneider, D. (Gewinnprinzip 1990), S. 869 ff.

aus Eignersicht reduziert werden, was die betriebswirtschaftliche Begriffsbildung von Investition und Finanzierung geprägt hat:

- Investitionen werden durch einen Zahlungsstrom charakterisiert, der i.d.R. mit Auszahlungsüberschüssen beginnt, auf die in späteren Zeitpunkten (hoffentlich) Einzahlungsüberschüsse folgen.
- Finanzierungen werden durch einen Zahlungsstrom charakterisiert, der i.d.R. mit Einzahlungsüberschüssen beginnt, auf die in späteren Folgeperioden Auszahlungsüberschüsse folgen.

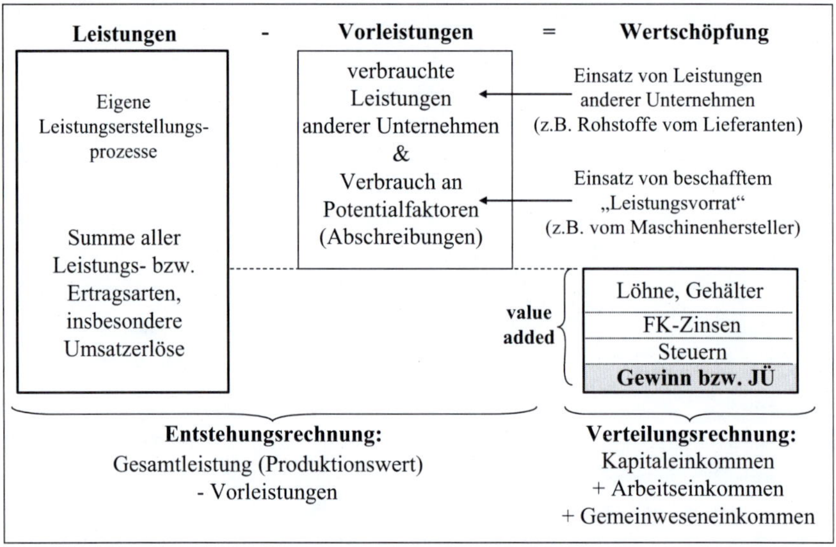

Abb. 2-1: Die Kennzahl Wertschöpfung als ganzheitliche Erfolgsgröße einer Periode

Beiden Definitionen liegt folgende Sichtweise zugrunde: Die Auszahlung für eine Investitionsmaßnahme (bspw. Kauf einer Maschine) löst einen zusätzlichen Bedarf an Finanzmitteln (meistens Geld) aus, der durch Auswahl einer geeigneten Finanzierungsform (bspw. Darlehen oder Bareinlage der Eigentümer) zu decken ist. Durch die im Zeitablauf dann entstehenden Einzahlungsüberschüsse aus der Investition (bspw. operativer Cash-flow aus der Vermarktung der mit der Maschine hergestellten Produkte) können die Finanzierungspartner entlohnt werden (im Falle einer Kreditaufnahme lassen sich die operativen Cash-flows zur Begleichung von Zins- und Tilgungsansprüche der Geldgeber verwenden). Investitions- und Finanzierungsprozesse lösen damit i.d.R. entgegengesetzte Zahlungsströme aus, weshalb man sie als „zwei Seiten einer Medaille“ begreifen kann. Allerdings sind es nicht nur die finanziellen Konsequenzen, durch die sich eine Finanzierungsmaßnahme charakterisieren lässt. In der Unternehmenspraxis sind sowohl aus Sicht möglicher Geldgeber als auch aus Sicht eines Gelder nachfragenden Unternehmens mindestens die folgenden Aspekte zusätzlich entscheidungsrelevant:

- Vertragsbedingungen,
- Sicherheiten sowie
- Informationsrechte der Geld- bzw. Kapitalgeber.

Vertragsbedingungen

In einem Finanzierungsvertrag wird festgelegt, zu welchen Bedingungen ein Unternehmen von einem Kapitalgeber Finanzmittel beschaffen kann. Der Vertrag kann bspw. fest terminierte verbindliche Zahlungen an die Geldgeber vorsehen (bspw. klassischer Bankkredit) oder so gestaltet sein, dass nur unter bestimmten festgelegten Bedingungen Zahlungen von den Geldgebern zu leisten sind (z.B. Mittelbeschaffung über Ausgabe neuer Aktien bei Vorliegen eines positiven Jahresüberschusses oder zweckgebundene Finanzmittelverwendung).

Sicherheiten

Die Zukunft und damit auch die künftig erzielbaren Einzahlungsüberschüsse von Unternehmen sind i.d.R. unsicher. Geldgeber können deshalb im Zeitpunkt der Geldvergabe nicht immer davon ausgehen, dass das Unternehmen seinen Zahlungsverpflichtungen (bspw. im Falle einer Kreditfinanzierung) stets nachkommen kann oder immer zu Gewinnausschüttungen fähig sein wird (bspw. in Form von Dividenden an die Aktionäre einer AG als Eigenkapitalgeber). Geldgeber verlangen deshalb ggf. Sicherheiten (bspw. ein Pfandrecht, eine Bürgschaft oder das Einhalten einer bestimmten Geschäftsstrategie), um bei Zahlungsunfähigkeit des Unternehmens ihre Forderungen gegen das Unternehmen aus der Verwertung der gestellten Sicherheiten befriedigen zu können und/oder um die Eintrittswahrscheinlichkeit einer ungünstigen Unternehmensentwicklung zu reduzieren, von der insbesondere die „Restbetragsansprüche“ der Eigentümer negativ betroffen wären, da sie letztlich das Unternehmensrisiko tragen. Insbesondere zur Reduktion von finanziellen Risiken aus der operativen Unternehmertätigkeit sowie aus einzelnen Finanzierungsmaßnahmen haben sich in den letzten Jahrzehnten sog. Finanzinnovationen bzw. Finanzierungsderivate als eine mögliche Sicherungsmaßnahme etabliert. So unterliegt bspw. ein exportorientiertes Unternehmen, welches umfangreiche Zielverkäufe in Fremdwährungsräume tätigt, grundsätzlich einem sog. Wechselkursrisiko. Dieses Risiko kann es durch ergänzende Finanzierungsmaßnahmen (Derivate) begrenzen bzw. eliminieren (bspw. durch Erwerb einer sog. Verkaufsoption für die betreffende fremde Währung, bei der zum Lieferzeitpunkt der Ware bereits der aktuelle Wechselkurs „eingefroren“ und damit eine nachteilige Wechselkursveränderung zum Zeitpunkt der Bezahlung der

Ware neutralisiert wird).[2] Aus Sicht des Kapital nachfragenden Unternehmens ist es wichtig zu wissen, ob und welche Sicherheiten bzw. Sicherungsmaßnahmen existieren, da dies u.a. Auswirkungen auf die Auswahl von Finanzierungsmöglichkeiten und die Gestaltung der Finanzierungskonditionen hat.

Informationsrechte der Kapitalgeber

Finanzierungsverträge sind i.d.R. mehrperiodig gestaltete Verträge. Zwischen dem Zeitpunkt der Kapitalüberlassung und dem der Kapitalrückzahlung kann viel geschehen, weshalb Geldgeber Informationen über die vergangene, gegenwärtige und insb. zukünftige Unternehmensentwicklung wünschen. Sowohl die Art als auch der Umfang der Informationswünsche sind u.a. abhängig von

- der Höhe des Kapitalbetrages,
- dem Haftungsumfang,
- den eigenen Mitwirkungsmöglichkeiten im Unternehmen sowie
- den Möglichkeiten des Wiederausstiegs.

So ist es bspw. ein Unterschied, ob der Geldgeber ein Mitglied der Unternehmensleitung, außenstehender Kleinaktionär oder Gläubiger ist.

Dass neben dem reinen Zahlungsaspekt zusätzlich die Vertragsbedingungen, Fragen zur Sicherung sowie zur Befriedigung von Informationsinteressen der Geldgeber im Rahmen von Finanzierungsmaßnahmen zu beachten sind, ist letztlich auch eine Folge der Tatsache, dass potentielle Geldgeber Unternehmensfinanzierungen vielfach als (Finanz-)Investitionen betrachten, die sie selbst in die Position eines Unternehmers versetzt: Das Handlungsmotiv eines Kapitalgebers liegt oftmals genauso im Einkommensstreben begründet, wie dies beim Kapital suchenden Unternehmen vielfach der Fall ist.[3] Unter Berücksichtigung dieser ergänzenden Aspekte kann ein erweiterter Inhalt des Finanzierungsbegriffs festgelegt werden:

- Finanzierung ist die Summe aller Maßnahmen der Mittelbeschaffung und -rückzahlung.
- Finanzierungsentscheidungen sind Entscheidungen über die Gestaltung finanzieller Beziehungen zwischen dem Kapital aufnehmenden Unternehmen und den Kapitalgebern.
- Die finanziellen Beziehungen sind bezüglich Höhe, Zeitpunkt, Vergütung, Unsicherheit der Zahlungen und Abhängigkeit der Zahlungen vom Eintritt bestimmter Bedingungen zwischen den Parteien gestaltbar.

2 Zu Finanzierungsderivaten wie bspw. Optionen vgl. Abschnitt 8.

3 Aus diesem Grund bedienen sich Kapitalgeber auch Verfahren der Investitionsrechnung, was erneut zeigt: Aus monetärer Sicht sind Investition und Finanzierung die beiden Seiten einer Medaille.

In diesem Buch umfasst Finanzierung damit die Gestaltung der Zahlungs-, Informations-, Kontroll- und Sicherungsbeziehungen zwischen Unternehmen und seinen aktuellen sowie potentiellen Kapitalgebern.[4]

2.2 Zahlungsbeziehungen zwischen Unternehmen und Umwelt

Unternehmen sind eingebettet zwischen Finanzierungsmärkten, Märkten des Nicht-Finanzsektors (Arbeits-, Güter- und andere Märkte) sowie dem Fiskus. Die in Abb. 2-2 wiedergegebenen Zahlungsbeziehungen (dargestellt durch die ein- und ausgehenden Pfeile) zeigen zugleich, wodurch ein Finanzierungsbedarf ausgelöst wird und wie er gedeckt werden kann.

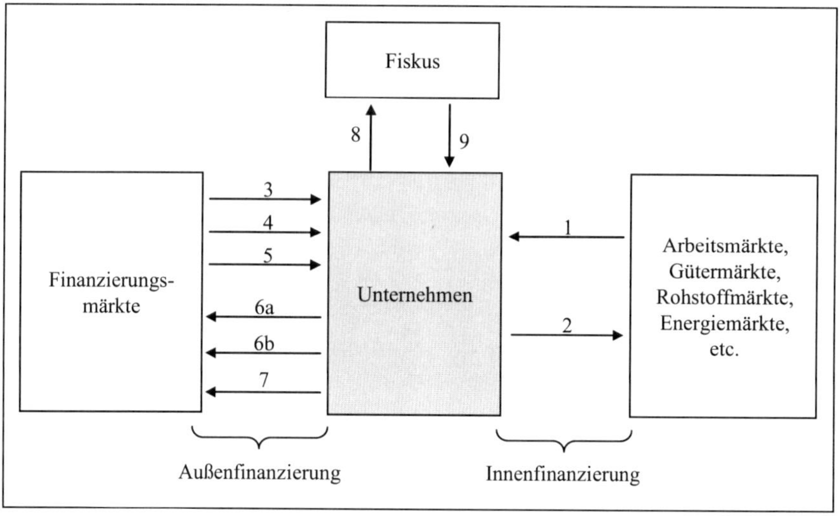

Abb. 2-2: Zahlungsbeziehungen zwischen Unternehmen und seiner Umwelt[5]

Folgende Zahlungsbeziehungen wollen wir differenzieren:

1. Einzahlung von Nichtfinanzierungsmärkten (bspw. Produkterlös)
2. Auszahlung des Unternehmens an Nichtfinanzierungsmärkte (bspw. Gehaltszahlungen, Investitionsauszahlungen für den Kauf von Maschinen usw.)
3. Einzahlungen von Kreditgebern bzw. Gläubigern (Fremd- bzw. Kreditfinanzierung)

4 Vgl. näher Drukarczyk, J. (Finanzierung 2003), S. 1-3.

5 Vgl. modifiziert Drukarczyk, J. (Finanzierung 2003), S. 4.

4. Einzahlung von bisherigen Eigentümern des Unternehmens (Einlagen- oder Eigenfinanzierung)
5. Einzahlungen von neuen Eigentümern (Beteiligungsfinanzierung)
6. Auszahlungen an die Gläubiger (6a: Zinsen; 6b: Tilgungen)
7. Auszahlungen an die Eigentümer bzw. die Eigenkapitalgeber (Dividenden bzw. Entnahmen)
8. Auszahlungen an den Fiskus (Steuern)
9. Einzahlungen vom Fiskus (Steuererstattungen, Subventionen wie Zulagen oder Zuschüsse)

Die Zahlungsbeziehungen zwischen Unternehmen und Finanzmärkten können als **Außenfinanzierung** bzw. externe Finanzierung bezeichnet werden: Außenfinanzierung umfasst im Kern die Zuführung von Finanzmitteln von außerhalb der Unternehmung. Bspw. beschreibt die Aufnahme eines Darlehens eine Kreditfinanzierung, bei der Gläubiger Gelder zusätzlich bereitstellen. Ebenso stellt das Einbringen von zusätzlichem Barvermögen aus dem Privatbereich eines (alten und/oder neuen) Eigenkapitalgebers eine Außenfinanzierungsmaßnahme dar. Die Abschnitte 4 bis 7 informieren über die große Bandbreite an Einzelmaßnahmen, die sich mit dieser Finanzierungskategorie verbinden lässt.

Die Zahlungsbeziehungen zwischen Unternehmen und den Nichtfinanzierungsmärkten betreffen einen Bereich von Finanzierungsmaßnahmen, der mit interner Finanzierung bzw. **Innenfinanzierung** charakterisiert wird: Innenfinanzierung ist eine Mittelbeschaffung „aus eigener Kraft heraus“: Finanzmittel werden durch die Unternehmensaktivitäten bzw. die operativen Leistungserstellungsprozesse (Beschaffung, Produktion und Absatz) selbst gewonnen bzw. freigesetzt. Was an Einzahlungsüberschüssen aus den Leistungserstellungsprozessen des Unternehmens im Unternehmen verbleiben kann, hängt

- zunächst vom Erfolg beim Betreiben dieser Leistungsprozesse, gemessen anhand der Zahlungen bzw. Cash-flows, die dabei erzielt werden, ab sowie
- von Bilanzierungsvorschriften, die definieren, was vom erzielten Ergebnis des Leistungsprozesses insbesondere an die Eigentümer ausgeschüttet werden darf bzw. was einzubehalten ist.

Ausschüttungsbegrenzende Regelungen sind notwendig für Unternehmen, die nur mit ihrem Vermögen für Gesellschaftsschulden haften, wie bspw. eine GmbH oder AG. Denn Ausschüttungen (Dividenden, Entnahmen) bedeuten einen Mittelabfluss aus dem Unternehmen an die Eigentümer und damit eine Reduktion des Vermögens und damit der Haftungsmasse aus Sicht der Gläubiger (Kreditgeber). Deshalb darf bspw. eine AG nur den sog. Bilanzgewinn ausschütten. Dieser ergibt sich (vereinfacht), indem der erzielte Periodenerfolg der Eigentümer (Jahrsüberschuss) um Gewinnrücklagen, die im Unternehmen verbleiben, gekürzt wird. Ein zusätzlicher Geldzufluss entsteht im Unternehmen dadurch nicht. Vielmehr wird ein erzielter

Überschuss einbehalten und steht, wenn er als Einzahlungsüberschuss vorliegt, für die Realisierung von bspw. Investitionsfinanzierungen zur Verfügung.

Neben der Gläubigerorientierung verfolgen die Bilanzierungsvorschriften auch die Aufrechterhaltung eines Going-concern von Unternehmen: Es sollen nach Möglichkeit bewusst Finanzmittel im Unternehmen verbleiben, um bspw. Ersatzinvestitionen im Bereich der Sachanlagen (Betriebsmittel) vornehmen zu können. So sind z.B. Maschinen nicht ewig nutzbar und könnten durch verbesserte Anlagen ersetzt werden. Folglich würde es sich empfehlen, die im Leistungserstellungsprozess gewonnenen Gelder vor einem Abfließen an die Anspruchsgruppen „Eigentümer“ und „Fiskus“ zu bewahren, damit die operativ generierten Finanzmittel für einen Maschinenkauf verwendet werden können und das Unternehmen nicht auf eine (weitere) externe Finanzierungsmaßnahme angewiesen ist. Diese interne Mittelbindung im Unternehmen unterstützt der Gesetzgeber u.a. durch Abschreibungsvorschriften, die den handels- bzw. steuerrechtlichen Gewinnausweis reduzieren.

Einstellung von Gewinnrücklagen und Ansatz von Abschreibungen für mehrperiodig nutzbare, aber sich abnutzende Betriebsmittel sind zwei Beispiele, die charakteristisch für die Innenfinanzierung von Unternehmen sind. Da sie von bereits verdienten operativen Einzahlungsüberschüssen ausgehen (das Geld kommt von den Kunden!) und ein Abfließen in den Privatbereich von Eigentümern verhindern sollen, sind Innenfinanzierungsmaßnahmen überwiegend als „Auszahlungsverhinderungsmaßnahmen“ zu charakterisieren. In Abschnitt 3 werden einzelne Innenfinanzierungsmaßnahmen näher analysiert.

2.3 Systematik der Finanzierungsformen

Neben der Frage, ***woher*** (aus Sicht des Unternehmens) die Finanzmittel gekommen sind (Außen- oder Innenfinanzierung), ist es in der Praxis üblich zu fragen, durch ***wen*** die Mittel aufgebracht werden. Dabei ist die Frage „durch wen?“ insbesondere dadurch zu beantworten, wem das „Entgelt“ für die Überlassung der Finanzmittel zusteht und wie die Verteilung der mit der Kapitalüberlassung verbundenen Risiken geregelt ist. Das „Entgelt“ für die Kapitalüberlassung ist bspw. bei einem Kreditgeber sein Anspruch auf vertraglich verbindliche Zins- und Tilgungszahlungen. Diese Zahlungen möchte er im Idealfall möglichst sicher erhalten. Anders dagegen die Situation bei einem Eigenkapitalgeber: Sein Entgelt besteht in seiner Hoffnung bzw. in seinem Anspruch auf eine möglichst, seiner Risikoposition entsprechende, angemessene Gewinnbeteiligung. Diese Sichtweise hat zur Differenzierung in Eigen- und Fremdfinanzierung geführt. Allerdings ist die Innovationskraft im Finanzierungssektor der Praxis enorm. So haben sich mittlerweile „Zwischenformen“ gebildet, bei der nur im Einzelfall geklärt werden kann, ob es sich eher um eine Eigenkapital- oder um eine Kreditbeziehung handelt. Hierfür hat sich der Begriff „Mezzanine Finance“ etabliert und beschreibt den Tatbestand, dass sowohl Eigen- als auch Fremdkapitalmerkmale in einer Finanzierungsform vereint sind. Beispiele für Mezzanine Finance sind u.a. das Gesellschafterdarlehen, bei dem der Eigentümer zugleich als Kreditgeber gegenüber dem Unternehmen auftritt, eine Optionsanleihe, bei der ein Kapitalgeber zugleich Aktionär als auch Gläubiger (Obligationär) der betrachteten Aktiengesellschaft (AG) sein kann, oder ein sog. Genussschein, bei dem Fremdkapitalelemente, wie eine garantierte Mindestverzinsung, mit erfolgsabhängigen Zahlungen verbunden sein können und/oder eine nachrangige Rückzahlung des überlassenen Kapitalbetrages im Insolvenzfall vereinbart sein kann, wie es für Eigenkapitalpositionen typisch ist. In Abschnitt 6 werden weitere Varianten vorgestellt und erläutert.

Eine strikte Trennung von Eigen- und Fremdkapitalgeberposition ist damit nicht mehr konsequent durchzuhalten, weshalb der Systematisierungsvorschlag in Abb. 2-3 sich lediglich auf eine Differenzierung zwischen Außen- und Innenfinanzierung beschränkt und die Rechtsstellung der Kapitalgeber gegenüber dem Unternehmen, gedacht als eigenständiges Rechtssubjekt, entsprechend einordnet. Dabei ist auffallend, dass sich den Maßnahmen der Innenfinanzierung keine eindeutige Rechtsposition (Eigen- oder Fremdkapital) zuordnen lässt. Dies hat seine Ursache darin, dass ein Unternehmen permanent versucht, Zahlungsströme mit den am Periodenanfang vorhandenen Ressourcen für seine Kapitalgeber, insb. für die Eigentümer, zu produzieren. Einen Teil dieser Zahlungen benötigt das Unternehmen, nach erfolgter Zustimmung durch die Eigentümer, zur Aufrechterhaltung des Going-concern. Ob diese einbehaltenen Gelder aber ursächlich auf eine Eigen- oder Fremdfinanzierungsmaßnahme zurückzuführen sind, ist nicht mehr (eindeutig) beantwortbar: Die im Wege der Außenfinanzierung beschafften Gelder fließen in das Unternehmensvermögen, welches einem permanenten Veränderungsprozess dank der operativen Prozesse unterliegt mit der Zielsetzung der nachhaltigen Vermehrung. Am Ende dieses „Mehrungsprozesses" erfolgt eine Aufteilung: Ansprüche der Fremdkapitalgeber werden zuerst befriedigt; der Eigentümeranteil ergibt sich aus dem verbleibenden Rest. Wir können also nur die Verteilung nachvollziehen, nicht aber den „Erfolgsbeitrag" einer Kapital- bzw. Rechtsposition erkennen. Diese Fragestellung erscheint ohnehin verfehlt: Es sind nicht die Kapitalpositionen, die für den Erfolg direkt verantwortlich sind, sondern die Management- bzw. Faktorkombinationsleistungen im Unternehmen beim Kampf im Wettbewerb um den Kunden bzw. um dessen Geld.

Der Vorteil der in Abb. 2-3 gezeigten Systematik liegt insbesondere darin, dass die Kernaufgabe der Innenfinanzierungsformen, nämlich den Abfluss finanzieller Überschüsse aus dem Verfügungsbereich des Unternehmens zu verhindern, deutlich hervorgehoben wird und die konkreten Sachverhalte, die das Innenfinanzierungsniveau ganz besonders prägen, herausgestellt sind. Betrachtet man die einzelnen „Verhinderungsalternativen" in der rechten Spalte der Abbildung, so sind nach Abschluss einer Wirtschaftsperiode davon insbesondere der Fiskus (bspw. reduzieren Abschreibungen dessen Steuerbemessungsgrundlage) sowie die Eigenkapitalgeber (bspw. Beschlüsse zur Gewinnthesaurierung im Rahmen der Selbstfinanzierung) betroffen. Denn der auf Fiskus und Eigentümer noch verteilbare operative Überschuss eines Unternehmens ergibt sich stets nach Abzug von Zahlungen an die beschäftigten Mitarbeiter, die Lieferanten für Verbrauchs- und Gebrauchsfaktoren sowie an die Kreditgeber.

Außenfinanzierung	**Innenfinanzierung**
Finanzmittel und/oder geldwertäquivalente Vermögensgegenstände werden dem Unternehmen zusätzlich von außen zur Verfügung gestellt	Finanzmittel, die dem Unternehmen aus dem eigenen Leistungserstellungsprozess zufließen, werden am Verlassen gehindert und/oder Vermögensumschichtungen setzen Finanzmittel frei
Eigenkapitalfinanzierung (Eigenfinanzierung) • Einlagenfinanzierung • Beteiligungsfinanzierung **Fremdkapitalfinanzierung** (Fremd- oder Kreditfinanzierung) • langfristig • kurzfristig **Mezzanine Finance** Mischformen zwischen Eigenkapital und langfristiger Fremdkapitalfinanzierung **Venture Capital** Eigenkapitalfinanzierung und/oder Mezzanine Finance für junge, nicht börsennotierte Unternehmen mit Wachstumspotential **Subventionen** (i.w. öffentliche Zulagen bzw. Zuschüsse)	**Finanzierung durch Auszahlungsverhinderung verdienter Überschüsse** • Finanzierung aus Gewinngegenwerten (Selbstfinanzierung) o Offene Selbstfinanzierung o Stille Selbstfinanzierung • Finanzierung aus Abschreibungsgegenwerten • Finanzierung aus Pensionsrückstellungsgegenwerten **Finanzierung in Zusammenhang mit einer Gewinnbeteiligung von Mitarbeitern** **Finanzierung durch Vermögensumschichtungen (Shiftability)** • Veränderung des Leistungserstellungsprozesses • Echtes Factoring • Asset Backed Securities

Abb. 2-3: Erster Überblick über wichtige Finanzierungsformen[6]

2.4 Finanzielles Gleichgewicht

Unternehmen sind Institutionen, um Einkommensziele der an dem Unternehmen beteiligten Anspruchsgruppen zu realisieren. Dieses Formalziel versucht ein Unternehmen durch Gestaltung der operativen Leistungserstellungsprozesse (Sachziele) bestmöglich zu realisieren. Als strenge Nebenbedingung hat ein Unternehmen dabei die jederzeitige Zahlungsfähigkeit zu beachten. In der Wirtschaftspraxis wird dies als Liquiditätsbedingung bezeichnet: Liquidität beschreibt im Kern die Fähigkeit eines Unternehmens, jederzeit termingerecht seine aktuell bestehenden als auch seine künftigen Zahlungsverpflichtungen uneingeschränkt und ohne

6 Zu alternativen Darstellungsformen vgl. bspw. Drukarczyk, J. (Finanzierung 2003), S. 9, S. 13; Schmidt, R.H./Terberger, E. (Grundzüge 1997), S. 19.

schuldhaftes Zögern erfüllen zu können.[7] Eine anhaltende Zahlungsunfähigkeit würde das Einhalten von vertraglichen Verpflichtungen unmöglich werden lassen und würde folgerichtig zur Eröffnung eines Insolvenzverfahrens führen, so dass die Verfügungsmacht über die noch vorhandenen Vermögensgegenstände in die Verantwortung eines Insolvenzverwalters übergehen würde. Dessen Aufgabe besteht in der Verwertung und Zuteilung der bei der Verwertung erzielten Liquidationswerte für die Vermögensgegenstände an die anspruchsberechtigten Gläubiger des Unternehmens, wobei die Gläubiger entsprechend einer Verwertungsreihenfolge berücksichtigt werden. Sollten die Liquidationserlöse im Ernstfall nicht alle Gläubigeransprüche abdecken, gilt das Unternehmen sowohl als zahlungsunfähig als auch als überschuldet. Da die Sicherung des Rechtsverkehrs, insb. das Vertrauen der Gläubiger, durch Zahlungsunfähigkeit nachhaltig gefährdet erscheint, ist Illiquidität nach Möglichkeit zu vermeiden, was dann gelingt, wenn Unternehmen in jeder Wirtschaftsperiode ein sog. „finanzielles Gleichgewicht" anstreben (vgl. Abb. 2-4).

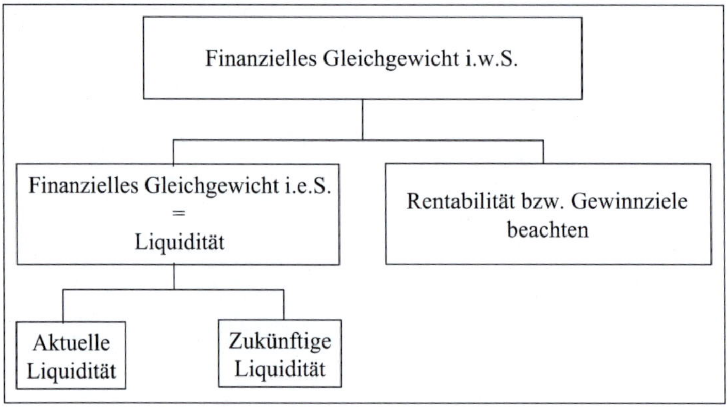

Abb. 2-4: Finanzielles Gleichgewicht

Wie Abb. 2-4 verdeutlicht, lässt sich ein finanzielles Gleichgewicht im engeren sowie eines im weiteren Sinne differenzieren. Finanzielles Gleichgewicht im engeren Sinn besteht, wenn ein Unternehmen das aktuelle sowie das zukünftige Postulat der Liquidität beachtet.

Unter **aktueller Liquidität** versteht man die Fähigkeit, zu einem bestimmten Zeitpunkt seinen Auszahlungsverpflichtungen nachkommen zu können („Zeitpunkt-Liquidität"). In diesem Sinne hat die Frage nach Liquidität den Charakter einer „Ja-Nein-Eigenschaft". Wenn bspw. am 30.01. eines Jahres eine Zahlungsverpflichtung zu erfüllen ist, ist entweder ausreichend

7 Neben der Zahlungsunfähigkeit ist die sog. Überschuldung bei Unternehmen mit beschränkter Haftungsmasse (Haftung nur mit dem Geschäftsvermögen) ein Anlass für einen Insolvenzantrag. Überschuldung liegt vor, wenn die Summe der veräußerungsfähigen Vermögensgegenstände die Summe der Schulden nicht mehr abzudecken vermag. Aus Sicht der Eigentümer liegt dann „negatives Reinvermögen" vor.

Bar- und/oder Buchgeld vorhanden („Ja!") oder eben nicht („Nein!").[8] Diese im Extremfall tagesgenau zu erfüllende Eigenschaft eines Unternehmens lässt sich ggf. durch Einleiten von Ad-hoc-Maßnahmen realisieren (bspw. Aufnahme eines kurzfristigen Kontokorrentkredites bei der Hausbank bzw. Ausnutzung einer gewährten Kreditlinie oder Auflösung eines Guthabens auf einem Tagesgeldkonto). Allerdings geht dies meistens zu Lasten der sog. zukünftigen Liquidität, deren Beurteilung auf einer Zeitraumbetrachtung basiert.

Im Rahmen der **zukünftigen Liquidität** fragt man nach den in einer Periode voraussichtlich entstehenden Einzahlungsüberschüssen zuzüglich eines ggf. vorhandenen Geldanfangsbestandes im Unternehmen zum Periodenbeginn. Dabei muss sich zum Periodenende mindestens ein Zahlungssaldo von Null ergeben, damit die auch als Periodenliquidität zu bezeichnende Eigenschaft als voll erfüllt angesehen werden kann. Bei der zukünftigen Liquiditätsanalyse ist daher das gegenwärtige, aber auch künftige operative Geschäftsmodell des Unternehmens mit in die Betrachtung einzubeziehen und zu hinterfragen, ob die geplanten bzw. erwarteten Geschäftstätigkeiten einen nicht negativen Zahlungsmittelbestand nach Abzug aller Auszahlungsverpflichtungen erwarten lassen. Hierbei bedarf es der sachlogischen Auswertung und Verzahnung von Gewinn- und Verlustrechung, Bilanz und der eigens dafür entwickelten Kapital- oder Geldflussrechnung (sog. Cash-flow-Statements). Geldflussrechnungen beinhalten insb. die operativen Einzahlungsüberschüsse (oftmals als EBITDA abgekürzt[9]), die geplanten Auszahlungen für Investitionen, fällig werdende Zins- und Tilgungszahlungen für Kredite, zu erwartende Steuerzahlungen des Unternehmens sowie Gewinnausschüttungsanforderungen oder auch Einlagenbeschlüsse seitens der Eigentümer, die den Zahlungssaldo im Unternehmensbereich beeinflussen. Man könnte daher auch von einer integrierten Finanz- oder Jahresabschlussplanung sprechen, der in der Unternehmenspraxis eine hohe Bedeutung zukommt: Einmal zur Früherkennung von Illiquiditätsphasen im Lebenszyklus eines Unternehmens; zum anderen zur zielgerichteten Planung bzw. Steuerung des Jahresüberschusses oder einer sachlich damit eng verknüpften Zwischengewinngröße wie

---

8 In der Praxis ist es zudem bedeutsam zu wissen bzw. einschätzen zu können, wie weit ein Unternehmen ggf. hinter dem aktuellen Liquiditätspostulat zurückbleibt. Daher wird ein neuer potentieller Geldgeber Hinweise zum bisherigen Zahlungsverhalten wünschen. Diese Aufgabe erfüllen insb. sog. Bonitäts- oder Kredit-Ratings, die von Finanzagenturen angeboten werden. Bei diesen Ratings werden Kredit haltende Unternehmen (oder auch Staaten) nach ihrem bisherigen und künftig zu erwartenden Zahlungsverhalten eingestuft. So vergibt bspw. die Ratingagentur Moody`s Investors Service, eine der bekanntesten Agenturen der USA, für Unternehmen, die als Schuldner mit bester Bonität gelten, eine „AAA"-Bewertung. Unternehmen, die bereits Zahlungen eingestellt haben und nahe der Insolvenz stehen, erhalten den Ratingcode „C". Je nach Bonitätseinstufung wird ein Geldgeber dann auch seine risikoangepasste Verzinsung dem jeweiligen Unternehmen mitteilen.

9 EBITDA steht für Earnings Before Interests, Taxes, Depreciation and Amortisation. Die Kennzahl stellt eine Zwischengewinngröße im Rahmen der Gewinn- und Verlustrechnung dar und informiert, vereinfacht gesagt, über das Innenfinanzierungsvolumen im Unternehmen bevor die Ansprüche der Kreditgeber, des Fiskus sowie der Eigentümer abgezogen und Investitionsauszahlungen zur Aufrechterhaltung oder Erweiterung des Going-concern getätigt sind.

bspw. das EBIT.[10] Die Planungsreichweite von integrierten Finanzplanungen variiert je nach Unternehmenskultur individuell: Sie kann sich über sechs Prognosemonate mit recht detaillierter Berechnung bis hin zu fünf (freilich weniger detailliert geplanten) Wirtschaftsjahren erstrecken. Andere Konzepte zur Erfassung der künftigen Liquiditätslage, bspw. das Betrachten und Vergleichen von historischen Bestandsdaten aus Bilanzen (vielfach als strukturelle Liquidität bezeichnet), sind als eher ungeeignet einzustufen.

Die Analyse der künftigen Zahlungspotenz ist für Kapitalgeber um so wichtiger, je länger die Kapitalbeziehung eingegangen werden soll. Im Einzelfall reagieren die Unternehmen mit dem Vorlegen sog. „Business Pläne", die, neben Finanzdaten, eine Reihe von Angaben zur weiteren Unternehmensstrategie enthalten und das Vertrauen in die Kapitalbeziehung stärken sollen.

Es liegt auf der Hand, das die Einhaltung des finanziellen Gleichgewichtes im engeren Sinn um so leichter zu realisieren ist, wenn das Management bspw. einen relativ hohen Geldbestand als „eiserne Liquiditätsreserve" vorgibt und maximal das Parken auf einem Tagesgeldkonto gestattet. Eine derartige Finanzpolitik kann langfristig die Einkommensziele bzw. das Gewinnstreben der Eigentümer beeinträchtigen. Vor diesem Hintergrund erscheint es daher sinnvoll, neben der Liquiditätseinhaltung, zusätzlich das Einkommensstreben mit in das Verständnis von einem finanziellen Gleichgewicht einzubeziehen: Im weiteren Sinne liegt dieses Gleichgewicht lediglich dann vor, wenn ausschließlich nur so viele Geldmittel im Unternehmensbereich verbleiben, wie zur Aufrechterhaltung der aktuellen und künftigen Zahlungsfähigkeit sowie zum Realisieren vorteilhafter Investitionsgelegenheiten aus Eigentümersicht unbedingt erforderlich ist. Verbleibt nach Erfüllung dieser Anforderungen noch ein positiver sog. Free Cash-flow, sollte in dessen Höhe eine Gewinnausschüttung erfolgen, um den Eigenkapitalgebern die Chance einer sinnvolleren Wiederanlage bzw. anderweitigen Verwendung der ihnen letztlich qua Rechtsposition zustehenden Beträge zu ermöglichen.

10 EBIT: Earnings Before Interests and Taxes. Gegenüber dem EBITDA, verstanden als Zahlungsüberschuss aus dem operativen Geschäft, sind hier implizit bereits Ersatzinvestitionen in Höhe der Abschreibungen berücksichtigt. EBIT ist für Finanzanalysten im Rahmen der Unternehmensbewertung eine bedeutende Orientierungsgröße.

2.5 Liquiditätsquellen eines Unternehmens

Die bisherigen Überlegungen in Abschnitt 2.4 gingen direkt vom Vorhandensein von Zahlungsmitteln (Geld) im Unternehmen aus. Dies ist eine Folge der heutigen Organisationsform unseres Wirtschaftslebens: Wir leben in einer Marktwirtschaft in Form der Geldwirtschaft (bspw. „Ware gegen Geld" wie im Falle eines Barverkaufs eines Produktes als Voraussetzung für eine Innenfinanzierung oder „Geld gegen Mehr-Geld" wie im Falle einer externen Kreditbeziehung). In einer Naturalwirtschaft („Ware gegen Ware") wäre die Frage der Liquidität anders zu beurteilen: Ein Unternehmer müsste über tauschfähige Güter verfügen, um als liquide gelten zu können: Wer nicht die richtigen Waren besitzt (also Waren, die kein anderes Unternehmen bzw. Wirtschaftssubjekt nachfragt), kann damit nicht andere Waren, die er benötigt, erwerben. Konsummöglichkeiten und Steigerung des Reichtums würden stark behindert. Die Fähigkeit, liquide in einer Natural- bzw. Warentauschwirtschaft zu sein, ist damit viel enger mit der Realisierung des Formalziels „Einkommensstreben" (Steigerung des persönlichen Wohlstandes) verknüpft. Bezüglich unserer heutigen Geldwirtschaft folgt aus dieser Überlegung: Die Beurteilung von Liquidität kann auch davon abhängen, was Unternehmen noch an anderen Gütern (außer an Zahlungsmitteln) besitzen. So ist eine Forderung aus Lieferung und Leistung grundsätzlich „geldnäher" als ein Halbfabrikat oder ein Fertigprodukt, das sich noch auf Lager befindet und auf einen Abnehmer wartet. Eine Immobilie in unattraktiver Lage wird vielleicht nur mit einem erheblichen Abschlag (Disagio, Abgeld) vom „normalen Verkehrswert" in kurzer Zeit durch einen Verkauf in Geld transformiert werden können. Diese Sichtweise hat dazu geführt, Liquidität alternativ als eine Eigenschaft für einzelne Vermögensgüter zu interpretieren:

- Der Besitz bestimmter Vermögensgüter versetzt den Eigentümer in die Lage zu tauschen, d.h. andere Güter damit zu erwerben oder bestehende Schulden zu tilgen.
- Der Besitz bestimmter Vermögensgüter ermöglicht deren Verkauf zwecks Geldbeschaffung (Nutzung der Existenz von Sekundärmärkten, bspw. Markt für gebrauchte Fahrzeuge, für Immobilien, für Wertpapiere usw.).
- Der Besitz von „nicht geldlichen" Vermögensgütern kann im Zeitablauf zur Umwandlung in Zahlungsmitteln führen: Ein Gut gilt als umso liquider, je kürzer seine sog. „Selbstliquidationsperiode" ist, also die Zeitspanne, die erforderlich ist, damit an die Stelle des Vermögensgutes eine Einzahlung tritt.

Insgesamt hängt die Umwandlungsfähigkeit von Gütern in Geld (der sog. Liquiditätsgrad) ab von

- den technischen und/oder institutionellen Eigenschaften des Gutes (bspw. Universal- vs. Spezialbohrmaschine),

- den Suchkosten potentieller Nachfrager und anderen Transaktionskosten (Kosten der Vertragsgestaltung, des Transports, der Versicherung usw.),
- der Verwertungszeit (Zeitraum, der einem zur Verfügung steht, bis das Illiquiditätsproblem definitiv wird oder bis man einen Käufer für eine Sache gefunden hat),
- der aktuellen Preiskonstellation bei Verwertung am Markt oder im Rahmen einer individuellen Verkaufsverhandlung.

Drukarczyk bezeichnet die Liquiditätseigenschaft von Vermögensgegenständen als **güterwirtschaftliche Liquidität**, die helfen kann, ein Unternehmen mit Finanzmitteln zu versorgen. Daneben differenziert er drei weitere Liquiditätsquellen, die einem Unternehmen zur Verfügung stehen und die Wahrung des finanziellen Gleichgewichts unterstützen können (vgl. Abb. 2-5).

Originäre Liquiditätsquellen:	**Güterwirtschaftliche Liquidität:** Welche Einzahlungsüberschüsse lassen sich erzielen, wenn man Vermögensgegenstände einzeln veräußert?	**Zukünftige Liquidität:** Welche Einzahlungsüberschüsse kann man in künftigen Perioden aus dem operativen Kerngeschäft erzielen?
Derivative Liquiditätsquellen:	**Verliehene Liquidität:** Welche Einzahlungen lassen sich erzielen, wenn man Vermögensgegenstände beleihen würde (Kreditsicherheiten, Kreditwürdigkeitsprüfung)?	**Antizipierte Liquidität:** Welche Einzahlungen lassen sich erzielen, wenn man künftige Einzahlungsüberschüsse des Unternehmens beleihen würde (ungesicherter Kredit, Kreditwürdigkeitsprüfung)?
Anknüpfungspunkt:	**Vermögensgegenstände**	**Einzahlungsüberschüsse**

Abb. 2-5: Bestimmungsgrößen der Liquidität[11]

Neben der bereits besprochenen güterwirtschaftlichen Liquidität sollte ein Unternehmen insbesondere über eine **zukünftige Liquidität** verfügen, auf die im Rahmen der Erörterung des finanziellen Gleichgewichtes in Abschnitt 2.4 bereits eingegangen wurde. Insbesondere die Überlassung von zusätzlichem Eigenkapital orientiert sich an der Fähigkeit, in der Zukunft ausreichend hohe Einzahlungsüberschüsse für die Eigentümer zu generieren. Nur durch Nachweis dieser Befähigung können sich auch junge Wachstumsunternehmen (sog. Start-ups) notwendige Finanzmittel, meistens in Form von sog. Venture Capital, beschaffen.[12]

Die bisherigen Überlegungen bezogen sich auf die beiden sog. „originären Liquiditätsquellen" eines Unternehmens: Umwandlung tauschfähiger Güter und der Produkte aus dem Leis-

11 Vgl. Drukarczyk, J. (Finanzierung 2003), S. 31.
12 Zum Venture Capital vgl. Abschnitt 6.9.

tungserstellungsprozess des Unternehmens in Zahlungsmittel. Beide originären Quellen erlauben ggf. eine weitere Verbesserung der Liquiditätslage eines Unternehmens. Da das Vorhandensein dieser originären Quellen Bedingung ist für weitere Liquiditätspotentiale, sind die nun kurz zu beschreibenden zusätzlichen Quellen als derivativ („davon abgeleitet") zu klassifizieren.

An die Stelle des Verkaufs vorhandener Güter kann deren Beleihung bei Kreditinstituten treten, wenn die Bank „beleihungsbereit" ist. Es liegt demnach eine von der originären Liquiditätsquelle „Vermögensgegenstand" abgeleitete Liquiditätsgewinnung, also **verliehene Liquidität**, vor. Durch die Beleihung wird kein Verkauf des ggf. noch benötigten Gegenstandes erforderlich und es kann in relativ kurzer Zeit zusätzliches Geld beschafft werden. Beleihung verursacht über die damit gekoppelte Kreditgewährung Zinskosten sowie vertragliche Tilgungsverpflichtungen. Dies verkürzt (ceteris paribus) die zukünftige Liquidität und ist im Rahmen einer integrierten Finanzplanung zu berücksichtigen. Zudem werden durch die Bank sog. Beleihungsgrenzen vorgegeben, die sich am vermuteten Veräußerungserlös ausrichten. Da die Veräußerungserlöse im Zeitablauf schwanken können und sich Banken ggf. nicht mit dem zugehörigen Sekundärmarkt auskennen, liegt die Beleihungsgrenze zumeist deutlich unter 100% des Veräußerungserlöses. Deshalb wird i.d.R. der beschaffbare Geldbetrag für das Unternehmen geringer sein als bei einem Verkauf des Gegenstandes. Durch die Beleihung hat der Kreditgeber ein Zugriffsrecht auf die Verwertung des Gegenstandes, um daraus ggf. künftig nicht bedienbare Forderungen gegen das Unternehmen befriedigen zu können. Deshalb kann das Unternehmen aufgrund rechtlicher Vorschriften keinen beliehenen Gegenstand verkaufen, bevor nicht die Forderungen gegenüber der Bank erfüllt sind. Die Entscheidung des Unternehmens für güterwirtschaftliche oder verliehene Liquidität ist daher eine „Entweder-Oder-Entscheidung": Entweder kann ein Gegenstand verkauft oder beliehen werden; beides gleichzeitig beim gleichen Vermögensgegenstand schließt sich aus.

Neben Vermögensgegenständen können auch künftige finanzielle Überschüsse durch Banken beliehen werden (**antizipierte Liquidität**): Die Kreditgewährung erfolgt im Vertrauen auf die künftigen Überschüsse des Unternehmens (und damit auch implizit auf Vertrauen in die Managementleistungen im Unternehmen) ohne Besicherung über Vermögensgegenstände. Das Unternehmen erhält also heute bereits Zahlungsmittel (statt wie künftig antizipiert) gegen das Versprechen, Zins- und Tilgungszahlungen künftig termingerecht und betragsgenau zu leisten: Das Unternehmen (Kreditnehmer) „verkauft" künftige Nettoeinzahlungen an den Kreditgeber (Bank) unter Vereinbarung eines Preises (den Zins). Für Banken stellt sich dabei das Problem, die künftige Zahlungsfähigkeit des Unternehmens zutreffend einzuschätzen (man erinnere sich bspw. an den Praxisfall der Kirch-Gruppe im April 2002). Hierbei wird auf das Instrument der Kreditwürdigkeitsprüfung zurückgegriffen. Die Beleihungsgrenzen werden aufgrund der Prognoseunsicherheiten künftiger Überschüsse vorsichtig festgelegt. Diese Art der Finanzmittelbeschaffung setzt damit ein eher größeres Unternehmen mit vielfacher Erfahrung voraus, das sich langfristig in einem tendenziell stabilen Geschäfts- bzw. Wettbewerbsumfeld bewegt (sog. „eingeschwungener Zustand“).

Ebenfalls als eine Art Beleihung künftiger Finanzüberschüsse kann man sich die externe Eigenkapitalfinanzierung denken: Investoren (bspw. Aktionäre) sind von der Durchführung einer Kapitalerhöhung (Ausgabe junger Aktien) überzeugt, wenn die Ertragsaussichten positiv eingeschätzt werden. Mit den neuen Bareinlagen können geplante Wachstumsstrategien realisiert werden, die sich nicht allein aus der Innenfinanzierung heraus finanzieren ließen. Aktionäre verlangen dann zusätzliche Ausschüttungen und Kurssteigerungen, die sich in Relation zu einer risikovergleichbaren Alternativanlage langfristig auf einem ähnlichen oder gar höheren Niveau befinden sollten.

2.6 Fristentransformation

Unter Fristigkeit versteht man allgemein die Zeitspanne bzw. –dauer, in der dem Unternehmen auf dem Wege der Außenfinanzierung finanzielle Mittel überlassen werden (auch: Überlassungsdauer). Dabei ist die zeitliche Struktur manchmal von Bedeutung, in der die Finanzmittel zurückzuzahlen sind (zeitliche Tilgungsstruktur). Wird das Kapital bspw. für eine umfangreiche Investitionsmaßnahme verwendet, die erst mit erheblich zeitlicher Verzögerung positive Einzahlungsüberschüsse generiert (bspw. beim Bau eines Kraftwerkes oder Aufbau einer neuen Produktionsstätte), so kann eine frühzeitig einsetzende Kapitalrückzahlung die Aufrechterhaltung des finanziellen Gleichgewichtes zumindest temporär gefährden. Dies kann auch dann der Fall sein, wenn die Kapitalüberlassungsdauer kürzer als die voraussichtliche „Wiedergeldwerdungsdauer“ (Pay-off-Termin oder Amortisationszeitpunkt) einer betrachteten Investitionsmaßnahme ist. Beide Fristigkeitsformen (Überlassungs- sowie Wiedergeldwerdungsdauer) sollten daher im Idealfall optimal aufeinander abgestimmt werden (sog. fristenkongruente Finanzierung). Dieser recht alte Finanzierungsgrundsatz, der seinen Ausdruck in diversen Bilanzierungsregeln findet,[13] erscheint immer dann angebracht, wenn es um die Lösung von Fragen im Rahmen einer sog. Projektfinanzierung geht.[14] Stellt die betrachtete Investitionsmaßnahme aber lediglich einen (kleinen) Teilausschnitt des übrigen Unternehmensprozesses dar, sind objektbezogene fristenkongruente Finanzierungen entbehrlich. Es kommt dann vielmehr auf die möglichst exakte Erfassung aller Zahlungskonsequenzen im Gesamtunternehmen an, was durch den Einsatz des Instrumentes einer integrierten Finanzplanung möglich wird.

---

13 Zu den populärsten Regeln zählen die Goldene Bilanz- bzw. Finanzierungsregel. Ihre Ergänzung finden diese Regeln durch sog. bilanzielle Liquiditätsgrade. Vgl. hierzu näher Perridon, L./Steiner, M./Rathgeber, A. (Finanzwirtschaft 2009), S. 569-574.

14 Zur Projektfinanzierung vgl. Abschnitt 6.10.

Aus Sicht potentieller Kapitalgeber kann man anstelle einer Überlassungs- von einer Bindungsdauer sprechen: Hat sich ein Kapitalgeber zur Überlassung bereiterklärt, ist er bzw. sein hingegebenes Vermögen zeitlich gebunden. Da die Fristigkeitswünsche zwischen Kapital nachfragendem Unternehmen und potentiellen Kapitalgebern erheblich von einander abweichen können, kann die notwendige Harmonisierung der Fristigkeitsvorstellungen ein praktisch ernstes Finanzierungsproblem darstellen. Im Einzelfall können die Suche nach geeigneten Finanzpartnern sowie die anstehenden Verhandlungen sehr zeitaufwendig und damit kostenintensiv werden. Im Extremfall würde an dieser Frage eine Finanzierung scheitern. Zur Lösung dieser Problematik existieren zwei Ansätze:

In den erforderlichen Harmonisierungsprozess der Fristigkeiten treten Banken bzw. Finanzintermediäre als Vermittler. Sie übernehmen die Aufgabe der sog. Fristentransformation: Fristentransformation bedeutet, sowohl die gewünschte Überlassungsdauer auf der Nachfragerseite als auch die präferierte Bindungsdauer auf der Anbieterseite von Kapitalbeträgen durch sukzessiven Austausch von Kapitalgebern zu arrangieren. Beispielsweise ist es im Rahmen eines langfristigen Schuldscheindarlehens[15] die Aufgabe eines Finanzintermediärs (auch: Finanzmakler), dem Unternehmen ein hohes Fremdkapitalvolumen in der gewünschten Überlassungsdauer zu beschaffen. Da es sich um einen Großkredit handelt, werden mehrere Fremdkapitalgeber (insb. Banken und/oder Versicherungsgesellschaften) an der Finanzierung beteiligt. Jede beteiligte Partei bevorzugt ggf. eine andere Bindungsdauer, die vertraglich festgelegt wird. Es ist nun die Aufgabe des Finanzmaklers, nach Ablauf der ersten Bindungsdauer eines beteiligten Kreditgebers an dessen Stelle einen neuen Kreditpartner zu finden, damit die dem Kredit aufnehmenden Unternehmen garantierte Überlassungsdauer realisiert wird. Für diese (ggf. mehrmals zu wiederholende) Fristentransformation im Rahmen einer langfristigen Kreditbeziehung erhält er vom Unternehmen eine angemessene Transformationsgebühr.

Die flexibelste Möglichkeit zur Fristentransformation stellt jedoch die Nutzung von standardisierten Finanzierungsmärkten (Börsen) dar. Werden Finanzierungsmaßnahmen in an der Börse handelbare Wertpapiere gekleidet („verbrieft"), können Kapitalanbieter börsentäglich durch Verkauf zum aktuellen Börsenkurs ihre finanzielle Beteiligung an einem Großkredit oder an einer Eigenkapitalerhöhungsmaßnahme im Rahmen einer AG beenden. Die Börse stellt, ähnlich einem klassischen Marktplatz, einen Sekundärmarkt dar, auf dem „gebrauchte Wertpapiere" gehandelt werden. Auf diesem Marktplatz tauschen lediglich die Anbieter und Nachfrager nach Wertpapieren ihre Zahlungen aus. Das zum Zeitpunkt der Kapitalbeschaffung zusätzlich mit Geldmitteln versorgte Unternehmen ist an diesem Handelsprozess nicht beteiligt und kann mit den beschafften Geldern entsprechend den in den Wertpapieremissionsbedingungen festgelegten Überlassungsfristen arbeiten. In Abschnitt 4 gehen wir diesbe-

15 Zum Schuldscheindarlehen vgl. Abschnitt 5.2.5.

züglich näher auf die Aktienfinanzierung ein. In Abschnitt 5 und 6 betrachten wir die Ausgabe von Schuldverschreibungen (Obligationen, Anleihen) näher und geben an dieser Stelle abschließend nur ein kurzes Beispiel.

Beispiel

Ein Industrieunternehmen möchte einen Großkredit über 100 Mio. GE aufnehmen. Damit sich eine Vielzahl von Kapitalgebern an der Kreditfinanzierung beteiligen können, zerlegt es den Großkredit in 1 Mio. sog. Teilschuldverschreibungen mit einem Nennwert von je 100 GE. Private und institutionelle Anleger haben nun die Möglichkeit, sich als Finanzinvestoren zu beteiligen, indem sie Teilschuldverschreibungen erwerben und dabei mindestens 100 GE investieren. Angesichts des geringen Mindestbetrages können sehr viele Kapitalgeber vom Unternehmen erreicht werden. Die praktische Abwicklung erfolgt über die jeweilige Hausbank der Anleger. Die Teilschuldverschreibungen werden nach der Emission (also nach erfolgter Beurkundung der Geldüberlassung bzw. nach Zahlung der Beträge an das Unternehmen) als Wertpapiere an der Börse gehandelt. Jede Schuldverschreibung gewährt eine feste (sichere) Verzinsung.[16] Die Kreditlaufzeit betrage 10 Jahre. Ein Geldanleger, der bis zum Ende der Laufzeit seine Schuldverschreibung behält, bekommt den Nennwert zurück. Sollte der Anleger allerdings bspw. nach 2 Jahren über seinen investierten Geldbetrag verfügen wollen, kann er nicht direkt auf das Unternehmen zurückgreifen und eine vorzeitige Rückzahlung verlangen. Damit ist dem Unternehmen die gewünschte Überlassungsdauer garantiert. Der Anleger kann aber sein Kreditengagement vorzeitig beenden, indem er seine Wertpapiere an der Börse zum aktuellen Kurs verkauft. Von dieser Möglichkeit wird er ggf. auch dann Gebrauch machen, wenn er einen Kursanstieg seiner Teilschuldverschreibung feststellt, was ihm neben der festen Verzinsung zusätzlich einen Kursgewinn bescheren würde. Damit eine breite Beteiligung von Anlegern sowie eine jederzeitige Handelbarkeit von Wertpapieren im Interesse der Investoren gewährleistet ist, müssen die Rechte und Pflichten aus solchen verbrieften Finanzierungsmaßnahmen in einem hohen Maße standardisiert sein. Aufgrund erheblicher Emissions- bzw. Begebungskosten von Wertpapieren sowie der erforderlichen Stellung von Sicherheiten steht nicht jedem Unternehmen diese Form der Fristentransformation zur Verfügung. Für eine erfolgreiche Wertpapieremission ist zudem das Image bzw. der Bekanntheitsgrad an den Finanzierungsmärkten eine praktisch bedeutsame Einflussgröße, die ein Unternehmen über das Instrument des Investor Relations allerdings (zumindest teilweise) aktiv gestalten kann.

---

16 Neben einer festen Verzinsung existieren weitere Entlohnungsvarianten für die Anleger bzw. Geldgeber. Vgl. dazu näher die Abschnitte 5 und 6.

3. Innenfinanzierung

3.1 Begriff und Merkmale der Innenfinanzierung

Im Rahmen der Innenfinanzierung fließen dem Unternehmen entweder

- Gelder aus dem operativen Leistungserstellungsprozess, die an einem Verlassen aus dem Unternehmensbereich gehindert werden („Überschussfinanzierung") oder
- Gelder durch vom Management veranlasste Umschichtungen in der Vermögensstruktur („Umschichtungsfinanzierung")

zu. Eine unmittelbare Beteiligung externer Kapitalgeber liegt in beiden Fällen nicht vor.

Im ersten Fall müssen verdiente Überschüsse vom Unternehmen bereits erzielt worden sein. Diesen verdienten Überschüssen dürfen dann nicht in gleicher Höhe Auszahlungen aus dem Unternehmensbereich gegenüberstehen, damit Finanzmittel im Unternehmen gebunden bleiben. Die grundlegende Idee einer „Auszahlungsverhinderung verdienter Überschüsse" wird zunächst allgemein in Abschnitt 3.2 sowie anhand von Beispielen zur Selbstfinanzierung in Abschnitt 3.3 erläutert. In Abschnitt 3.4 wird sowohl die Innenfinanzierungswirkung, die sich aus dem Ansatz von Abschreibungen ergeben kann, als auch die damit verbundene Möglichkeit einer Kapazitätserweiterung verdeutlicht. Angesichts der weit verbreiteten Meinung, sich über die Bildung von Pensionsrückstellungen langfristig besonders umfangreiche finanzielle Reserven im Unternehmensbereich zu verschaffen, ist diese Innenfinanzierungsmaßnahme entsprechend sorgfältig in Abschnitt 3.5 zu diskutieren.

Im zweiten Fall der „Umschichtungsfinanzierung" überprüft das Unternehmen seine operative Leistungserstellungs- bzw. Vermögensstruktur und modifiziert diese in einer Weise, dass dadurch schneller und/oder weitere Finanzmittel für das Unternehmen gewonnen bzw. freigesetzt werden. Die damit verbundenen Möglichkeiten (insb. echtes Factoring und Asset Backed Securities) werden in Abschnitt 3.6 aufgezeigt.

3.2 Finanzierung durch Auszahlungsverhinderung verdienter Überschüsse

Voraussetzung für eine Finanzierung mittels verdienter Überschüsse ist die Existenz tatsächlich erwirtschafteter Finanzmittel durch das eigentliche operative Geschäft. Insbesondere müssen Umsatzerlöse als einzahlungswirksame Erträge entstanden sein. Hat ein Unternehmen in einer Periode lediglich Zielverkäufe getätigt, sind dadurch noch keine Einzahlungen bzw. Überschüsse generiert worden.

Unterstellen wir, dass alle Umsatzerlöse auch zu Einzahlungen in einer Periode geführt haben, sind diesen alle Aufwendungen, die zu Auszahlungen führen, gegenüberzustellen. Die Differenz stellt einen Cash-flow im Sinne eines zahlungswirksamen Jahresüberschusses dar. Dieser Cash-flow ist der verdiente Überschuss an Finanzmitteln aus der aktuellen operativen Unternehmenstätigkeit vor Berücksichtigung einer Gewinnausschüttung an die wirtschaftlichen Eigentümer.[1] Erfolgt nun eine Gewinnausschüttung, reduziert sich der Cash-flow in Höhe des Ausschüttungsbetrages.

Geht man vom handelsrechtlichen Jahresüberschuss (*JÜ*) aus, so kann man sich den Cash-flow (*CF*) wie folgt herleiten:

$$(1)\ \text{JÜ} = \text{ER} - \text{AW} = \text{JÜ}^{\text{lw}} + \text{JÜ}^{\text{nlw}} = \left(\text{ER}^{\text{lw}} - \text{AW}^{\text{lw}}\right) + \left(\text{ER}^{\text{nlw}} - \text{AW}^{\text{nlw}}\right) = \text{CF} + \text{JÜ}^{\text{nlw}}$$

Nach Gleichung (1) ist der Cash-flow eine Teilmenge des Jahresüberschusses: Erträge (*ER*) und Aufwendungen (*AW*), die in gleicher Periode zu Ein- und Auszahlungen führen, also liquiditätswirksam (*lw*) sind. Damit gilt auch:

$$(2)\ \text{CF} = \left(\text{ER}^{\text{lw}} - \text{AW}^{\text{lw}}\right) = \text{JÜ} - \text{JÜ}^{\text{nlw}} = \text{JÜ} - \text{ER}^{\text{nlw}} + \text{AW}^{\text{nlw}}$$

Gleichung (2) zeigt: Um zum Cash-flow zu gelangen, kann man einerseits die Differenz aus allen zahlungswirksamen Erträgen und Aufwendungen bilden (erster Teil) oder den Jahresüberschuss JÜ um Erträge und Aufwendungen korrigieren, die nicht zugleich zu Zahlungen führen (zweiter Teil; *nlw* steht für „nicht liquiditätswirksam"). Im ersteren Fall spricht man von direkter, im zweiten Fall von indirekter Ermittlung.

Zusätzlich berücksichtigen wir noch die Gewinnausschüttung. Wir nehmen hierfür an, dass auf der Basis des Jahresüberschusses (*JÜ*) ein Teil in die Gewinnrücklagen eingestellt wird (*EGR* für „Einstellung Gewinnrücklage"). Der Restbetrag ergibt den Bilanzgewinn (*BG*), der zugleich sofort[2] zur Ausschüttung (*AS*) an die Eigenkapitalgeber gelangt und aus Unternehmenssicht einen Geldabfluss darstellt. Damit erhalten wir für die Gewinnausschüttung (*AS*):

$$(3)\ \text{AS} = \text{BG} = \text{JÜ} - \text{EGR}$$

Entsprechend gilt für den Cash-flow nach Ausschüttungen (CF_{nAS}):

$$(4)\ \text{CF}_{\text{nAS}} = \left(\text{ER}^{\text{lw}} - \text{AW}^{\text{lw}}\right) - \text{AS} = \text{JÜ} - \text{JÜ}^{\text{nlw}} - \text{AS} = \text{EGR} - \text{ER}^{\text{nlw}} + \text{AW}^{\text{nlw}}$$

---

1 Zusätzlich gilt dieser Cash-flow auch vor Berücksichtigung ggf. erforderlicher Investitionsmaßnahmen oder zu erfüllender Kredittilgungen, was aber an dieser Stelle vernachlässigt werden soll.

2 Die sofortige Ausschüttung des Bilanzgewinns an die Gesellschafter ist eine vereinfachte Annahme. Bei Aktiengesellschaften findet die Gewinnausschüttung (Dividendenzahlung) erst im Folgejahr nach erfolgtem Beschluss der Hauptversammlung statt.

Gleichung (4) zeigt, dass das Niveau des Cash-flow nach Ausschüttung abhängt von

- den Einstellungen in die Gewinnrücklage bzw. vom Umfang der Gewinnthesaurierung,
- dem Umfang an Erträgen und Aufwendungen, die nicht in der gleichen Periode zu Zahlungen führen.

Da man die Einstellung in Gewinnrücklagen (EGR) im Jahresabschluss nachvollziehen kann, wird auch von einer offenen Selbstfinanzierung gesprochen. Die nicht zahlungswirksamen Erträge bzw. Aufwendungen in (4) entziehen sich vielfach einer Nachvollziehbarkeit: Beispielsweise können Abschreibungsverfahren oder Rückstellungszuführungen genutzt werden, um den Umfang an nicht zahlungswirksamen Aufwendungen zu steigern und damit das Gewinnausschüttungspotential (AS bzw. BG bzw. JÜ) zu schmälern. Denn entsprechend (4) ist ersichtlich: Je höher (niedriger) der Anteil nicht zahlungswirksamer Aufwendungen (Erträge) in einer Periode ist, umso größer ist das Volumen an Innenfinanzierung aus verdienten Überschüssen für das Unternehmen. Für dieses legale „window dressing" hat sich die Bezeichnung stille Selbstfinanzierung durchgesetzt. Auf beide Selbstfinanzierungsformen kommen wir in Abschnitt 3.3 zurück.

Die Cash-flow-Definition in (4) beinhaltet noch nicht alle möglichen Zahlungen einer Periode in einem Unternehmen. Unberücksichtigt bleiben insbesondere

- Zahlungen aus externen Finanzierungsmaßnahmen (bspw. Bareinlage der Gesellschafter, Kreditaufnahme oder –tilgung) sowie
- Zahlungen in Zusammenhang mit aktivierungspflichtigen Investitionsauszahlungen (bspw. Bankabbuchung für den Zugang von Sachanlagen).

Bei diesen Zahlungen handelt es sich (analog zur Gewinnausschüttung) um zunächst erfolgsneutrale Vorgänge, die den Jahresüberschuss in der Gewinn- und Verlustrechnung nicht tangieren, aber den Geldbestand im Unternehmen verändern. Für eine vollständige Cash-flow-Berechnung, die über die gesamte Geldbestandsveränderung einer Periode informiert, wären diese Sachverhalte mit zu berücksichtigen, was in sog. Geldflussrechnungen bzw. Cash-flow-Statements geschieht.[3]

---

3 In der Unternehmenspraxis werden auch die Begriffe „Kapitalflussrechnung", „Finanzflussrechnung", „Veränderung der liquiden Mittel" oder „Veränderung von Geld und Geldanlage" verwendet. Vgl. hierzu näher Coenenberg, A.G./Haller, A./Schultze, W. (Jahresabschluss 2009), S. 769 ff.

3.3 Finanzierung aus Gewinngegenwerten

Eine Finanzierung aus Gewinngegenwerten wird auch Selbstfinanzierung genannt und entsteht durch im Jahresabschluss dokumentierte Einbehaltung von Teilen des erzielten Jahresüberschusses (sog. Gewinnthesaurierung oder offene Selbstfinanzierung) sowie durch Nutzung von Bewertungsspielräumen bei der Ermittlung eines Jahresüberschusses (sog. stille Selbstfinanzierung).

Offene Selbstfinanzierung

Auf der Grundlage eines Jahresüberschusses nach HGB basiert die Gewinnverwendungsentscheidung eines Unternehmens: Das Unternehmen wird i.d.R. einen Teil des Jahresüberschusses einbehalten (Gewinnthesaurierung bzw. Einstellung in Gewinnrücklagen bei einer Kapitalgesellschaft) und den Restbetrag an die Gesellschafter ausschütten (Gewinnausschüttung).

Ist der Jahresüberschuss zumindest teilweise liquiditätswirksam, werden durch die Entscheidung von Management und/oder Gesellschafter, einen Teil des Jahresüberschusses einzubehalten, verdiente Überschüsse bzw. Cash-flows am Abfließen aus dem Unternehmensbereich gehindert und stehen damit weiterhin im Unternehmen zur Verfügung.

Buchungstechnisch erfolgt auf Basis des Jahresüberschusses im Regelfall eine Einstellung in die Gewinnrücklagen (bei Kapitalgesellschaften), wodurch das Eigenkapital in der Bilanz erhöht wird. Ein Finanzierungseffekt entsteht für das Unternehmen aber erst dann, wenn zumindest Teile des Jahresüberschusses auch zu einem Finanzüberschuss geführt haben.

Beispiel

Gegeben ist eine GuV-Rechnung nach dem Gesamtkostenverfahren (vgl. Abb. 3-1). Die Umsatzerlöse, der Personal- und Materialaufwand, die Ertragsteuern sowie der zur Ausschüttung kommende Bilanzgewinn seien alle sofort zahlungswirksam für das Unternehmen.

GuV-Rechnung	GE
Umsatzerlöse	1.000
+ Bestandserhöhung Fertigprodukte	+ 400
- Personal- und Materialaufwand	- 400
- Abschreibungen	- 100
- Zuführung Pensionsrückstellungen	- 100
- Ertragsteuern	- 100
= Jahresüberschuss	+ 700
- Einstellung in Gewinnrücklagen	- 300
= Bilanzgewinn = Gewinnausschüttung	+ 400

Abb. 3-1: GuV nach dem Gesamtkostenverfahren (vereinfacht)

Zunächst ermitteln wir den Cash-flow direkt:

Direkte Cash-flow-Rechnung	GE
Umsatzerlöse	1.000
- Personal- und Materialaufwand	- 400
- Ertragsteuern	- 100
= Cash-flow vor Gewinnausschüttung	+ 500
- Gewinnausschüttung	- 400
= Cash-flow nach Gewinnausschüttung	+ 100

Abb. 3-2: Direkte Cash-flow-Ermittlung

Nun zeigen wir die indirekte Ermittlung auf Basis des Jahresüberschusses:

Indirekte Cash-flow-Rechnung, ausgehend vom Jahresüberschuss	GE
Jahresüberschuss	+ 700
- Bestandserhöhung	- 400
+ Abschreibungen	+ 100
+ Zuführung Pensionsrückstellungen	+ 100
= Cash-flow vor Gewinnausschüttung	+ 500
- Gewinnausschüttung	- 400
= Cash-flow nach Gewinnausschüttung	+ 100

Abb. 3-3: Indirekte Cash-flow-Ermittlung

Der Cash-flow vor Ausschüttung („verdiente Überschüsse") beträgt demnach +500 GE. Nach Ausschüttung beträgt der Cash-flow im Unternehmensbereich nur noch +100 GE. Letzteren Wert kann das Unternehmen durch seine Gewinnverwendungspolitik beeinflussen. Um dies zu verdeutlichen, ist in der nächsten Abbildung der Cash-flow nach Gewinnausschüttung nochmals alternativ dargestellt, wobei die Einstellung in die Gewinnrücklagen den Startpunkt der Ermittlung darstellt und Gleichung (4) aus Abschnitt 3.2 nutzt.

Indirekte Cash-flow-Rechnung nach Gewinnausschüttung	GE
Einstellung Gewinnrücklage	+ 300
- Bestandserhöhung	- 400
+ Abschreibungen	+ 100
+ Zuführung Pensionsrückstellungen	+ 100
= Cash-flow nach Gewinnausschüttung	+ 100

Abb. 3-4: Indirekte Cash-flow-Ermittlung auf Basis von Gleichung (4) aus Abschnitt 3.2

Hätte das Unternehmen mehr in die Gewinnrücklagen eingestellt (z.B. den gesamten Jahresüberschuss in Höhe von 700 GE), würde der gesamte verdiente Überschuss von 500 GE im Unternehmen verbleiben. Eine höhere Gewinnthesaurierung hätte damit mehr verdiente Finanzmittel am Abfließen aus dem Unternehmen gehindert.

Stille Selbstfinanzierung

Bei der Ermittlung eines Jahresabschlusses existieren Bewertungsspielräume, welche sich auch auf die konkrete Höhe des Jahresüberschusses als Anknüpfungspunkt für Gewinnverwendungsentscheidungen auswirken können. Dies kann zu einer höheren Thesaurierung bzw. im Umkehrschluss zu einer geringeren Ausschüttung der verdienten Überschüsse führen, die sich nicht ohne Insiderwissen feststellen lässt.

Stille Selbstfinanzierung kann gedanklich als eine Teilmenge sog. stiller Reserven (auch stille Rücklagen genannt) verstanden werden.[4]

Stille Reserven entstehen i.w.

- durch eine relativ niedrige Bewertung von Vermögensgegenständen auf der Aktivseite einer Bilanz sowie
- durch eine relativ hohe Bewertung von Schulden auf der Passivseite.

Beispiele

Ein Vermögensgegenstand kann mit unterschiedlichen Abschreibungsverfahren oder Nutzungsdauern in der GuV-Rechnung als Aufwand behandelt werden. Da die Aufwands- bzw. Abschreibungshöhe unterschiedlich vom Management gestaltet werden kann, lässt sich damit auch die Höhe des Jahresüberschusses gestalten, auf dessen Grundlage die Gewinnverwendung (Thesaurierung und Ausschüttung) einer Periode basiert. Damit allerdings ein Finanzierungseffekt entsteht, müssen verdiente Überschüsse bzw. Cash-flows vor Gewinnausschüttung vorliegen, damit durch Reduktion der Ausschüttungen (über zuvor reduzierten Jahresüberschuss) weitere Finanzmittel im Unternehmensbereich verbleiben. Würde man im obigen Beispiel die Abschreibungen von 100 GE auf 200 GE erhöhen würden sich (ceteris paribus) der Jahresüberschuss sowie die Gewinnausschüttung um 100 GE reduzieren, so dass der im Unternehmen gebundene Cash-flow nach Gewinnausschüttung um 100 GE auf 200 GE ansteigt.

Erwartet das Unternehmen im Folgejahr einen Prozess, hat es hierfür bereits im aktuellen Jahr eine Rückstellung für drohende Prozesskosten zu bilden. Allerdings ist es u.a. ein definitorisches Merkmal von Rückstellungen, dass die konkrete Höhe der künftigen Auszahlungsver-

4 Zu stillen Reserven im handelsrechtlichen Jahresabschluss vgl. auch ausführlich Coenenberg, A.G./Haller, A./Schultze, W. (Jahresabschluss 2009), S. 340-341.

pflichtungen nicht genau bekannt sein kann. Folglich bestehen Ermessensspielräume für das Management, welches Niveau im aktuellen Jahr den Rückstellungen zugeführt wird. Da die Zuführung zu Rückstellungen Aufwand darstellt, kann dies folglich den Ausweis des Jahresüberschusses und damit die Gewinnausschüttungen beeinflussen. Auch hier müssen wiederum positive Cash-flows vorliegen, damit eine Reduktion von Gewinnausschüttungen zusätzliche Finanzmittel im Unternehmensbereich binden.

Ein Unternehmen hat ein Grundstück (ohne Aufbauten) vor vielen Jahren für 1 Mio. GE angeschafft. Würde das Unternehmen das Grundstück heute verkaufen, ließe sich ein Verkehrswert bzw. Liquidationserlös von 10 Mio. GE realisieren. Entsprechend dem Anschaffungswertprinzip nach HGB darf das Grundstück nur mit 1 Mio. GE bilanziert werden. In Höhe der Differenz zum aktuellen Verkehrswert liegt eine stille Reserve vor. Benötigt das Unternehmen das Grundstück aber weiterhin für sein operatives Geschäft, so ist keine Realisierung des Liquidationserlöses möglich und damit auch kein Finanzierungseffekt vorhanden. Eine nicht realisierte Wertsteigerung kann nicht zur Finanzierung beitragen, da keine Zahlungen ausgelöst werden.

Das letzte Beispiel zeigt, dass es sinnvoll erscheint, die stille Selbstfinanzierung eines Wirtschaftsjahres auf solche Bewertungsvorgänge zu begrenzen, die im Rahmen von Gewinnverwendungsentscheidungen den Ausweis des Jahresüberschusses über die bewusste Gestaltung von nicht liquiditätswirksamen Erträgen und Aufwendungen einer Periode beeinflussen. Das Grundstück ist deshalb lediglich eine stille Reserve, da nur im Falle eines Verkaufs eine Vermögensumschichtung von Immobilie in Zahlungsmittel in Höhe von 10 Mio. GE entsteht (sog. güterwirtschaftliche Liquidität).

Offene Selbstfinanzierung und Ertragsteuern

Der mögliche Umfang einer Gewinnthesaurierung wird durch die Existenz von Gewinn- bzw. von Ertragsteuern beeinflusst. Dies wird vereinfacht für ein schuldenfrei gedachtes Unternehmen einmal in der Rechtsform einer Kapitalgesellschaft sowie in der Rechtsform einer Personengesellschaft gezeigt. Hinsichtlich der berücksichtigten Steuerarten (Körperschaftsteuer, Gewerbeertragsteuer, Einkommensteuer sowie Solidaritätszuschlag) wird unterstellt, dass alle an das sog. EBT (Earnings Before Taxes bzw. Jahresüberschuss vor Steuern) anknüpfen. Das Unternehmen befinde sich u.a. in einer ausreichend positiven Steuerzahlposition und existierende steuerliche Freibeträge bleiben unberücksichtigt. Das Unternehmen beabsichtigt eine 100%ige Gewinnthesaurierung. Abb. 3-5 zeigt die einzelnen Berechnungsergebnisse, ausgehend von einem EBT in Höhe von 100.000,-- GE. Danach ergibt sich die Gewerbeertragsteuer, der das Gewerbeobjekt „Betrieb“ unterliegt, durch Multiplikation einer sog. Messzahl (3,5%) mit einem Hebesatz (hier: 500%), den die Gemeinde festlegt, in der sich das Betriebsobjekt befindet, sowie dem EBT von 100.000,-- GE. Nach Berechnung dieser Steuerart ergeben sich im weiteren Verlauf rechtsformspezifische Unterschiede: Kapitalgesellschaften unterliegen als eigenständige juristische Personen der Körperschaftsteuer. Für diese gilt ein Steuersatz von 15%, der ebenfalls auf das EBT anzuwenden ist. Weitere 5,5% sind als Solidaritätszuschlag auf die Körperschaftsteuer zu erheben. Für eine Kapitalgesellschaft (bspw. GmbH oder AG) verbleibt damit ein Thesaurierungsvolumen von 66.675,--. Die Summe der Steuerzahlungen beträgt demnach 33.325,--, was einer Steuerquote von gut 33% vom EBT im Beispiel entspricht. Bei Personengesellschaften bzw. Einzelkaufleuten werden die Gesellschafter als natürliche Personen mit Einkommensteuer zuzüglich Solidaritätszuschlag belastet.[5] Allerdings darf das 3,8-fache des Gewerbemessbetrages (hier: 0,035 x EBT) nach § 35 EStG angerechnet werden, was die vorläufige Einkommensteuer als auch den zu entrichtenden Solidaritätszuschlag reduziert. Da die Sätze zur Berechnung der Einkommensteuer einem progressiven Verlauf unterliegen, wurde im Beispiel vereinfacht mit durchschnittlich 35% kalkuliert. Der Jahresüberschuss nach Steuern einer Personengesellschaft beträgt dann nur knapp 60.000,--, was einer Steuerquote von etwas über 40% vom EBT entspricht. Als Zwischenfazit lässt sich festhalten: Gewinnthesaurierung löst in einer Kapitalgesellschaft signifikant weniger Steuerzahlungen aus als in einer Personengesellschaft.

	Kapitalgesellschaft	**Personengesellschaft**
EBT (JÜ vor Steuern)	100.000,--	100.000,--
Gewerbeertragsteuer (Annahme: Hebesatz 500%)	0,035 x 5 x 100.000 = 17.500,--	0,035 x 5 x 100.000 = 17.500,--
= JÜ nach Gewerbeertragsteuer	82.500,--	82.500,--
Körperschaftsteuer bzw. Einkommensteuer, vorläufig (Annahme: ESt-Satz 35%)[6]	0,15 x 100.000 = 15.000,--	0,35 x 100.000 = 35.000,--
Anrechnung Gewerbesteuer auf die vorläufige Einkommensteuer (§ 35 EStG)	---	3,8 x 0,035 x 100.000 = 13.300,--
= JÜ vor Solidaritätszuschlag	67.500,--	60.800,--
Solidaritätszuschlag	0,055 x 15.000 = 825,--	0,055 x (35.000-13.300) = 1.193,50
= JÜ (Thesaurierungspotential)	66.675,--	59.606,50

Abb. 3-5: Gewinnthesaurierungspotential in Unternehmen ab dem Geschäftsjahr 2008

Das Bild ändert sich jedoch, wenn man die Annahme der 100%igen Gewinnthesaurierung aufgibt und eine Gewinnausschüttung an die Gesellschafter in Höhe des Jahresüberschusses nach Steuern unterstellt: Während bei den Personengesellschaften keine weiteren steuerlichen Wirkungen entstehen (es also beim JÜ von rund 59.600,-- GE bleibt), ist bei Kapitalgesell-

5 Diese Steuerberechnung erfolgt unabhängig von der Entscheidung, ob die Gesellschafter überhaupt eine Gewinnausschüttung wünschen.

6 Auf Antrag des Steuerpflichtigen ist alternativ ab 2008 der Ansatz eines Sondersteuersatzes für nicht entnommene Gewinne in Höhe von 28,25% möglich. Vgl. § 34a EStG.

schaften zu beachten, dass Gewinnausschüttungen auf der Ebene der natürlichen Dividendenempfänger noch der Einkommensteuer sowie zudem dem Solidaritätszuschlag unterliegen (vgl. Abb. 3-6). Dabei gelten die Ausschüttungen bei Privatpersonen als sog. Einkünfte aus Kapitalvermögen, die im Jahr 2008 letztmalig dem sog. Halbeinkünfteverfahren (HEV) unterliegen. Ab 2009 wird eine sog. Abgeltungssteuer auf diese Einkünfte mit einem vorgegeben Steuersatz von 25% erhoben. Im Beispiel fallen die Steuerzahlungen nach dem derzeitigen Halbeinkünfteverfahren geringer aus, da lediglich die Hälfte der Gewinnausschüttungen mit 35% zu versteuern sind bzw. die gesamten Gewinnausschüttungen mit dem halben Steuersatz (hier: 17,50%) belastet werden. Auf Basis der sich ergebenden Einkommensteuer wird erneut der Solidaritätszuschlag erhoben. Als Fazit lässt sich festhalten, dass die Steuerquote bei Kapitalgesellschaften im Ausschüttungsszenario auf rund 50% vom EBT ansteigt, was gerade in kleineren Unternehmen mit geschäftsführenden Gesellschaftern den Trend zur Gewinnthesaurierung mit erklären hilft.

	Besteuerung bis Ende 2008	**Besteuerung ab 2009**
JÜ = Gewinnausschüttung	66.675,--	66.675,--
Einkommensteuer	0,35 x ½ x 66.675 = 11.668,125	0,25 x 66.675 = 16.668,75
Solidaritätszuschlag	0,055 x 11.668,125 = 641,75	0,055 x 16.668,75 = 916,78
Einkommen des privaten Gesellschafters	54.365,12	49.089,47

Abb. 3-6: Steuerbelastung im Falle einer 100%igen Gewinnausschüttung des JÜ nach Steuern bei einer Kapitalgesellschaft

Stille Selbstfinanzierung und Ertragsteuern

Eine Möglichkeit, auf stillem Wege die Innenfinanzierungskraft des Unternehmens zu stärken, besteht in der Modifikation der Nutzungs- bzw. Abschreibungsdauer eines Betriebsmittels. Wird die Modifikation auch im Steuerrecht akzeptiert, zieht dies Veränderungen bei den Steuerzahlungen nach sich. In der Praxis wird nach Möglichkeit auch auf steuerlich legale Sonderabschreibungen zurückgegriffen. Betrachten wir die Steuerwirkung auf Unternehmensebene für eine Kapitalgesellschaft, die ein Betriebsmittel planmäßig über drei Perioden abschreiben würde, aber alternativ auch eine Abschreibung (AfA)[7] über zwei Perioden vornehmen kann.

Entsprechend Abb. 3-7 reduzieren sich in den ersten beiden Jahren die Steuerzahlungen, da sich die Bemessungsgrundlage verringert. Im dritten Jahr kehrt sich der Effekt um: Da der Restbuchwert des Betriebsmittels bei zweijähriger Abschreibung bereits Null beträgt, kann die Steuerbemessungsgrundlage (EBT) nicht weiter reduziert werden. Die Steuerentlastungs-

7 Der Ausdruck „AfA“ bedeutet „Absetzung für Abnutzung“ und stellt die Bezeichnung für eine planmäßige Abschreibung im Steuerrecht dar.

effekte der vergangenen Perioden kehren sich in einen Belastungseffekt um. Über drei Jahre kumuliert betrachtet, hat sich keine Steueränderung und damit auch keine Veränderung des Jahresüberschusses (JÜ) ergeben. Allerdings hat das Unternehmen in den ersten Perioden weniger Steuern gezahlt und damit temporär den Cash-flow verbessert, was zumindest Zins- bzw. Steuerstundungseffekte bewirkt.

Jahr 1 und 2	Abschreibung über 3 Perioden	Abschreibung über 2 Perioden	Differenz
EBITDA	100.000,--	100.000,--	-,--
- AfA	-30.000,--	-45.000,--	-15.000,--
= EBT	70.000,--	55.000,--	-15.000,--
- Steuern (30%)	-21.000,--	-16.500,--	+4.500,--
= JÜ	49.000,--	38.500,--	-10.500,--
Jahr 3	Abschreibung über 3 Perioden	Abschreibung über 2 Perioden	Differenz
EBITDA	100.000,--	100.000,--	-,--
- AfA	-30.000,--	-,--	+30.000,--
= EBT	70.000,--	100.000,--	+30.000,--
- Steuern (30%)	-21.000,--	-30.000,--	-9.000,--
= JÜ	49.000,--	70.000,--	+21.000,--
Jahr 1 bis 3 kumuliert	Abschreibung über 3 Perioden	Abschreibung über 2 Perioden	Differenz
Summe Steuern	-63.000,--	-63.000,--	-,--
Summe JÜ	147.000,--	147.000,--	-,--

Abb. 3-7: Steuerzahlungseffekte durch Modifikation der Abschreibungsdauer

3.4 Finanzierung aus Abschreibungsgegenwerten

Der Finanzierungseffekt aus Abschreibungsgegenwerten ist in der Literatur auch als Marx-Engels- oder Lohmann-Ruchti-Effekt bekannt. Der Effekt tritt in zwei Varianten auf, die sachlich mit Investitionsaktivitäten in mehrperiodig nutzbare Anlagegüter zusammenhängen:

- Kapitalfreisetzungseffekt und
- Kapazitätserweiterungseffekt.

Kapitalfreisetzungseffekt

Die Anschaffungsauszahlungen bzw. die Herstellungskosten von Gegenständen des Sachanlagevermögens sind in der Unternehmenspraxis über mehrere Perioden in Form von Abschreibungen zu verteilen. Diese Abschreibungen sind Aufwendungen, führen jedoch in den Abschreibungsperioden nicht zeitgleich zu Auszahlungen. Wie kann man sich dann dank Abschreibungen finanzieren? Die Antwort ist einfach: gar nicht! Das Geld muss stets vom Kunden kommen. Damit aber im Unternehmensbereich verdientes Geld zur Ersatzbeschaffung von benötigten Betriebsmitteln bzw. zur Aufrechterhaltung des Going-concerns gebunden bleibt, hat der Gesetzgeber weltweit den Ansatz von Abschreibungen als Gewinnminderungsvorschrift vorgesehen. Nicht der insgesamt mit den Kunden erzielte Überschuss (EBITDA) soll ausgeschüttet werden, sondern im Idealfall nur der um eine Abschreibung reduzierte (JÜ). Damit liegt kein Kapitalfreisetzungseffekt, sondern ein Auszahlungsverhinderungseffekt vor.

Denken wir uns ein Unternehmen, das ausschließlich aus einer einzigen Sachanlage besteht (z.B. ein Taxiunternehmen mit einem Taxi im Anschaffungswert von 50.000,-- GE, das eine 5-jährige Nutzungsdauer aufweist), die gerade angeschafft wurde. Wir unterstellen ferner, dass in jeder künftigen Periode ausreichend finanzielle Überschüsse (positiver Saldo aus einzahlungswirksamen Umsätzen und auszahlungswirksamen Aufwendungen, kurz: EBITDA) mit der Sachanlage erzielt werden und in gleicher Höhe in jedem Jahr anfallen (bspw. 20.000,--). Der Steuersatz sei 30%. Die Unternehmertätigkeit folge dem Going-concern-Prinzip, weshalb nach fünf Jahren eine Ersatzinvestition in ein neues Taxi notwendig wird.

Der Jahresüberschuss dient als Maßstab für eine Gewinnverwendung: Falls eine Gewinnausschüttung bzw. Privatentnahme erfolgt, unterstellen wir, dass diese in Höhe des Jahresüberschusses getätigt wird, wodurch bereits verdiente Finanzmittel den Unternehmensbereich verlassen.

In der folgenden Abb. 3-8 vergleichen wir eine Welt ohne sowie eine Welt mit Abschreibungen für das betrachtete Betriebsmittel, wobei wir Inflation ausklammern. Zudem integrieren wir zwei Annahmen: vollständige Gewinnthesaurierung (Annahme 1) sowie den hier interessierenden Fall der Gewinnausschüttung (Annahme 2) in Höhe JÜ.

Wird der Jahresüberschuss fünf Jahre in Folge thesauriert (Annahme 1), ist die Finanzierung der Ersatzbeschaffung (Kaufpreis 50.000,-- GE) nach 5 Jahren auch ohne Bildung von Abschreibungen möglich, da 5 x 14.000 = 70.000,-- GE zur Verfügung stünden.

Betrachten wir nun den Fall der Gewinnausschüttung (Annahme 2), für den die Abschreibungspflicht konzipiert ist: Dank Abschreibungen verbleiben mehr verdiente Überschüsse in Höhe des Abschreibungsbetrages (hier: 10.000,--) Jahr für Jahr im Unternehmen als dies in einer Welt ohne Abschreibungsregel der Fall wäre. Diese im Unternehmen verbleibenden Gelder nennt man Abschreibungsgegenwerte. Das sukzessiv über den Lebenszyklus des Betriebsmittels angehortete Geld kann verwendet werden, um sich nach 5 Jahren erneut ein Taxi zu kaufen. Freilich ist auch eine andere Mittelverwendung möglich. Würde es keine Abschreibungsbuchungen geben, würde ein höherer Jahresüberschuss in den Privatbereich der

Unsere Welt in jedem Jahr…	ohne Abschreibungen	mit Abschreibungen
EBITDA (operativer Cash-flow vor Steuern)	20.000	20.000
- Abschreibungen	0	-10.000
= Jahresüberschuss vor Steuern = Steuerbemessungsgrundlage	20.000	10.000
- Steuern (30%) = Auszahlungen	-6.000	-3.000
= Jahresüberschuss nach Steuern (JÜ)	14.000	7.000
Annahme 1: JÜ wird thesauriert		
- Privatentnahme (bar) = Null (Thesaurierung)	0	0
= verbleibende Finanzmittel im Unternehmen	14.000	17.000
Annahme 2: JÜ wird ausgeschüttet		
- Privatentnahme (bar) = JÜ (Gewinnausschüttung)	-14.000	-7.000
= verbleibende Finanzmittel im Unternehmen	0	10.000

Abb. 3-8: Auszahlungsverhinderung dank Abschreibungen im Fall von Gewinnausschüttungen

Gesellschafter ausgeschüttet. Eine Ersatzbeschaffung wäre ohne Inanspruchnahme anderer Finanzierungsmaßnahmen (bspw. Außenfinanzierung in Form einer Privateinlage) nicht möglich. Deshalb ist es sinnvoll, den Jahresüberschuss um Abschreibungen zu kürzen und nur den Restbetrag an die Eigentümer auszuschütten. Abschreibungen sind damit Ausdruck eines internen, vom Gesetzgeber gewollten Sparvorgangs, um den dauerhaften Fortbestand der Unternehmertätigkeit realisieren zu helfen. Dieser Sparvorgang funktioniert freilich nur, wenn das Unternehmen Geld verdient hat bzw. wenn im Beispiel der operative Cash-flow (EBITDA) nach Abzug von Steuern mindestens ein Niveau in Höhe der Abschreibungen erreicht.

Neben dem skizzierten Effekt einer Auszahlungsverhinderung verdienter Überschüsse an die Eigentümer, reduzieren Abschreibungen die steuerliche Bemessungsgrundlage. Dies kann man als eine indirekte Subvention begreifen: Durch die steuerliche Abzugsfähigkeit lässt der Fiskus den Eigentümern einen höheren Anteil vom cashwirksamen Zwischengewinn (EBITDA) übrig: In einer Welt mit Abschreibungen verlangt der Fiskus lediglich 3.000,-- GE vom erwirtschafteten EBITDA und damit im Beispiel nur 50% gegenüber einer Welt ohne Abschreibungsvorschriften. Die geringere Steuerzahlung ergibt sich alternativ aus der Multiplikation des Steuersatzes (30%) mit dem jährlichen Abschreibungsbetrag (10.000,--).

Kapazitätserweiterungseffekt

Obiges Beispiel hat für den Fall der Gewinnausschüttung gezeigt, dass es einem Unternehmen dank Abschreibungen gelingt, in betragsgleicher Höhe Gelder im Unternehmen zu binden.

Diese sog. Abschreibungsgegenwerte können genutzt werden, um die Periodenkapazität des Unternehmens zu steigern. Um dies zu zeigen, erweitern wir unser Beispiel in der Weise, dass das betrachtete Unternehmen zum Gründungszeitpunkt (t=0) jetzt nicht nur ein Taxi (Anschaffungswert von 50.000,--), sondern mehrere Betriebsmittel (hier: 10 Taxen zu 500.000,--) beschafft. Die Strategie des Unternehmers soll nun darin bestehen, die pro Jahr anfallenden Abschreibungsgegenwerte (im ersten Nutzungsjahr sind dies 100.000,-- bei einer 5-jährigen Nutzungsdauer im Falle linearer Abschreibung) in den Kauf neuer Taxen zu reinvestieren. In der folgenden Abbildung wird diese Investitionsstrategie verdeutlicht, wobei wir Inflation ausklammern, aber die Tatsache, dass man nur ganze Taxen erwerben kann, berücksichtigen. Abschreibungsgegenwerte, die nicht zum Erwerb einer Taxe ausreichen, werden zinslos gehortet und in späteren Perioden zur Finanzierung verwendet.

Zeitpunkt (t)	Taxenbestand per t (Stück)	Zugang Taxen in t (Stück)	Abgang Taxen in t (Stück)	Abschreibungsgegenwerte in t (GE)	Reinvestition der Abschreibungsgegenwerte in t (GE)	Rest Abschreibungsgegenwerte kumuliert per t (GE)
0	10	10	0	-	-	-
1	12	2	0	100.000	100.000	0
2	14	2	0	120.000	100.000	20.000
3	17	3	0	140.000	150.000	10.000
4	20	3	0	170.000	150.000	30.000
5	14	4	10	200.000	200.000	30.000
6	15	3	2	140.000	150.000	20.000
7	16	3	2	150.000	150.000	20.000
8	16	3	3	160.000	150.000	30.000
9	16	3	3	160.000	150.000	40.000
10	16	4	4	160.000	200.000	0
11	16	3	3	160.000	150.000	10.000
12	16	3	3	160.000	150.000	20.000
13	16	3	3	160.000	150.000	30.000
14	16	3	3	160.000	150.000	40.000
15	16	4	4	160.000	200.000	0
16	16	3	3	160.000	150.000	10.000
17	16	3	3	160.000	150.000	20.000
18	16	3	3	160.000	150.000	30.000
19	16	3	3	160.000	150.000	40.000
20	16	4	4	160.000	200.000	0
...und das „Spiel“ geht im gleichen Rhythmus weiter!						

Abb. 3-9: Kapazitätserweiterungseffekt durch verdiente Abschreibungen

Wie der Abb. 3-9 zu entnehmen ist, baut sich am Ende des vierten Jahres (t=4) ein Taxenbestand von 20 Stück auf. Nach Ablauf der fünften Periode (t=5) sinkt der Bestand temporär auf 14 Stück: Im fünften Nutzungsjahr (t=5) kommen dank der Investition aktuell erzielter Abschreibungsgegenwerte (200.000,--) vier neue Betriebsmittel dazu. Aber die Erstausstattung des Taxiunternehmens (10 Taxen aus t=0) wird komplett ausgemustert.[8] Die weitere Entwicklung zeigt, dass sich in dem hier gewählten Modellrahmen ein langfristiger Taxenbestand von 16 Stück ergibt, der dem Unternehmen jedes Jahr zum Geldverdienen zur Verfügung steht. Freilich wird ein Unternehmer nur dann diese Anzahl an Betriebsmitteln halten, wenn er dafür einen Markt sieht und über keine lukrativere Mittelverwendung verfügt.

Gibt man die Ganzzahligkeitsbedingung im Beispiel auf, lässt sich über einen sog. Periodenkapazitätserweiterungsfaktor (*PKEF*) die theoretisch maximale Betriebsmittelmenge berechnen:

(1) $PKEF = 2 \cdot \frac{n}{n+1} = \frac{2}{1+\frac{1}{n}}$, mit n = Nutzungsdauer in Anzahl der Reinvestitionsperioden

Unter einer Reinvestitionsperiode versteht man die Zeitspanne, die man benötigt, um sich ein neues Betriebsmittel aus den Abschreibungsgegenwerten anschaffen zu können. Im Beispiel beträgt die Reinvestitionsperiode ½ Jahr: 10 Taxen erzeugen im ersten Nutzungsjahr 100.000,-- Abschreibungen, die, als Abschreibungsgegenwerte interpretiert, den Kauf von zwei neuen Taxen ermöglichen. Der erste Neukauf wäre bei kontinuierlichem Geldzufluss damit bereits nach 6 Monaten möglich. Zum gleichen Ergebnis gelangt man, wenn man die Nutzungsdauer einer Taxe (hier: 5 Jahre) ins Verhältnis zur Betriebsmittelanzahl in t=0 (hier: 10 Taxen) setzt. Die Nutzungsdauer n in Anzahl der Reinvestitionsvorgänge ergibt sich dann abschließend dadurch, dass man die Nutzungsdauer eines Betriebsmittels (hier: 5 Jahre) mit dem Kehrwert der Reinvestitionsperiode (hier: ½ Jahr) multipliziert: Da die Reinvestitionsperiode 6 Monate beträgt, wird im ersten Nutzungsjahr zweimal in neue Taxen investiert. Ein Nutzungsjahr besteht damit aus zwei Reinvestitionsvorgängen. Bei 5-jähriger Nutzungsdauer resultieren daraus dann 10 Reinvestitionsvorgänge oder -perioden. Bei genauer Betrachtung saldieren sich bei der Bestimmung von n die Dimensionen von Reinvestitionsperiode (Nutzungsdauer in Jahren / Anzahl der Anlagen) und Nutzungsdauer in Jahren zur Anlagenanzahl in t=0 als alleinige Bestimmungsgröße für den Periodenkapazitätserweiterungseffekt. Die Kapazitätserweiterung ist demnach vom „Erstausstattungsniveau“ abhängig: Wer nur ein Taxi in t=0 beschaffen kann, hat eine Reinvestitionsperiode von 5 Jahren und kann daher nur am Ende der Nutzungsdauer lediglich den reinen Anlagenersatz tätigen. Ein zusätzlicher Kapazitätsaufbau wäre in einer solchen Startsituation, folgt man dem hier vorgestellten Gedankenmodell, nicht möglich.

8 Um die Darstellung einfach zu halten, wurde auf den Ansatz von Liquidationserlösen verzichtet.

Das Modell der Kapazitätserweiterung ist (zurecht) vielfach kritisiert worden. Die Kritikpunkte beziehen sich auf die fehlende Berücksichtigung der Bedingungen auf den Absatzmärkten und den ggf. notwendigen Anpassungen im Beschaffungsmanagement, auf die Vernachlässigung von technisch verbesserten Nachfolgeinvestitionen, von Inflation, Liquidationserlösen, Zinseffekten und dergleichen mehr. Viel entscheidender erscheint mir die Kritik, dass ein im Zeitablauf sukzessiver Kapazitätsaufbau selbstverständlich auch bei nur einem angeschafften Betriebsmittel im Gründungszeitpunkt t=0 möglich ist: Allein die Höhe des bislang erzielten und künftig erwarteten operativen Cash-flows (EBITDA) entscheidet, ob, nach Abzug von Steuerzahlungen und Gewinnausschüttungen, Gelder für Erweiterungsinvestitionen vorhanden sind – und nicht eine (kleine) Teilmenge von Zahlungsüberschüssen, gedacht in der Höhe von Abschreibungsbeträgen. Hat ein Unternehmer mehr Geld als die Abschreibungsgegenwerte verdient und übrig, kann und wird er weiter investieren, wenn er von der Wirtschaftlichkeit bzw. den sich bietenden Marktchancen überzeugt ist. Die entscheidende Einkommensquelle eines Unternehmens ist und bleibt der erfolgreiche Kampf um die Gunst bzw. das Geld der Kunden oder abstrakt: die Fähigkeit, in den operativen Geschäftsfeldern Zahlungsüberschüsse zu produzieren.

3.5 Finanzierung aus Pensionsrückstellungsgegenwerten

Ein Unternehmen kann die Altersvorsorge seiner Mitarbeiter unterstützen, indem es Pensionszusagen macht. Im Falle einer solchen Zusage wird dem Mitarbeiter eine Altersrente gezahlt, wenn dieser das Unternehmen als Pensionär verlässt. Im Zeitpunkt der Zusage sowie in allen Folgejahren ist in der Bilanz des Unternehmens eine Pensionsrückstellung zu bilden bzw. sukzessiv aufzubauen. Obwohl jede Pensionszusage einen vertraglich genau geregelten Lohn- bzw. Gehaltsbestandteil für einen Mitarbeiter darstellt, liegt eine Rückstellung vor: Die künftigen Auszahlungsverpflichtungen an ehemalige Mitarbeiter können bspw. bei vorzeitigem Tod oder Ausscheiden des Mitarbeiters aus dem Unternehmen geringer ausfallen als bei plangemäßer Beschäftigung. Zudem ist der Fall denkbar, dass das zur späteren Pensionszahlung verpflichtete Unternehmen insolvent wird. In diesem Fall, sofern keine weiteren Konzerngesellschaften verpflichtet werden können, leitet ein Pensionssicherungsverein die versprochenen Zahlungen an die Pensionäre weiter. Ein Ausfallrisiko für die Mitarbeiter besteht nicht. Auch das Steuerrecht verfolgt das Ziel, den Unternehmen Anreize zum Abschluss von Pensionszusagen für ihre Mitarbeiter zu verschaffen. Daher dürfen Zuführungen zu Pensionsrückstellungen (ZPR) die steuerliche Bemessungsgrundlage kürzen.

Rückstellungen sind allgemein eine beliebte Position der Praxis, die Höhe eines Jahresüberschusses gezielt zu regulieren und damit auch ein Mittel der stillen Selbstfinanzierung:[9] Sie führen im Jahr ihrer Bildung (ähnlich wie Abschreibungen) zu Aufwand, aber nicht zeitgleich zu einer Auszahlung. Über die Reduktion des Jahresüberschusses bzw. der Gewinnausschüttung wird verdientes Geld im Unternehmen gebunden (sog. Rückstellungsgegenwerte). Besonders verbreitet sind die Rückstellungen für Pensionsverpflichtungen, da zwischen dem Zeitpunkt der Pensionszusage und dem Rentenzeitpunkt bei einzelnen Mitarbeitern eine Zeitspanne von mehreren Jahrzehnten liegen kann, was eine langfristig sichere Planung des Innenfinanzierungsvolumens ermöglicht. Daher verwundert es nicht, dass Pensionsrückstellungen oftmals als „die“ Maßnahme der Innenfinanzierung eingestuft werden. Allerdings ist zu bedenken, das der ersten Phase des Rückstellungsaufbaus (sog. Ansammlungsphase) eine Phase der Rentenzahlung (sog. Auszahlungsphase) folgt. Erst die Analyse der Zahlungseffekte beider Phasen erlaubt eine abschließende Würdigung, die anhand eines vereinfachten Beispiels erfolgen soll.

Beispiel

Wir betrachten einen einzelnen Mitarbeiter M, der in t=0 in das Unternehmen eintritt, in t=4 eine Pensionszusage erhält und in t=7 in den Ruhestand geht. Ab t=8 erhält er bis t=12 eine Rentenzahlung von jeweils 10.000,-- GE. Die folgende Abbildung verdeutlicht den zeitlichen Ablauf.

Bei der Berechnung der Rückstellungsentwicklung geht der Gesetzgeber von folgender Fiktion aus: Es wird unterstellt, dass durch die Buchung von Sozialaufwand bzw. von Zuführungen zu Pensionsrückstellungen (ZPR) verdientes Geld im Unternehmensbereich gebunden bleibt. Diese Rückstellungsgegenwerte wird das Unternehmen temporär in eine verzinsliche Geldanlage (bspw. zu einem Anlagezinssatz von 6% p.a.) reinvestieren. Als Folge davon wird das Unternehmen Zinserträge erzielen, die es, zusammen mit den jährlich sich kumulierenden Rückstellungsgegenwerten, zur späteren Pensionsfinanzierung verwenden kann. Damit die Zinserträge im Unternehmensbereich verbleiben, verlangt der Gesetzgeber eine analoge Zinsaufwandsbuchung. Mit dieser Aufwandsbuchung wird sichergestellt, dass keine Erhöhung des Jahresüberschusses und damit keine zusätzliche Gewinnausschüttung aus dem Unternehmen stattfindet.[10] Bei der Berechnung dieser Zinsaufwandsbuchung, die Teil des Sozialaufwandes

9 Zum Wesen der stillen Selbstfinanzierung vgl. nochmals die Ausführungen in Abschnitt 3.3.

10 In einer Welt mit Steuern wird zudem sichergestellt, dass bis zur Höhe von 6% keine Steuern auf die Zinserträge in allen Phasen der Pensionsverpflichtung zu entrichten sind.

(ZPR) ist, unterstellt das Steuergesetz in § 6a EStG einen Rechenzinssatz von 6% p.a., der auch im Beispiel Anwendung findet. Um diese Fiktion zu verdeutlichen, gehen wir jetzt auf die finanzmathematische Kalkulation einer Pensionsrückstellung ein. Dabei vernachlässigen wir u.a. biometrische Daten (bspw. Sterbewahrscheinlichkeiten), die in der Praxis von einem Versicherungsmathematiker zusätzlich berücksichtigt würden.

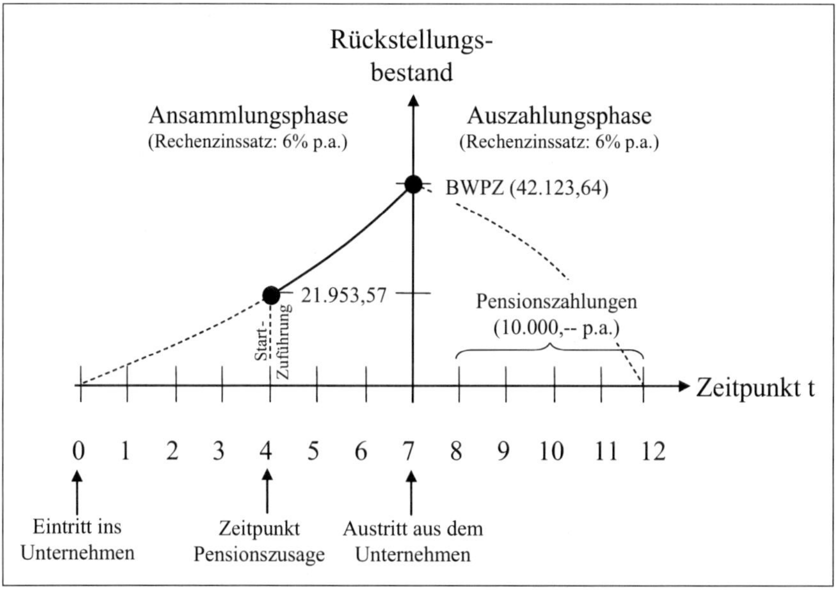

Abb. 3-10: Phasenschema zur Bildung und Auflösung einer Pensionsrückstellung

Wir starten die Berechnung in der Auszahlungsphase und fragen, welchen Barwert (BWPZ) sämtliche zu leistenden Pensionszahlungen (PZ) zum Austrittszeitpunkt von M (hier: t=7) haben. Dazu haben wir die fünf Zahlungen von je 10.000,-- abzuzinsen. Da die jährliche Zahlung im Zeitablauf konstant bleibt und im Beispiel am Ende eines Jahres anfällt, können wir den nachschüssigen Rentenbarwertfaktor (RBF) mit T=5 (Anzahl der Zahlungen bzw. der Jahre, in denen die Zahlungen zu leisten sind) und i=0,06 (Rechenzinssatz 6% laut Steuerrecht) nutzen und erhalten:

$$(1)\quad BWPZ = PZ \cdot \frac{(1+i)^T - 1}{i \cdot (1+i)^T} = PZ \cdot RBF[i;T] = 10.000 \cdot \frac{(1{,}06)^5 - 1}{0{,}06 \cdot (1{,}06)^5} \approx 42.123{,}64$$

Dem Unternehmen muss es folglich gelingen, rund 42.124,-- GE zum Austrittszeitpunkt für den Mitarbeiter anzusparen, damit es in den folgenden fünf Jahren (t=8 bis t=12) die vereinbarten Pensionen unter Berücksichtigung einer zwischenzeitlichen Verzinsung von 6% p.a. an M entrichten kann. Das sich mit diesem anzusammelnden „Geldsack" in t=7 tatsächlich die Pensionen finanzieren lassen, bestätigt die folgende Abbildung.

t =	Barwert der Pensionszahlungen (BWPZ) („Geldsack")	Zinsen auf den Barwert der Vorperiode t-1 („Zinsanteil")	Vereinbarte Pensionszahlungen (PZ)	Tilgung des Barwertes der Pensionszahlungen („Tilgungsanteil") = Barwertveränderung
[1]	[2]	[3] = [2] x 0,06	[4]	[5] = [4] - [3]
7	42.123,64	-	-	-
8	34.651,06	2.527,42	10.000,00	7.472,58
9	26.730,12	2.079,06	10.000,00	7.920,94
10	18.333,93	1.603,81	10.000,00	8.396,19
11	9.433,96	1.100,04	10.000,00	8.899,96
12	0,00	566,04	10.000,00	9.433,96

Abb. 3-11: Auszahlungsphase einer Pensionsrückstellung

Der für t=7 berechnete Barwert kann als das „Sparziel" des Unternehmens am Ende der Ansammlungsphase interpretiert werden. Entsprechend ist für diese Phase zu überlegen, welcher jährliche und hier im Beispiel konstante „Jahressparbetrag" (J) das Unternehmen für den Mitarbeiter M anzusammeln hat. Hierfür kann man den nachschüssigen Endwertfaktor (EWF) nutzen: Wenn ein Unternehmen am Ende eines jeden Jahres den Betrag J zum Jahreszinssatz i anlegt, führt dies nach einer Laufzeit von T Jahren zu einem Vermögensendwert (V_T) von:

$$(2)\quad V_T = J \cdot EWF[i;T] = J \cdot \frac{(1+i)^T - 1}{i}$$

Da der Vermögensendwert nichts anderes als der uns bereits bekannte Barwert der Pensionszahlungen darstellt (es gilt also: $V_T = BWPZ$), brauchen wir Gleichung (2) nur nach dem gesuchten Jahresbetrag J umstellen. Als Rechenzinssatz verwenden wir erneut 6%. Die Anzahl der Ansparjahre ergibt sich aus der Differenz von Aus- und Eintrittstermin des betrachteten Mitarbeiters (im Beispiel ist damit T=7). Wir erhalten für die Jahre t=1 bis t=7:

$$(3)\quad J = \frac{V_T}{EWF[i;T]} = \frac{42.123{,}64}{\frac{1{,}06^7 - 1}{0{,}06}} = 5.018{,}40$$

Mit der folgenden Abbildung verdeutlichen wir die Richtigkeit der Berechnung.

t =	Jahresbeträge bzw. „Sparraten“	Zinsen in t auf den Endwert per t-1 (Zinssatz: 6%)	Endwert der Jahresbeträge per t inkl. Zinsen
[1]	[2]	[3] = [4] x 0,06	[4]
1	5.018,40	0	5.018,40
2	5.018,40	301,10	10.337,90
3	5.018,40	620,27	15.976,58
4	5.018,40	958,59	21.953,57
5	5.018,40	1.317,21	28.289,19
6	5.018,40	1.697,35	35.004,94
7	5.018,40	2.100,30	42.123,64

Abb. 3-12: Ansammlungsphase einer Pensionsrückstellung

Spalte [2] von Abb. 3-12 zeigt die errechneten Jahresbeträge (J), die wir über Nutzung des Endwertfaktors bestimmt haben. Spalte [4] zeigt den jeweiligen in Periode t erzielten Endwert unter Berücksichtigung einer Verzinsung von 6%, die in Spalte [3] dargestellt ist. In t=7 der Spalte [4] wird unser Barwert der künftigen Pensionszahlungen genau erreicht.

Bei unseren Überlegungen zur Ansammlungsphase haben wir bislang so getan, als wenn der Mitarbeiter bereits ab t=1 eine Pensionszusage erhalten hätte. Faktisch erfolgt die Zusage erst in t=4. Allerdings verlangt der Steuergesetzgeber die Anwendung des sog. Teilwertverfahrens: Die Rückstellungskalkulation soll von der Idee ausgehen, dass sich der Mitarbeiter bereits seit Eintritt ins Unternehmen die Pensionszusage verdient hat. Daher ist in t=4 eine einmalige „Start-Zuführung“ vom Unternehmen zu buchen. Die dann folgenden Aufwandsbuchungen ab t=5 weisen geringere Höhen auf.

Zu beachten ist, dass wir bisher eine Spar- bzw. Geldanlagefiktion beschrieben haben. Sie gibt die Vorstellung des Gesetzgebers wieder, wie sich ein Unternehmen finanziell auf sein Pensionsversprechen in der Auszahlungsphase vorbereiten könnte bzw. sollte. Da das Unternehmen, folgt es dieser Fiktion, sowohl in der Ansammlungs- als auch in der Auszahlungsphase Zinserträge durch die Geldanlagefiktion erzielt, die unversteuert der Pensionsfinanzierung zur Verfügung stehen sollen, ist diesen Erträgen in allen Phasen ein entsprechender Zinsaufwand entgegenzustellen; ansonsten wären die Zinserträge als ausschüttungsbedroht zu charakterisieren.

Um die bilanzielle Abbildung der betrachteten Pensionszusage darzustellen, greifen wir auf die Abb. 3-11 sowie Abb. 3-12 zurück und ändern die Beschriftung.

T	Rückstellungsbestand in t (Wertansatz in der Bilanz)	Zuführung Pensionsrückstellung in t **ohne** Zinsaufwand (Jahresbeträge)	Auflösung Pensionsrückstellung in t **ohne** Zinsaufwand	Zinsaufwand (Teil der Zuführung!)	Pensionszahlungen	Gesamtaufwand der Periode (ZPR)
[1]	[2]	[3]	[4]	[5]	[6]	[7] = [3] + [5]
4	21.953,57	21.953,57[11]	-	-	-	21.953,57
5	28.289,19	5.018,40	-	1.317,21	-	6.335,61
6	35.004,94	5.018,40	-	1.697,35	-	6.715,75
7	42.123,64	5.018,40	-	2.100,30	-	7.118,70
8	34.651,06[12]	-	7.472,58	2.527,42	10.000,00	2.527,42
9	26.730,12	-	7.920,94	2.079,06	10.000,00	2.079,06
10	18.333,93	-	8.396,19	1.603,81	10.000,00	1.603,81
11	9.433,96	-	8.899,96	1.100,04	10.000,00	1.100,04
12	0,00	-	9.433,96	566,04	10.000,00	566,04

Abb. 3-13: Bilanzierung der Pensionsrückstellung im Beispiel

In Spalte [2] ist der jeweilige Wertansatz in der Bilanz (sog. Teilwert) dargestellt. Spalte [7] weist den Gesamtaufwand jeder Periode, die kompletten Zuführungen zu Pensionsrückstellungen (ZPR), aus. Für die Ansammlungsphase gilt:

- In t=4 ist der Gesamtaufwand gleich der „Start-Zuführung“, durch die die Zuführungsgegenwerte am Verlassen aus dem Unternehmen gehindert werden.
- Von t=5 bis t=7 ergibt sich der Gesamtaufwand aus dem jeweiligen (konstanten) Jahresbetrag J (Spalte [3]) und den Zinsen (Spalte [5]) auf den Rückstellungsbestand der jeweiligen Vorperiode (Spalte [2]). Beides zusammen wird als „Zuführung zu Pensionsrückstellung“ gegen das „Bestandskonto Rückstellungen“ gebucht. Dieser Gesamtaufwand entspricht der Veränderung des Rückstellungsbestandes zweier benachbarter Zeitpunkte. Die Zinsen sind, neben den Jahresbeträgen, auch Teil der Aufwandsbuchung, damit die durch die gebundenen Zuführungsgegenwerte entstehenden Zinserträge in der Ansammlungsphase auch vollständig im Unternehmen verbleiben, um die Finanzierung der Pensionszahlungen in der Auszahlungsphase zu gewährleisten.[13]

---

11 „Start-Rückstellung“ in t=4 (Zeitpunkt der Pensionszusage) ist jedoch einschließlich Zinsen bis t=4!

12 Der Wert ergibt sich aus 42.123,64 x 1,06 (Anlage ein Jahr zu 6% von t=7 nach t=8) abzüglich 10.000,-- Pensionszahlung in t=8!

13 Insofern werden die Zinserträge durch den hier gebuchten Zinsaufwand ergebnisneutral gestellt.

Für die Auszahlungsphase ist Spalte [7] wie folgt zu interpretieren: Der Bestand an angesammelten Zuführungsgegenwerten einschließlich Zinserträgen wird von t=8 bis t=12 sukzessiv reduziert. Aus dem Unternehmen fließen jeweils 10.000 GE (Spalte [6]). Davon kommt ein Teil aus dem angesammelten Geldbestand, der erfolgsneutral als Auflösung gegen den Rückstellungsbestand geht (Spalte [4] ist vom Vorjahreswert der Spalte [2] zu subtrahieren; „Tilgungsanteil"). Der verbleibende Teil zur Finanzierung der Auszahlung von 10.000 GE in t wird erzielt durch den Zinsertrag, den der verbleibende Bestand an Zuführungsgegenwerten in t-1 generiert. Dieser Zinsertrag ist damit für die Pensionsauszahlung sicherzustellen; er darf nicht den Jahresüberschuss erhöhen, da ihn dann die Eigentümer in Form einer Gewinnausschüttung verlangen könnten. Dies wird durch betragsgleiche Bilanzierung als Zinsaufwand (Spalte [5]) erreicht. Dieser Zinsaufwand ist, analog zur Ansammlungsphase, Teil der Aufwandsbuchung „Zuführung zu Pensionsrückstellungen" (Spalte [7]).

Integration des Beispiels in einen Jahresabschluss

Übertragen wir das Beispiel in eine integrierte Jahresabschlussplanung, bestehend aus einer Plan-GuV, einer Planbilanz sowie aus einer Cash-flow-Planungsrechnung.

Wir unterstellen stets Vollausschüttung des Jahresüberschusses (JÜ) an die Eigenkapitalgeber. Wir nehmen ferner an, dass das Unternehmen jede Periode einen operativen Cash-flow vor Zinsen (EBITDA) von 72.000 GE erwirtschaftet. Für das Darlehen, konzipiert als Endfälligkeitskredit,[14] müssen 6% Zinsen gezahlt werden. Sobald für das Unternehmen ein Geldbestand entsteht, kann dieser zu 6% p.a. verzinslich angelegt werden.

Die Entwicklung der Sozialaufwendungen (ZPR) sowie der Pensionsrückstellungsbestände entsprechen denen der Abb. 3-13.[15] In t=4 fällt die „Startrückstellung" (21.954,--) an. Sie zeigt sich in Abb. 3-14 in allen drei Plänen: Sie ist Aufwand im GuV-Plan und in der Bilanz auf der Passivseite eingebucht. Im Finanz- bzw. Cash-flow-Plan sehen wir die Wirkung der Zuführung, wenn ein Unternehmen über ausreichend Zuführungsgegenwerte (Cash-flows) verfügt: Die Aufwandsbuchung reduziert den Jahresüberschuss, der an die Eigenkapitalgeber ausgeschüttet werden kann. Der Geldbestand erhöht sich analog zum Rückstellungswert um 21.954 GE (positiver Finanzierungseffekt).

Ab t=5 beginnen die für jedes Jahr kalkulierten Zuführungen, die sich aus dem Jahresbetrag *J* und dem Zinsaufwand zusammensetzen. Der Zinsaufwand ist nicht zahlungswirksamer Aufwand. Ihm steht im Modell ein zahlungswirksamer Ertrag aus der Geldanlage in gleicher Höhe gegenüber. Dieser Ertrag wird zur späteren Pensionsfinanzierung benötigt. Folglich darf er

---

14 Charakteristisches Merkmal eines Endfälligkeitsdarlehen ist, dass der komplette Darlehensbetrag am Ende der Kreditlaufzeit zurückgezahlt wird. Während der Darlehenslaufzeit fallen daher lediglich Zinszahlungen auf den originären Kreditbetrag an.

15 Werte sind im Folgenden teilweise gerundet dargestellt.

nicht an die Eigenkapitalgeber ausgeschüttet werden. Durch die betragsgleiche Kalkulation eines Zinsaufwands wird dieses Ziel erreicht.

t =	0	1	2	3	4
GuV-Plan					
Operativer Cash-flow (EBITDA)		72.000	72.000	72.000	72.000
Kreditzinsen		-30.000	-30.000	-30.000	-30.000
Sozialaufwand (ZPR)		0	0	0	-21.954
Zinsertrag		0	0	0	0
Jahresüberschuss (JÜ)		**42.000**	**42.000**	**42.000**	**20.046**
Bilanzplan					
Aktiva ohne Geldbestand	1.200.000	1.200.000	1.200.000	1.200.000	1.200.000
Geldbestand	0	0	0	0	21.954
Summe Aktiva	**1.200.000**	**1.200.000**	**1.200.000**	**1.200.000**	**1.221.954**
Eigenkapital alt	700.000	700.000	700.000	700.000	700.000
+ Jahresüberschuss		42.000	42.000	42.000	20.046
- Ausschüttungen (in Höhe JÜ)		-42.000	-42.000	-42.000	-20.046
= Eigenkapital neu	**700.000**	**700.000**	**700.000**	**700.000**	**700.000**
Darlehen	500.000	500.000	500.000	500.000	500.000
Pensionsrückstellung (PR)		0	0	0	21.954
Summe Passiva	**1.200.000**	**1.200.000**	**1.200.000**	**1.200.000**	**1.221.954**
Cash-flow-Plan					
Operativer Cash-flow (EBITDA)		72.000	72.000	72.000	72.000
Kreditzinsen		-30.000	-30.000	-30.000	-30.000
Zinsertrag		0	0	0	0
Ausschüttungen an EK-Geber		-42.000	-42.000	-42.000	-20.046
Pensionszahlungen		0	0	0	0
Veränderung Geldbestand (endgültiger Cash-flow)		0	0	0	21.954
Vergleich der Ausschüttungen an EK-Geber					
Ausschüttung mit PR		42.000	42.000	42.000	20.046
Ausschüttung ohne PR		42.000	42.000	42.000	42.000
Differenz der Ausschüttungen		**0**	**0**	**0**	**-21.954**

Abb. 3-14: Innenfinanzierung durch Pensionsrückstellung – Teil 1

In t=7 ist die Ansammlungsphase beendet. Wir sehen, dass das Unternehmen die Geldbestände zu 6% anlegt und ab t=5 darauf jeweils einen Zinsertrag erzielt, so dass der Geldbestand immer das Niveau der Rückstellung aufweist. Hierin erkennen wir den Finanzierungseffekt, der letztlich durch ausreichend hohe Cash-flows aus dem operativen Geschäft entsteht. Die Erhöhung des Geldbestandes ist das Spiegelbild zu unseren Überlegungen bei der Konstruktion der Rückstellung in der Ansammlungsphase.

t =	5	6	7	8	9
GuV-Plan					
Operativer Cash-flow (EBITDA)	72.000	72.000	72.000	72.000	72.000
Kreditzinsen	-30.000	-30.000	-30.000	-30.000	-30.000
Sozialaufwand (ZPR)	-6.336	-6.716	-7.119	-2.527	-2.079
Zinsertrag	1.317	1.697	2.100	2.527	2.079
Jahresüberschuss (JÜ)	**36.982**	**36.982**	**36.982**	**42.000**	**42.000**
Bilanzplan					
Aktiva ohne Geldbestand	1.200.000	1.200.000	1.200.000	1.200.000	1.200.000
Geldbestand	28.289	35.005	42.124	34.651	26.730
Summe Aktiva	**1.228.289**	**1.235.005**	**1.242.124**	**1.234.651**	**1.226.730**
Eigenkapital alt	700.000	700.000	700.000	700.000	700.000
+ Jahresüberschuss	36.982	36.982	36.982	42.000	42.000
- Ausschüttungen (in Höhe JÜ)	-36.982	-36.982	-36.982	-42.000	-42.000
= Eigenkapital neu	**700.000**	**700.000**	**700.000**	**700.000**	**700.000**
Darlehen	500.000	500.000	500.000	500.000	500.000
Pensionsrückstellung (PR)	28.289	35.005	42.124	34.651	26.730
Summe Passiva	**1.228.289**	**1.235.005**	**1.242.124**	**1.234.651**	**1.226.730**
Cash-flow-Plan					
Operativer Cash-flow (EBITDA)	72.000	72.000	72.000	72.000	72.000
Kreditzinsen	-30.000	-30.000	-30.000	-30.000	-30.000
Zinsertrag	1.317	1.697	2.100	2.527	2.079
Ausschüttungen an EK-Geber	-36.982	-36.982	-36.982	-42.000	-42.000
Pensionszahlungen	0	0	0	-10.000	-10.000
Veränderung Geldbestand (endgültiger Cash-flow)	6.336	6.716	7.119	-7.473	-7.921
Vergleich der Ausschüttungen an EK-Geber					
Ausschüttung an EK-Geber mit PR	36.981	36.981	36.981	42.000	42.000
Ausschüttung an EK-Geber ohne PR	42.000	42.000	42.000	42.000	42.000
Differenz	**-5.018**	**-5.018**	**-5.018**	**0**	**0**

Abb. 3-15: Innenfinanzierung durch Pensionsrückstellung – Teil 2

Ab t=8 beginnt die Auszahlungsphase. Der Geldbestand reduziert sich analog dem Bilanzwert der Rückstellung. Zudem fallen weiterhin auf den verbleibenden Geldbestand Zinserträge an, denen ein betragsgleicher zahlungsunwirksamer Zinsaufwand gegenübersteht, um die Zinserträge vor einer Ausschüttung an die Eigenkapitalgeber zu sperren. Dies ist das Spiegelbild zur oben dargestellten Auszahlungsphase der Rückstellung.

Ab t=12 ist der Geldbestand, der extra für die Finanzierung der Pensionszahlungen gebildet wurde, aufgebraucht.

t =	10	11	12
GuV-Plan			
Operativer Cash-flow (EBITDA)	72.000	72.000	72.000
Kreditzinsen	-30.000	-30.000	-30.000
Sozialaufwand (ZPR)	-1.604	-1.100	-566
Zinsertrag	1.604	1.100	566
Jahresüberschuss (JÜ)	**42.000**	**42.000**	**42.000**
Bilanzplan			
Aktiva ohne Geldbestand	1.200.000	1.200.000	1.200.000
Geldbestand	18.334	9.434	0
Summe Aktiva	**1.218.334**	**1.209.434**	**1.200.000**
Eigenkapital alt	700.000	700.000	700.000
+ Jahresüberschuss	42.000	42.000	42.000
- Ausschüttungen (in Höhe JÜ)	-42.000	-42.000	-42.000
= Eigenkapital neu	**700.000**	**700.000**	**700.000**
Darlehen	500.000	500.000	500.000
Pensionsrückstellung (PR)	18.334	9.434	0
Summe Passiva	**1.218.334**	**1.209.434**	**1.200.000**
Cash-flow-Plan			
Operativer Cash-flow (EBITDA)	72.000	72.000	72.000
Kreditzinsen	-30.000	-30.000	-30.000
Zinsertrag	1.604	1.100	566
Ausschüttungen an EK-Geber	-42.000	-42.000	-42.000
Pensionszahlungen	-10.000	-10.000	-10.000
Veränderung Geldbestand (endgültiger Cash-flow)	-8.396	-8.900	-9.434
Vergleich der Ausschüttungen an EK-Geber			
Ausschüttung an EK-Geber mit PR	42.000	42.000	42.000
Ausschüttung an EK-Geber ohne PR	42.000	42.000	42.000
Differenz	**0**	**0**	**0**

Abb. 3-16: Innenfinanzierung durch Pensionsrückstellung – Teil 3

Betrachten wir abschließend die jeweils letzten drei Zeilen der Abb. 3-14 bis 3-16, in der die Ausschüttungen an die Eigentümer (EK-Geber) für den Fall mit sowieso ohne Pensionsrückstellung (PR) wiedergegeben werden: Hätte das Unternehmen keine Pensionszusage gemacht, würden in allen Perioden die gleichen Gewinnausschüttungen (42.000,-- GE) erzielt. Da das Unternehmen aber ab t=4 eine Pensionsverpflichtung eingeht, muss es zur späteren Erfüllung Gelder binden bzw. ansammeln. Bei gegebenem operativen Cash-flow verbleibt c.p. damit zwangsläufig weniger Geld für die Eigentümer zum Ausschütten übrig. Wenn sich Geldanlagezinssatz und Rechenzinssatz zur Pensionskalkulation entsprechen, verzichten die Eigenkapitalgeber auf Ausschüttungen, die dem Barwert der Pensionszahlungen entsprechen. Dies bedeutet, dass sie durch Ausschüttungsreduktion die späteren Pensionszahlungen komplett finanzieren. Bei identischen Zinssätzen ist die Verschlechterung der Situation der Eigentümer mit Beginn der Auszahlungsphase beendet, da die Mittelbindung in Höhe der Jahresbeträge J entfällt und die Auszahlungen aus dem Geldbestand sowie zusätzlich durch die Zinserträge der Auszahlungsphase finanziert werden können. Ein operativ identisches Unternehmen, dass aber über keine Pensionsverpflichtungen verfügt, würde in der Ansammlungsphase höhere Zahlungen an die Eigentümer ermöglichen und daher auch als „wertvoller" aus Sicht der Gesellschafter gelten. Aus Sicht von angestellten Managern ist festzuhalten: Da das Unternehmen faktisch nicht zu einer finanziellen Vorsorge für die Auszahlungsphase gezwungen werden kann, können Manager die Thesaurierungswirkungen in der Ansammlungsphase alternativ zur Finanzierung anderer Investitionen nutzen. Erzielen sie dafür aber keine oder nur eine geringe Verzinsung, müssen sie später aus dem operativen Cash-flow weitere Gelder zur Pensionsfinanzierung entnehmen – soweit dies das künftig herrschende Geschäftsmodell überhaupt erlaubt.

In der Praxis sehen die Ergebnis-, Bilanz- und Finanzpläne natürlich anders aus: Neben Zuführungen fallen in gleichen Perioden auch Pensionszahlungen an. Nehmen wir an, dass die Zuführungen auch zu einer Auszahlung an Pensionen in gleicher Höhe führen, kann sich keine Veränderung des Geldbestandes ergeben, da der vom Abfluss aus dem Unternehmen gehinderte Zuführungsgegenwert sofort wieder für Pensionen verwendet würde. Ein positiver Finanzierungseffekt tritt nicht ein, wenn sich Zuführungsgegenwerte und Pensionszahlungen die Waage halten. Sollten die Pensionszahlungen hingegen größer als die Zuführungsgegenwerte einer Periode sein, wäre der Finanzierungseffekt saldiert negativ: Ein Teil der erforderlichen Geldmittel für Pensionen wäre aus bisherigen Geldbeständen zu begleichen, aus dem übrigen Cash-flow zu finanzieren oder ggf. sogar durch zusätzliche Kreditaufnahmen oder Bareinlagen der Eigentümer zu decken. Diese Situation kann insbesondere dann ein ernstes Problem werden, wenn Unternehmen dauerhaft ihre Fähigkeit verlieren, künftig entsprechende Zahlungsströme zu produzieren (also ihr operatives Geschäft nicht mehr die notwendigen Cash-flows aufweist).

3.6 Finanzierung durch Vermögensumschichtungen

3.6.1 Finanzierung durch Veränderung des Leistungserstellungsprozesses

Unter einer Finanzierung dank Veränderung des Leistungserstellungsprozesses lassen sich eine Veräußerung von Vermögensgegenständen sowie die Reorganisation unternehmerischer Prozesse subsumieren.

Veräußerung von Wirtschaftsgütern

Mittels einer Veräußerung von Wirtschaftsgütern werden Gegenstände des Anlage- und/oder Umlaufvermögens, die nicht unmittelbar für den Absatzmarkt bestimmt sind, liquidiert (verkauft), um zusätzliche Gelder freizusetzen (sog. güterwirtschaftliche Liquidität). Dies erfolgt auch bspw. bei Unternehmen, die sich konsequent auf ihr Kerngeschäft („core business“) konzentrieren und dafür nicht mehr benötigte Vermögensgegenstände veräußern.

Bei einer derartigen **Liquidation** sind ggf. anfallende Kosten bzw. Auszahlungen des Veräußerungsvorgangs zu berücksichtigen. Bei Spezialmaschinen können die Liquidationserlöse auch negativ werden.

Das Niveau an erzielten Mittelzuflüssen ist u.a. abhängig von der Art des Vermögensgegenstandes, der Existenz von Sekundärmärkten (z.B. Gebrauchtwagenmarkt für PKWs) sowie vom Zeithorizont des Unternehmens, innerhalb dessen eine Liquidation erfolgreich abgeschlossen sein soll. Benötigt das Unternehmen bspw. dringend Finanzmittel, könnte es zur Veräußerung von Vermögensgegenständen (bspw. Immobilienbestände) weit unter ihrem Markt- bzw. Verkehrswert kommen.

Zu beachten ist bei einer Veräußerung auch die ertragsteuerliche Situation: Ein Verkaufserlös über Buchwert vergrößert in Höhe der Differenz die steuerliche Bemessungsgrundlage und damit die Steuerzahlungen. Durch Bildung eines **Sonderpostens mit Rücklageanteil** lässt sich bislang nach § 6b EStG die Besteuerung allerdings zumindest zeitlich aufschieben. Durch die zunächst gesparten Steuerzahlungen kann ein zusätzlicher Liquiditätseffekt erzielt werden.

Eine Alternative zur Liquidation stellt die **Beleihung von Wirtschaftsgütern** dar (sog. verliehene Liquidität). Hierdurch erhält das Unternehmen neue Kredite. Eine gleichzeitige Veräußerung ist dann freilich nicht möglich.

Eine weitere Variante der Freisetzung von Finanzmitteln wird durch das sog. **Sale-and-Lease-Back-Verfahren** realisiert. Hierbei verkauft ein Unternehmen betriebsnotwendige Sachanlagen (bspw. Immobilien) an eine Leasinggesellschaft und mietet sie gleichzeitig gegen Zahlung laufender Leasingraten an. Durch den Verkauf erhält das Unternehmen Liquidität, kann aber dennoch die notwendigen Sachanlagen für den eigenen Leistungserstellungsprozess nutzen.[16]

Reorganisation des Leistungserstellungsprozesses

Reorganisationsmaßnahmen führen zu einer Veränderung in der Struktur des Leistungserstellungsprozesses in Unternehmen. Sie können bspw. eine Folge strategischer Überlegungen

16 Zum Leasing vgl. Abschnitt 5.4.

(bspw. Aufbau eines neuen Marktsegmentes, Änderung des gesamten Zuliefererkonzeptes, Verlagerung von Produktionsstandorten usw.) oder durch kontinuierliche Verbesserungsprozesse innerhalb der gegenwärtigen Unternehmensstruktur (bspw. Ersatz einer Anlage durch ein technisch verbessertes Nachfolgemodell, Reduzierung der Durchlaufzeiten in der Fertigung, Fremdvergabe des Mahnwesens) bedingt sein. Beides kann den Cash-flow des Unternehmens positiv beeinflussen. Bedenkt man, dass Unternehmen existieren, um mit ihren Leistungen nachhaltig Einkommen zu erzielen, kann man diese Finanzierungsform als originäres Mittel zur Realisierung von Einkommenszielen betrachten und damit als „unternehmenstypisch“ klassifizieren.

3.6.2 Echtes Factoring

Unter Factoring versteht man den laufenden Verkauf von kurzfristigen Forderungen aus Lieferungen und Leistungen (Zielverkäufen) an einen sog. Factor (Finanzierungsinstitut). Durch den Verkauf der Forderungen erhält das Unternehmen i.d.R. sofort Finanzmittel (Finanzierungsfunktion des Factoring). Damit eine derartige Finanzierung entstehen kann, muss ein Lieferantenkredit des Unternehmens an seine Kunden vorausgegangen sein (Gewährung von Zahlungszielen). Aus Sicht des Unternehmens findet durch Factoring eine Umschichtung im Umlaufvermögen statt, so dass man es auch als eine organisierte Sonderform der Finanzierung durch Veräußerung von Wirtschaftsgütern betrachten kann.

Den vorteilhaftesten Finanzierungseffekt für das Unternehmen hat Factoring, wenn der Factor die Forderungen sofort nach Rechnungsstellung des Unternehmens an seine Kunden ankauft und die Forderungen damit bis zu ihrer Fälligkeit bevorschusst. Hierfür hat das Unternehmen marktübliche Sollzinsen in Höhe eines Kontokorrentkredites an den Factor zu entrichten. Um sich gegen mögliche Zahlungsminderungen (bspw. Mängelrüge oder Kundenrabatte) abzusichern, beläuft sich das Finanzierungsvolumen des Factors auf ca. 80% des Rechnungsbetrages. Die Differenz wird bis zur Zahlung der Kunden auf einem Sperrkonto festgehalten und erst dann ggf. an das Unternehmen weitergeleitet.

Durch den Ankauf der Forderungen findet rechtlich eine sog. Abtretung von Forderungen oder **Zession** nach § 398 BGB statt, woraus sich zwei Factoringformen ergeben:

- **Offenes** oder notifiziertes **Factoring**: Das Unternehmen informiert seine Kunden durch entsprechenden Hinweis auf der Rechnung über die Forderungsabtretung an einen Factor (Regelfall in der Praxis). Die Kunden des Unternehmens zahlen dann unmittelbar an den Factor (vgl. auch Abb. 3-17).
- **Stilles** oder nicht notifiziertes bzw. verdecktes **Factoring**: Die Forderungsabtretung ist für die Kunden des Unternehmens nicht erkennbar. Entsprechend zahlen die Kunden zu-

nächst die Forderungsbeträge an das Unternehmen, das diese dann an den Factor unverzüglich weiterzuleiten hat.

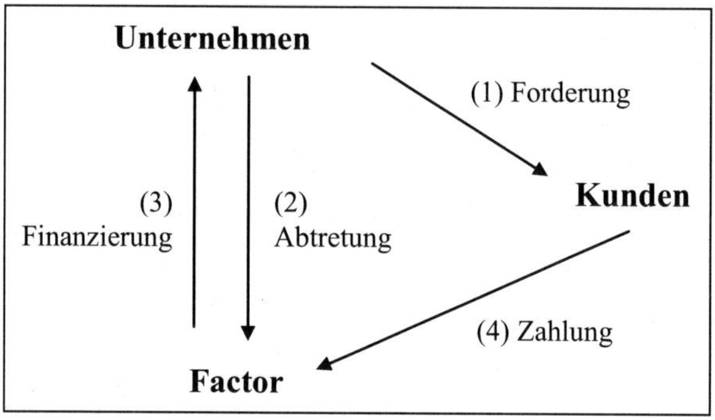

Abb. 3-17: Ablauf beim offenen Factoring

Neben der beschriebenen Finanzierungsfunktion kann ein Unternehmen auf zwei weitere Funktionen eines Factors zurückgreifen:

- Dienstleistungsfunktion sowie
- Delcredere- bzw. Haftungsfunktion.

Die Dienstleistungsfunktion des Factors beinhaltet insbesondere die Übernahme der Debitorenbuchhaltung, des Mahn- bzw. Inkassowesens sowie der Bonitätsprüfung von Kunden des Unternehmens.

Wird vom Factor zusätzlich das Ausfallrisiko der Forderungen für das Unternehmen übernommen, spricht man von sog. **echtem Factoring**. Damit diese Delcredere- oder Haftungsfunktion vom Factor getragen werden kann, muss das Unternehmen sämtliche Forderungsbestände an den Factor abtreten, um dessen Ausfallrisiko insgesamt zu begrenzen. Für diese Risikoübernahme erhebt der Factor eine sog. Delcredereprovision. Kommt es dann zu einem definitiven Forderungsausfall zulasten des Factors, verzichtet dieser bei einem echten Factoring auf Regressansprüche gegenüber dem Unternehmen. Wird dagegen die Haftungsfunktion ausgeschlossen (sog. **unechtes Factoring**), besteht für das Unternehmen grundsätzlich das Risiko, bereits geleistete Zahlungen des Factors aufgrund von Forderungsausfällen erstatten zu müssen. Aus diesem Grund wird hier nur das echte Factoring als eine geeignete Finanzierungsalternative interpretiert.

3.6.3 Asset Backed Securities

Eine Verwandtschaft zum Factoring besteht bei den Asset Backed Securities (kurz: ABS bzw. „durch Forderungen gedeckte Wertpapiere“), die eine Variante des Forderungsverkaufs zwecks vorzeitiger Erlangung von Zahlungsmitteln darstellen.[17] Bei den Forderungen kann es sich um Kreditforderungen (wie es bspw. für Banken typisch ist) und/oder um Forderungen aus Lieferungen und Leistungen (wie sie bei Industrie- und Dienstleistungsunternehmen vielfach vorliegen) handeln. Die Besonderheit bei ABS gegenüber dem Factoring besteht darin, dass

- die Forderungsbestände des Unternehmens (sog. Originator) zu einem „Forderungsportfolio“ zusammengestellt und an eine sog. Zweckgesellschaft weiter verkauft werden,
- diese Zweckgesellschaft (auch: Special Purpose Vehicle) die Forderungsbestände in Wertpapiere verbrieft, sie am Kapitalmarkt emittiert und den erzielten Emissionserlös an das Unternehmen (den Originator) weiterleitet, wodurch für dieses der Finanzierungseffekt entsteht.

Folglich sind es also letztlich die Erwerber der Wertpapiere (der sog. ABS), die dem Unternehmen die Liquidität verschaffen. Hinsichtlich des Forderungsportfolios muss es sich aus Sicht der Zweckgesellschaft um homogene und gegenüber einer großen Vielzahl von Schuldnern bestehende Forderungen handeln, damit eine gewisse **Risikodiversifikation** stattfindet und negative Konsequenzen durch einzelne Forderungsausfälle vermieden werden. Diese Diversifikation ist wichtig, um den erwarteten Geldeingang bei Fälligkeit der Forderungen besser prognostizieren zu können und für die Wertpapierkäufer eine gute Bonität zu sichern, von der u.a. auch die Stabilität der Wertpapierkurse abhängt.

Eine „ABS-Finanzierung“ vollzieht sich in folgenden **Schritten** (vgl. auch Abb. 3-18):

- Das Forderungsportfolio wird regreßlos an eine für diese Zwecke gegründete Gesellschaft verkauft (Zweckgesellschaft). Durch diesen Forderungsverkauf geht das Kreditrisiko, analog zum echten Factoring, auf die Zweckgesellschaft über. Die Zweckgesellschaft steht in der Regel rechtlich nicht in Verbindung zum Forderungsverkäufer (dem Unternehmen bzw. Originator). Das Unternehmen ist meistens verpflichtet, die Forderungsverwaltung sowie das Mahnwesen weiter zu führen, was es allerdings gesondert von der Zweckgesellschaft vergütet bekommt.
- Der Verkaufspreis für das Forderungsportfolio wird dem erwarteten Ertragswert der Forderungen entsprechen, den die Zweckgesellschaft als Käufer an das Unternehmen zu zahlen hat. Ggf. wird ein Risikoabschlag vorgenommen, um mögliche Forderungsausfälle zu

17 Neben dieser traditionellen Variante, die hier als sog. „True Sale“ weiter beschrieben werden soll, existieren sog. synthetische Asset Backed Securities. Zu letzteren vgl. Becker, H.P. (Investition 2008), S. 294; Perridon, L./Steiner, M./Rathgeber, A. (Finanzwirtschaft 2009), S. 447.

berücksichtigen. Auch eine zusätzliche Stellung von Sicherheiten durch das Unternehmen ist möglich.

- Die Zweckgesellschaft finanziert den Kaufpreis aus dem Emissionserlös für die am Kapitalmarkt platzierten Wertpapiere, die in der Regel Schuldverschreibungen darstellen und vielfach in risikogestaffelten Wertpapiertranchen emittiert werden.[18] Handelt es sich um kurzfristige Forderungen, werden als Wertpapiere meistens sog. Commercial Papers emittiert.[19] Hierbei sind zusätzlich liquide Mittel von der Zweckgesellschaft vorzuhalten, um den Anleiheinhabern den Rückkauf der Wertpapiere zu garantieren.
- Die Anleiheinhaber (Wertpapierkäufer) erhalten ihre Zins- und Tilgungszahlungen aus dem Forderungsportfolio, wenn die dahinter stehenden Kunden ihre Verbindlichkeiten begleichen. Im Fall von risikogestaffelten Wertpapiertranchen erhält zunächst der Anleiheinhaber Zahlungen, der über die ranghöchste sog. Senior Tranche verfügt. Der am wenigsten besicherten Tranche (Junior Tranche oder First Loss Piece) kommt die Rolle des „Erstverlustträgers" zu, falls das Volumen der Kundeneinzahlungen an den Originator nicht ausreichen sollte, es also zu Forderungsausfällen aus der ursprünglichen Leistungsbeziehung kommt. Für diese Risikoübernahme bieten Junior Tranchen eine höhere Verzinsung als die Senior Tranche.
- In der Regel wird beim Forderungsverkauf eine stille Zession vereinbart. Dies bedeutet, dass der Kunde des Unternehmens seine Verbindlichkeit durch Zahlung an das Unternehmen begleichen wird und das Unternehmen den erhaltenen Geldbetrag weiter an die Zweckgesellschaft zu leiten hat.

Da die wesentliche Sicherheit, die die Zweckgesellschaft den Wertpapierkäufern bietet, in der Werthaltigkeit des Forderungsportfolios besteht, erfolgt oftmals eine zusätzliche Sicherheitenstellung, damit die Emission der Asset Backed Securities bzw. einzelner Wertpapiertranchen ein gutes Rating erhält. Beispielweise könnte die Zweckgesellschaft

- mehr Forderungen vom Originator erhalten, um ausfallende Forderungen zu ersetzen,
- auf einen bestimmten Prozentsatz der Forderungen eine Warenkreditversicherung abschließen oder
- Avalkredite in Form von Bürgschaften oder Garantien von einem Dritten (bspw. von der Hausbank des Originators) beschaffen, der bei auftretenden Verlusten zum Ausgleich verpflichtet ist.[20]

---

18 Vgl. Perridon, L./Steiner, M./Rathgeber, A. (Finanzwirtschaft 2009), S. 445.

19 Zu Commercial Papers vgl. Abschnitt 7.9.

20 Vgl. näher Zantow, R. (Finanzwirtschaft 2007), S. 312. Zum Avalkredit vgl. Abschnitt 7.8.

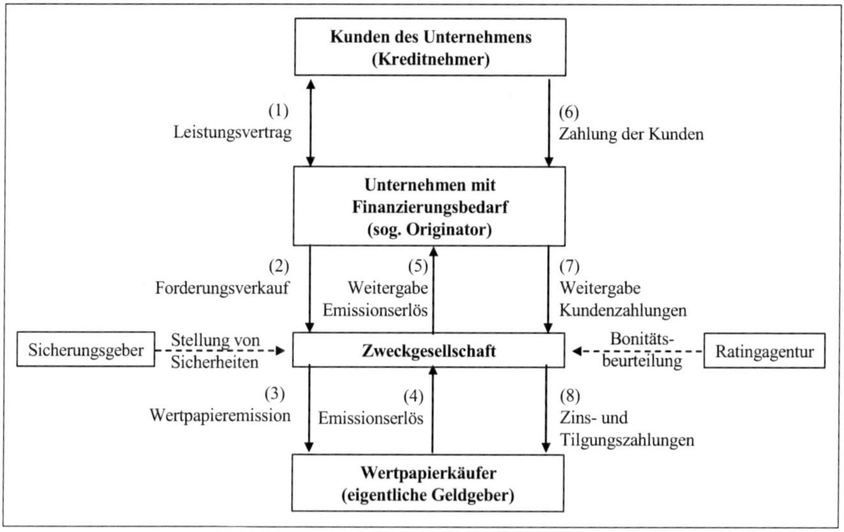

Abb. 3-18: Ablauf einer Finanzierung mittels Asset Backed Securities

ABS-Papiere lassen sich in drei Produktkategorien differenzieren:[21]

- Asset Backed Securities im engeren Sinn (Verbriefung von Forderungen aus Lieferungen und Leistungen sowie von Forderungen aus bislang unverbrieften Finanzierungsverträgen wie Leasing, Kreditkartengeschäft oder Konsumentenkredite),
- Collateralized Debt Obligations (Verbriefung von nicht zweckgebundenen Forderungen aus Anleiheemissionen sowie aus klassischer Kreditvergabe) sowie
- Mortgage Backed Securities (Verbriefung von Forderungen aus Hypothekendarlehen, die Kredit nehmenden Unternehmen oder Privatpersonen von Banken angeboten wurden).

Neben der vorzeitigen Liquiditätsbeschaffung hat eine ABS-Finanzierung für das Unternehmen zusätzlich den Vorzug, dass die Bilanz, analog zum Factoring, um Forderungsbestände reduziert wird und die Bilanzstruktur positiv gestaltet werden kann. Aus beiden Vorteilen ergeben sich abgeleitet neue Spielräume, bspw.:

- Verlagerung des Forderungsausfalls auf die Zweckgesellschaft durch regresslosen Verkauf an diese,
- Nutzung der gewonnenen Liquidität für neue Investitionen oder zur verstärkten Kredittilgung, was zudem die Zinsbelastung verringern würde,

21 Vgl. Perridon, L./Steiner, M./Rathgeber, A. (Finanzwirtschaft 2009), S. 446.

- Verbesserung der Bonitätsbeurteilung des Unternehmens durch Ratingagenturen, wodurch sich ggf. künftige Kreditaufnahmen leichter bzw. günstiger realisieren lassen sowie
- ggf. leichterer Kapitalmarktzugang als im Vergleich zu einer Emissionsplanung von klassischen Schuldverschreibungen, die mit hohen Transaktionskosten verbunden sind.

Für die Wertpapierkäufer, vorzugsweise Investmentgesellschaften und Versicherungsunternehmen,[22] bieten Asset Backed Securities insbesondere gegenüber klassischen Schuldverschreibungen[23] folgende mögliche Vorteile:

- Das verbriefte Forderungsportfolio kann zu Wertpapieren mit bester Bonität gestaltet werden und bietet vergleichbare Sicherheit für die Anleger wie bspw. Staatsanleihen bei meistens höherer Verzinsung.
- ABS-Emissionen können dank der Tranchenbildung den Bedürfnissen der Anleger bezüglich Laufzeit, Risiko und Rendite angepasst werden und sind insofern sehr flexibel gestaltbar, was auch ihre steigende Bedeutung in der amerikanischen bzw. deutschen Finanzierungspraxis seit den 1970er bzw. den 1990er Jahren mit erklärt.

Abschließend ist darauf hinzuweisen, dass ABS-Transaktionen durch eine recht hohe Informationsasymmetrie gekennzeichnet sind: Ein Originator kann die Qualität der an die Zweckgesellschaft abgetretenen Forderungen erheblich besser einschätzen als die Wertpapierkäufer. Da der Originator in der Regel an der Zweckgesellschaft beteiligt ist, kann es zur gezielten Abtretung von aus seiner Sicht riskanten Forderungen kommen. Zudem bezahlt er die Ratingagenturen, was zu unzutreffenden Bonitätsurteilen führen kann. Nicht zuletzt durch das „Wasserfallprinzip" bei der Verteilung der originären Kundenzahlungen an die Inhaber der ABS-Papiere und der Möglichkeit, mehrere Zweckgesellschaften hinter einander zu schalten („Aufbauen von Emissionsstufen"), wird das Instrument „ABS" gerade für nicht institutionelle Geldanleger intransparent und im Einzelfall sogar sehr gefährlich.[24]

22 Vgl. Becker, H.P. (Investition 2008), S. 233.

23 Zu Schuldverschreibungen vgl. Abschnitt 5.3.

24 Dies bestätigt die US-Immobilienkrise der Jahre 2007/2008, an deren Entstehung das Instrument „ABS" ganz entscheidend beteiligt war. Investoren kann nur empfohlen werden, über alle Emissionsstufen ganz besonders die Risiken der hinter den Wertpapieren stehenden Forderungsbestände zu analysieren und deren Werthaltigkeit kritisch zu prüfen. Grundsätzlich gilt: Nicht die Idee, Forderungen zu verbriefen und handelbar zu machen, sondern allein die dahinter stehende Motivation kann zu kritisieren sein.

4. Eigenkapitalfinanzierung

4.1 Begriff und Merkmale von Eigenkapital

Personen, die einem Unternehmen als wirtschaftliche Eigentümer Finanz- oder Sachmittel zur Verfügung stellen, werden als Eigenkapitalgeber bezeichnet. Wir betrachten im folgenden die Beschaffung von Eigenkapital auf dem Wege einer Außenfinanzierung sowohl durch Kapitaleinlagen von bisherigen („Eigenfinanzierung“) als auch durch neue („Beteiligungsfinanzierung“) Eigentümer.[1]

Das Eigenkapital stellt den in Geldeinheiten ausgedrückten Anteil der Eigentümer am gesamten Vermögen (Aktivseite einer Bilanz) dar und zeigt damit die Höhe des Reinvermögens: Jenes Vermögen, das den Eigentümern nach Abzug der Schulden noch verbleibt.

Unternehmen erhalten **Eigenkapital von außen** bspw. durch

- Einzahlungen der Einzelunternehmer oder der Gesellschafter von Personengesellschaften (z.B. OHG, KG),
- Zahlung des Kaufpreises für Gesellschaftsanteile an einer GmbH,
- Entrichtung des Kaufpreises von Aktionären für von ihnen gezeichnete Aktien, mit denen sie sich an einer Aktiengesellschaft (AG) beteiligen.

Denkt man sich Eigentümer als Privatpersonen, so wird Liquidität (Geld) aus dem Privatbereich hinein in die Sphäre des Unternehmens transferiert. Neben diesen **Bareinlagen** können Gesellschafteranteile auch durch Überlassen von **Sacheinlagen** (bspw. Maschinen, Grundstücke, Patente usw.) erworben werden. Diese gilt es zu bewerten, also in Geldeinheiten zu überführen. Es ist offensichtlich, dass man über den Wert einer Sacheinlage unterschiedlicher Meinung sein kann. Es entstehen Bewertungsprobleme, die auch Auswirkungen auf die Beteiligungsquote eines Gesellschafters am Unternehmen bzw. dessen Beteiligung am erwirtschafteten Gewinn haben.

Unternehmen erhalten zudem **Eigenkapital von innen**, also aus dem Leistungserstellungsprozess heraus, indem sie erzielte Gewinne thesaurieren (sog. **Selbstfinanzierung** als Teil der Innenfinanzierung).[2] In der Bilanzierungspraxis von Kapitalgesellschaften sind solche offenen Selbstfinanzierungen an den Gewinnrücklagen erkennbar.

---

1 Zur Differenzierung vgl. Drukarczyk, J. (Finanzierung 2003), S. 9.

2 Zur Innenfinanzierung vgl. Abschnitt 3.

Mit dem Eigenkapital werden in der Regel folgende **Merkmale** verbunden:

- Quotaler Gewinnanspruch: Eigenkapitalgeber haben einen ihrem Anteil entsprechenden Anspruch auf erwirtschaftete Gewinne sowie auf den verbleibenden Liquidationserlös bei Auflösung bzw. Zerschlagung des Unternehmens.
- Erfolgsabhängigkeit: Ein Anspruch auf Ausschüttungen bzw. Entnahmen hängt von der Gewinnsituation ab und kann bei Verlustsituationen entfallen.
- Unbefristete Verfügbarkeit: Eigenkapital steht den Unternehmen meist langfristig bis unbefristet zur Verfügung. Bei einer AG gibt es bspw. keine Rückforderungsmöglichkeit seitens der Eigenkapitalgeber.
- Haftung bzw. Risikoübernahme: Eigenkapitalgeber übernehmen (bewusst) das Risiko des Totalverlustes ihrer Einlage. Bei Personengesellschaften haftet zudem das Privatvermögen der Gesellschafter mit. Die Haftungsfunktion besteht insb. gegenüber Kreditgebern des Unternehmens: Aus deren Sicht ist Eigenkapital eine Art „Versicherungsleistung" bzw. stellt einen „Risikopuffer" dar, wenn Verluste entstehen, denn das Eigenkapital wird zuerst aufgezehrt.
- Leitungs- bzw. Weisungsbefugnis: Eigenkapital legitimiert zur direkten Unternehmensführung (Personengesellschaft) bzw. zur indirekten Führung über die Wahl der Zusammensetzung der Leitungsorgane (bspw. wird bei einer AG der Vorstand durch den Aufsichtsrat bestellt und überwacht, wobei sich der Aufsichtsrat u.a. aus Aktionärsvertretern zusammensetzt).

Zusammenfassend bedeuten die Merkmale von **Eigenkapital in „idealtypischer Form"**:

- Weisungsbefugnis im Unternehmen,
- Ergebnisabhängigkeit beim Going-concern,
- bilanzielle Reduktion des Eigenkapitalbestandes bei zeitweisen Verlusten,
- Fehlen eines vertraglich fixierten Rückzahlungszeitpunktes,
- Residualanspruch nach Abzug aller vertraglich fixierten vorrangigen Ansprüche im Liquidationsfall.

Eigenkapital begründet damit eine Art **„Restbetragsanspruch"** an den vom Unternehmen produzierten Zahlungsströmen (sowohl mitten im als auch am Ende des Lebenszyklus eines Unternehmens), das soweit als möglich als risikotragendes Kapital konzipiert ist. Insofern kann man es auch als „Risikokapital" bezeichnen, da es Verlustmöglichkeiten ausgesetzt ist. Die Verlustgefahr wird bewusst eingegangen, da erfolgreiche Unternehmenstätigkeit erhebliche Gewinnpotentiale beinhaltet, durch die eine Vergütung der Finanzierungsfunktion von Eigenkapitalgebern erfolgt.

Spiegelbildlich hierzu kann man **Fremdkapital in „idealtypischer Form"** charakterisieren:

- keine Weisungsbefugnis im Rahmen der Unternehmensführung,
- keine Ergebnisabhängigkeit,
- keine bilanzielle Reduktion des Kapitalbestandes bei zeitweisen Verlusten,
- vertragliche Fixierung der Zins- und Tilgungsmodalitäten sowie der damit zusammenhängenden Zahlungstermine sowie
- bevorzugte Kapitalrückzahlung im Liquidationsfall.

Ideal definiert, ist Fremdkapital eine Art **„Festbetragsanspruch"**, der soweit als möglich als risikoloses Kapital konzipiert ist.[3] Zwischen diesen Idealpositionen befinden sich in der Finanzierungspraxis viele Graustufen, die man als Mezzanine Finance bezeichnet.[4]

Betrachten wir ein Unternehmen, das Eigenkapital im Rahmen einer Außenfinanzierung nachfragt, sowie als potentielle Eigenkapitalgeber private Investoren, die dem Unternehmen Eigenmittel überlassen wollen, so zeichnet sich die in Abb. 4-1 dargestellte Interessenlage ab.

Eigenkapital nachfragendes Unternehmen	**(privater) Eigenkapitalgeber**
Im Bedarfsfall Beschaffung beliebig hoher Kapitalbeträge; Mobilisierung ggf. vieler Kapitalgeber sollte möglich sein	Beteiligungsmöglichkeit auch mit kleinen Kapitalbeträgen (u.a. damit eine entsprechende Diversifikation der verfügbaren Finanzmittel möglich ist)
Permanente, dauerhafte Überlassung ohne Rückforderungsmöglichkeit seitens der Kapitalgeber (lange bzw. unbegrenzte Kapitalüberlassungsfristen)	Jederzeitige Entziehbarkeit der Mittel gemäß persönlicher Anlagepräferenzen (zeitlich flexibler Anlagehorizont), keine Nachschusspflichten und beschränkte Haftung
Dispositionsfreiheit in der Verwendung der Eigenmittel sowie Einsatz eines professionellen Management für eine optimale Gestaltung der operativen Unternehmensprozesse	Keine Belastung mit Managementaufgaben, aber finanzielle Zielvorgaben sowie gute Kontrollmöglichkeiten bezüglich des Kapitaleinsatzes bei geringem „Kontrollaufwand"; Konzentration auf Anlageerfolg (Gewinnausschüttungen und Wertentwicklung der eigenen Beteiligung)

Abb. 4-1: Idealkonstellationen für eine Eigenkapitalbeschaffung aus Sicht von Unternehmen und Eigenkapitalgebern

Diesen idealtypischen Anforderungen aus Sicht der Anbieter und Nachfrager von Eigenkapital kommt eine börsennotierte Aktiengesellschaft (AG) sehr nahe, weshalb auf diese Rechtsform in Abschnitt 4.2 näher einzugehen ist.

3 Zum Fremdkapital vgl. insbesondere Abschnitt 5.

4 Zu Mezzanine Finance vgl. Abschnitt 6.

4.2 Eigenkapitalbeschaffung bei Aktiengesellschaften

4.2.1 Charakterisierung einer Aktiengesellschaft

Die Aktiengesellschaft (AG) ist eine Kapitalgesellschaft, bei der die **Aktionäre** (Gesellschafter, Eigentümer) ihre Haftung bzw. ihr Kapitalrisiko auf ihr Reinvermögen bzw. Eigenkapital beschränken. Zum Gründungszeitpunkt ist ein sog. Grundkapital (gezeichnetes Kapital) als Mindesthaftungskapital aufzubringen. Das Grundkapital (Mindesteinlage) darf 50.000 EUR nicht unterschreiten und ist in einzelne Anteilsscheine (**Aktien**) untergliedert, was Gesellschafterwechsel erleichtert. Abb. 4-2 gibt einen Überblick über verschiedene Aktienarten.

Arten nach der Zerlegung des Grundkapitals	• **Nennwertaktien**: Aktien, die auf einen in EUR ausgedrückten Nennbetrag lauten. Die Summe aller Nennwerte ergibt das Grundkapital. Mindestnennwert je Aktie: 1,-- EUR. • **Stückaktien**: Aktien, die einen Anspruch auf einen jeweils gleichen Anteil am Grundkapital verbriefen. Der auf eine Aktie rechnerisch entfallende Anteil des Grundkapitals muss mindestens 1,-- EUR betragen.
Arten nach den Übertragungsbestimmungen	• **Inhaberaktien**: jedem Besitzer (Inhaber) der Aktie steht die Geltendmachung aller Recht aus dem konkreten Wertpapier zu (Normalfall). • **Namensaktien**: lauten auf den Namen des Aktionärs, der in das Aktienbuch der AG eingetragen wird; Sonderform: vinkulierte Namensaktien, bei denen die Aktienweitergabe an die Zustimmung der AG gebunden ist.
Arten nach dem Umfang der Rechte	• **Stammaktien**: Aktien, die gleiches Stimmrecht in der Hauptversammlung, gleichen Anspruch auf Dividende, gleichen Anteil am Liquidationserlös und ein gesetzliches Bezugsrecht bei Ausgabe neuer Aktien gewähren (Normalfall). • **Vorzugsaktien**: Aktien, die dem Aktionär im Verhältnis zu Stammaktien insb. bei der Gewinnverwendung oder der Verteilung des Liquidationserlöses Vorrechte gewähren. Meistens ist mit diesen finanziellen Vorteilen ein Ausschluss des Stimmrechts auf der Hauptversammlung verknüpft.

Abb. 4-2: Überblick über verschiedene Aktienarten[5]

---

5 Zu weiteren Details einschließlich der Verfügung über eigene Aktien vgl. Wöhe, G./Bilstein, J./Ernst, D./Häcker, J. (Grundzüge 2009), S. 58-67.

Gesetzlich vorgeschriebene **Organe der AG** sind der Vorstand, die Hauptversammlung (HV) sowie der Aufsichtsrat. Der individuelle Einfluss eines Aktionärs auf die Unternehmenspolitik (sog. Stimmrecht) hängt vom Umfang der Kapitalbeteiligung ab. Das Stimmrecht, auszuüben auf der HV, kann auch an Dritte übertragen werden (sog. Vollmachtsstimmrecht). Es besteht seitens einer börsennotierten AG eine umfangreiche Prüfungs- und Publizitätspflicht. Aktionäre können ihre Geschäftsanteile nicht kündigen, aber auf dem Sekundärmarkt „Wertpapierbörse" jederzeit zum aktuellen Aktienpreis (Kurs) an einen anderen Wertpapierinteressenten verkaufen. Durch derartige Transaktionen (Aktienkauf bzw. –verkauf an der Börse) wird der Geldbestand einer AG nicht tangiert.

Die **Geschäftsführung der AG** obliegt dem Vorstand, der vom Aufsichtsrat bestellt und kontrolliert wird. Der Aufsichtsrat setzt sich aus über die Hauptversammlung gewählten Aktionären sowie aus Arbeitnehmervertretern zusammen. Die Hauptversammlung hat keinen Einfluss auf die laufende operative Unternehmensführung, sondern entscheidet nur in Grundsatzangelegenheiten (§ 119 AktG):

- Bestellung der zu wählenden Mitglieder des Aufsichtsrates,
- Entlastung des Vorstandes und des Aufsichtrates,
- Bestellung der Abschlussprüfer,
- Satzungsänderungen,
- Maßnahmen der Eigenkapitalbeschaffung und –herabsetzung,
- Auflösung der Gesellschaft.

Damit kann man sagen, dass eine deutliche Trennung zwischen Eigentum und Verfügungsmacht vorliegt: Die AG wird von Managern geleitet, die selbst Angestellte der wirtschaftlichen Eigentümer, also der Aktionäre, sind.

Durch die Stückelung des Grundkapitals in Aktien (Anteile) und deren Fungibilität (leichte Übertragbarkeit) wird die Kapitalbeschaffung einer AG wesentlich vereinfacht, da eine große Zahl von Aktionären auch mit relativ geringen Anteilen als Kapitalgeber auftreten können (hohe Kapitalmobilisation). Die AG erhält durch Aktienausgabe (Emission) unbefristetes Eigenkapital in entsprechender Höhe. Durch die Einführung eines Marktes für Aktien (Börse) besitzen die Aktionäre täglich die Möglichkeit, ihre Aktien zum aktuellen Kurswert zu verkaufen. Sie können deshalb beliebige Fristentransformation für ihr Kapitalengagement betreiben. Aktienfinanzierung und Börsenhandel von Aktien führen die Idealvorstellungen von Kapital nachfragendem Unternehmen (unbegrenzte Überlassung großer Kapitalbeträge) und Kapital anbietenden Investoren (beliebig hohe Investitionsbeträge sowie flexible Kapitalüberlassungsfristen) zusammen.

Entsprechend lassen sich die **Vorteile aus Sicht der Aktionäre** wie folgt zusammenfassen:

- Verlustbegrenzung durch Haftungsbeschränkung in Höhe ihrer Einlage.
- Beteiligung an mehreren AGs mit relativ geringem Kapitaleinsatz, wodurch eine Risikostreuung (Diversifikation, Portfoliobildung) ermöglicht wird.
- Aufgrund der Haftungsbeschränkung, der Diversifikationsmöglichkeit sowie täglicher Meinungsbildung der Börsenmarktteilnehmer ist der Informationsaufwand für den Investor bezogen auf eine AG geringer als bspw. im Vergleich zu einer Beteiligung an einer Personengesellschaft.
- Der Börsenhandel von Aktien bedeutet tägliche Veräußerbarkeit bzw. Flexibilität.
- Es sind keine eigenen Managementleistungen im Unternehmen seitens der Aktionäre zu erbringen: Aktionäre wollen i.d.R. keine aktive Mitwirkung, sondern konzentrieren sich auf die rein finanziellen Aspekte ihrer Geldanlage.

Den Vorteilen stehen zwei hervorzuhebende **Nachteile** gegenüber:

- Aktionäre sind zur Beurteilung ihrer Kapitalüberlassung auf besonders zuverlässige Informationen über die Lage der AG angewiesen.
- Für Aktionäre entsteht das sog. Prinzipal-Agenten-Problem als Folge der Trennung von Auftraggeber (Prinzipal bzw. Aktionär) und Beauftragten (Agent bzw. Vorstand): Vorstände besitzen gegenüber den Aktionären einen Informationsvorsprung über die ökonomische Lage und verfolgen auch eigene Ziele, die sich nicht mit denen der Aktionäre decken müssen (asymmetrische Informationsverteilung). Aktionäre können die Manager nicht genau überwachen, so dass das sog. „ALG-Problem" entsteht: Manager entscheiden über „**A**ndere **L**eute **G**eld" schon mal anders, als über ihre eigenen Mittel. Aktionäre wollen den Marktwert ihres Eigenkapitals maximiert wissen. Wenn Manager andere Strategien realisieren, die dies nicht zum Ziel haben, werden die Aktionärsziele ggf. erheblich beeinträchtigt. Es sind aus Eigentümersicht geeignete Vorkehrungen (bspw. besondere Kontroll- und/oder Vergütungssysteme für Vorstände) zu treffen, damit die Ziele der besser informierten Manager nicht zu weit von denen der Aktionäre abweichen.

Die **Gründung einer AG** kann durch eine einzelne Person erfolgen. Für die Anmeldung im Handelsregister ist es erforderlich, dass mindestens 25% des Grundkapitals sowie der ggf. über das Grundkapital hinausgehende Mehrbetrag (Agio) eingezahlt sind:

- Erfolgt eine Aktienausgabe zum Nennwert („pari"), sind für eine auf bspw. 5 EUR lautende Nennwertaktie auch 5 EUR bar einzuzahlen bzw. bei Gründung mindestens 25% davon (1,25 EUR).
- Erfolgt eine Aktienausgabe über dem Nennwert („über pari", was den Regelfall darstellt), bspw. für 8 EUR, sind für eine 5-EUR-Nennwertaktie mindestens 25% vom Nennwert (1,25 EUR) und das Agio (Differenz von Ausgabewert zu Nennwert; hier: 3 EUR), ins-

gesamt also 4,25 EUR, einzuzahlen. Das Agio ist nicht Teil des Grundkapitals, sondern in die bilanzielle Eigenkapitalposition „Kapitalrücklage“ einzustellen.

Bei einer AG lassen sich vier Formen einer Eigenkapitalerhöhung unterscheiden:

- Ordentliche Kapitalerhöhung,
- Genehmigte Kapitalerhöhung (auch: genehmigtes Kapital),
- Bedingte Kapitalerhöhung,
- Kapitalerhöhung aus Gesellschaftsmitteln.

Mit Kapitalerhöhung ist eine Erhöhung des Grundkapitals einer AG gemeint. Nicht jede Grundkapitalerhöhung führt dabei stets zum Zufluss neuer liquider Mittel von außen in das Unternehmen, wie in den folgenden Abschnitten dargestellt wird.

Auf die ordentliche Kapitalerhöhung, die den Regelfall in der Praxis darstellt, wollen wir im Folgeabschnitt 4.2.2 näher eingehen. Anschließend betrachten wir in 4.2.3 die übrigen drei Formen.

4.2.2 Ordentliche Kapitalerhöhung

Unter einer ordentlichen Kapitalerhöhung versteht man die Erhöhung des gezeichneten Kapitals (Grundkapital) auf dem Wege der Außenfinanzierung durch Emission neuer Aktien, für die Aktionäre Bar- und/oder Sacheinlagen tätigen müssen. Jede Kapitalerhöhung bedarf dabei stets einer ¾-Mehrheit des anwesenden Aktienkapitals auf der Hauptversammlung. Sie wird mit Eintrag der Durchführung in das Handelsregister wirksam und insbesondere zur Finanzierung von langfristigen Wachstumsstrategien (bspw. umfangreiche Kapazitätserweiterungs-, Modernisierungs- oder Rationalisierungsmaßnahmen, Aufbau neuer Absatzmärkte, Erwerb von Anteilen an anderen Unternehmen) eingesetzt.

Den aktuellen Aktionären (sog. Altaktionäre) ist ein Recht auf Bezug der neuen Aktien infolge der geplanten Kapitalerhöhung zu gewähren. Dieses sog. **Bezugsrecht** erfüllt zwei wichtige Funktionen für die Altaktionäre:

- Erhalt der aktuellen Beteiligungsquote an der AG auch nach erfolgter Kapitalerhöhung und damit Sicherung der Einflussnahmemöglichkeit auf die weitere Unternehmenspolitik,[6]
- Ausgleich von zu erwartenden Vermögenseinbußen aufgrund eines i.d.R. niedrigeren Aktienkurses unmittelbar nach erfolgter Kapitalerhöhung.

---

6 § 186 I AktG bestimmt: „Jedem Aktionär muss auf sein Verlangen ein seinem Anteil an dem bisherigen Grundkapital entsprechender Teil der neuen Aktien zugeteilt werden.“

Betrachten wir im Folgenden allein eine ordentliche Kapitalerhöhung gegen Bareinlagen der Gesellschafter, so fließen neue Gelder aus dem Privat- in den Unternehmensbereich. Jeder an der Erhöhung teilnehmende Aktionär erhält neue Aktien, so dass die Zahl der Aktien sowohl für den mitmachenden Aktionär als auch insgesamt ansteigt. Hielt der Aktionär vorher bspw. 10% der Gesamtaktienanzahl, so kann er dank des Bezugsrechts auch nach erfolgter Kapitalerhöhung eine Beteiligungsquote von 10% halten, was seinen Stimmrechtseinfluss auf der HV sichert. Ohne Recht auf den Bezug neuer Aktien wäre zudem die Vermögenssituation eines Altaktionärs, der nicht an der Kapitalerhöhung teilnehmen möchte, beeinträchtigt: Aktien werden an der Börse gehandelt. Der Vermögenswert aus Sicht eines Aktionärs ergibt sich aus Aktienkurs multipliziert mit seiner Aktienanzahl. Um den Aktionären einen Anreiz zur Teilnahme an der Kapitalerhöhung zu geben, wird der Emissionspreis für eine neue Aktie meistens zwischen dem Nennwert und dem aktuellen Börsenkurs festgelegt. Als Folge dessen bildet sich ein sog. „Mischkurs", der sich als gewogenes Mittel aus dem Börsenwert der bisherigen (Alt-)Aktien zuzüglich dem Emissionsvolumen der neuen Aktien ergibt: Da „teure Altaktien" mit „billigeren Jungaktien" vermischt werden, sinkt der Aktienkurs direkt nach Kapitalerhöhung. Für Altaktionäre, die nicht an der Kapitalerhöhung teilnehmen, würde ihr bisheriger Altaktienbestand c.p. von einem Kursrückgang betroffen und ein Vermögensschaden ausgelöst. Deshalb haben diese Altaktionäre die Möglichkeit, ihr Bezugsrecht zeitlich befristet vor der Aktienemission an andere Interessenten zu verkaufen. Der Verkaufserlös ihrer Bezugsrechte dient dem Ausgleich des zu erwartenden Rückganges ihres bisherigen Aktiendepotwertes. Dieser Zusammenhang wird nun an einem Beispiel zur ordentlichen Kapitalerhöhung verdeutlicht, indem wir einen Altaktionär betrachten, der drei verschiedene Strategien reflektiert: Teilnahme an der Kapitalerhöhung, Verzicht auf eine Teilnahme sowie die sog. „Operation Blanche".

Beispiel zur ordentlichen Kapitalerhöhung

Eine börsennotierte AG plant die Durchführung einer Kapitalerhöhung. Die AG hat den erforderlichen Kapitalerhöhungsbetrag auf Basis einer langfristigen Finanzplanung, die die finanziellen Konsequenzen der Unternehmensstrategie abbildet, festgelegt. Der aktuelle Börsenkurs vor Kapitalerhöhung (K_a) ist 250 GE/Aktie. Jede Aktie besitzt einen Nennwert in Höhe von 50 GE/Aktie. Das bisherige Grundkapital beträgt 900 Mio. GE. Nach Durchführung der Kapitalerhöhung wird das Grundkapital ein Volumen von 1.200 Mio. GE aufweisen. Der Emissionskurs bzw. –preis einer neuen („jungen") Aktie (K_n) ist auf 150 GE/Aktie festgesetzt.[7] Altaktionär A verfügt über ein Aktiendepot vor Kapitalerhöhung im Umfang von 3 Mio. (Alt-)Aktien.

---

7 Emission von lat. emittere = hinausgeben. Der Emissionspreis wird daher auch als Ausgabepreis bezeichnet.

Da die AG einheitlich über Nennwertaktien in Höhe von 50 GE/Aktie verfügt, die in Summe das Grundkapital darstellen, ergibt sich ein Altaktienbestand (*a*) vor Kapitalerhöhung von (900 Mio. GE : 50 GE/Aktie=) 18 Mio. Aktien. Nach der Kapitalerhöhung repräsentieren 24 Mio. Aktien das neue Grundkapital (1.200 Mio. GE : 50 GE/Aktie). Die Anzahl an neuen Aktien (*n*), die infolge der Aktienemission entstehen, beträgt daher 6 Mio. Aktien.

Der Geldfluss, der vom Privatbereich der Aktionäre in den Unternehmensbereich der AG ohne Rückforderungsmöglichkeit erfolgt, beträgt aufgrund des Emissionspreises (150 GE/Aktie x 6 Mio. Aktien=) 900 Mio. GE. Dieser sog. Emissionserlös wird auf der Aktivseite der Bilanz im Umlaufvermögen und auf der Passivseite einmal unter der Position „Grundkapital" in Höhe von (50 GE/Aktie x 6 Mio. Aktien=) 300 Mio. GE sowie unter der Position „Kapitalrücklage" in Höhe des Restbetrages (600 Mio. GE) verbucht.

Durch die Kapitalerhöhung wird sowohl die Gesamtanzahl an Aktien als auch der Wert der Eigenkapitalposition verändert. Unterstellt man, dass der Börsenkurs den aktuellen Wert des Reinvermögens widerspiegelt, so hat die AG vor Kapitalerhöhung einen Eigentümerwert in Höhe von (250 GE/Aktie x 18 Mio. Aktien=) 4.500 Mio. GE. Fließen der AG nun neue Finanzmittel zu, so haben die Aktionäre aus deren Sicht eine Investition getätigt. Diese werden sie bei rationalem Verhalten nur dann tätigen, wenn die von den Aktionären geforderte Alternativverzinsung für riskante Aktienanlagen mindestens erreicht wird. Wenn sich Aktionäre an den nachhaltig für sie erzielbaren Cash Flows bzw. ihren Ertragswerten orientieren und dies in den Börsenkursen reflektiert ist, muss der Wert der Eigentümerposition nach Kapitalerhöhung mindestens um das Emissionsvolumen (900 Mio. GE) ansteigen. Der Wert der Eigenkapitalposition direkt nach erfolgter Kapitalerhöhung beträgt dann 5.400 Mio. GE. Da sich nun aber die Aktienanzahl um 6 Mio. auf insgesamt 24 Mio. Aktien erhöht hat, wird sich ein neuer Aktienkurs von rechnerisch (5.400 Mio. GE : 24 Mio. Aktien=) 225 GE/Aktie einstellen. Dies ist der sog. Misch- oder Mittelkurs (K_m).[8] Alternativ kann er wie folgt bestimmt werden:

$$(1)\ K_m = \frac{a \cdot K_a + n \cdot K_n}{a + n}$$

Betrachten wir abschließend den Altaktionär A mit einem Bestand von 3 Mio. Altaktien vor Kapitalerhöhung. Wir analysieren zunächst das erste Szenario, das von einer Teilnahme an

8 Man denke hier an die Analogie zur dynamischen Investitionsrechnung: Ein Investor führt eine Investition gerade dann noch durch, wenn der Kapitalwert den Wert Null einnimmt. Da der Kapitalwert die Differenz aus Ertragswert (Summe aller erwarteten diskontierten Rückflüsse) und Investitionsauszahlung darstellt, darf die Investitionsauszahlung (hier: das Emissionsvolumen) den Ertragswert nicht übersteigen. Aus Aktionärsicht muss der Kapitalwert der mit der Kapitalerhöhung beabsichtigten Wachstumsstrategie der AG mindestens diesen Nullwert aufweisen. Diese Annahme ist in der Berechnung von Mischkursen implizit enthalten. Vgl. hierzu ausführlicher Schmidt, R.H./Terberger, E. (Grundzüge 1997), S. 219-224.

der geplanten Aktienemission ausgeht, um seinen Stimmrechtseinfluss auf der HV zu erhalten.

Damit jeder mitmachende Altaktionär ausreichend junge Aktien entsprechend seiner bisherigen Beteiligungsquote für seine Geldüberlassung von der AG erhält, ist ein sog. **Bezugsverhältnis** (*BV*) zu bestimmen, bei dem die Altaktienanzahl (*a*) ins Verhältnis zu der Anzahl der neuen Aktien (*n*) gesetzt wird. Für dieses gilt:

(2) $BV = \frac{a}{n}$ bzw. mit den Beispieldaten: $BV = \frac{18}{6} = 3:1$

Mit den Beispieldaten kann ein Altaktionär demnach mit 3 Altaktien (*a*) eine junge Aktie (*n*) erwerben bzw. eine Altaktie repräsentiert ein Bezugsrecht auf 1/3 junge Aktie. Im Fall des A erhält dieser nun 1 Mio. neue Aktien und verfügt nach Kapitalerhöhung über ein Depot von 4 Mio. Aktien. Seine Vermögensposition sowie seine Beteiligungsquote kann in Abb. 4-3 nachvollzogen werden: Sowohl seine Vermögens- als auch seine Stimmrechtsposition bleiben unverändert. Freilich muss A in seinem Privatbereich über entsprechende Finanzmittel zur Teilnahme an der Aktienemission verfügen.

Szenario 1	**Vorher**	**Kapitalerhöhung**	**Nachher**
Anzahl Aktien	3.000.000	3.000.000 x 1/3 = 1.000.000	4.000.000
Kurswert der Aktien	3.000.000 x 250 = 750 Mio. GE	1.000.000 x 150 = 150 Mio. GE	4.000.000 x 225 bzw. 750 + 150 = 900 Mio. GE
Kassenbestand im Privatvermögen zum Erwerb der jungen Aktien	150 Mio. GE	-	-
Vermögensposition des Altaktionärs	750 + 150 = 900 Mio. GE	-	900 Mio. GE
Beteiligungsquote (gemessen an Aktienanzahl)	3/18 = 1/6 bzw. 16,67 %	-	4/24 = 1/6 bzw. 16,67%

Abb. 4-3: Szenario 1: Altaktionär nimmt an der Kapitalerhöhung teil

Wenden wir uns nun dem zweiten Szenario zu: A will nicht an der Emission teilnehmen. Seine Beteiligungsquote wird sich dann zwar verringern, aber eine Vermögensreduktion will er nicht erleiden. Deshalb wird er seine Bezugsrechte über die Börse veräußern.

Die für den Altaktionär A zu erwartende Vermögenseinbuße je Aktie ergibt sich aus der Differenz zwischen altem und neuem (gemischten) Aktienkurs und muss theoretisch auch dem Wert eines Bezugsrechts (*WB*) entsprechen. Rechnerisch gilt:

$$(3)\ WB = K_a - K_m = K_a - \frac{a \cdot K_a + n \cdot K_n}{a+n} = \frac{K_a - K_n}{\frac{a}{n}+1} = \frac{K_a - K_n}{BV+1}$$

Da sowohl der alte Börsenkurs (250 GE/Aktie) als auch der neue Mischkurs (225 GE/Aktie) bekannt sind, ist die Berechnung einfach. Auf den Wert von 25 GE/Recht kommt man entsprechend (3) alternativ, indem man den Emissionspreis (150 GE/Aktie) vom alten Börsenkurs subtrahiert und durch das um Eins erhöhte Bezugsverhältnis dividiert (100 GE/Aktie : 4 = 25 GE/Recht). Damit der gesamte Vermögensschaden ausgeglichen wird, muss A den Gesamtnachteil von 3 Mio. Aktien x 25 GE/Aktie = 75 Mio. GE durch den Bezugsrechtsverkauf ausgleichen können. Da die Anzahl an Bezugsrechten mit der Altaktienanzahl übereinstimmt, gelingt dies, wenn der Wert eines Bezugsrechts (für das er 1/3 junge Aktien hätte kaufen können) dem rechnerischen Kursrückgang einer Aktie in seinem Aktiendepot entspricht. Der Wert des Bezugsrechts wird als „rechnerisch" klassifiziert, da die Bezugsrechte zeitlich befristet an der Börse gehandelt werden und deshalb die dortige Angebots- und Nachfragesituation entscheidend für den tatsächlich erzielbaren Preis bzw. Kurs des Rechtes ist. *WB* gibt aber eine gute Orientierung, wo dieser Kurs in etwa liegen dürfte. Die Auswirkungen auf seine Vermögens- und Beteiligungssituation im Szenario 2 zeigt Abb. 4-4.

Szenario 2	Vorher	Verkauf Bezugsrechte	Nachher
Anzahl Aktien	3.000.000	-	3.000.000
Anzahl Bezugsrechte	-	3.000.000	-
Kurswert der Aktien bzw. Wert Bezugsrechte	3.000.000 x 250 = 750 Mio. GE	3.000.000 x 25 = 75 Mio. GE	3.000.000 x 225 = 675 Mio. GE + 75 Mio GE = 750 Mio GE
Kassenbestand im Privatvermögen (wg. Vergleichbarkeit zum Szenario 1)	150 Mio. GE	-	150 Mio. GE
Vermögensposition des Altaktionärs	900 Mio. GE		900 Mio. GE
Beteiligungsquote (gemessen an Aktienanzahl)	3/18 = 1/6 bzw. 16,67 %	-	3/24 = 1/8 bzw. 12,50%

Abb. 4-4: Szenario 2: Altaktionär nimmt nicht an der Kapitalerhöhung teil

Unser letztes Szenario betrachtet die sog. „Operation Blanche". Darunter versteht man eine Bezugsrechtsstrategie eines Altaktionärs, der den Erwerb neuer Aktien vollständig aus dem partiellen Verkauf seiner Bezugsrechte an der Börse finanziert. Ein derart agierender Aktionär macht also teilweise bei der Kapitalerhöhung mit, aber ohne zusätzliche Mittel aus seinem Privatbereich einzusetzen. Betrachten wir Altaktionär A: Um an der Aktienemission teilzunehmen, muss er Bezugsrechte ausüben. Die Anzahl an Bezugsrechten, die er entsprechend der Strategie „Operation Blanche“ zum Aktienerwerb benötigt, bezeichnen wir mit b_{OB}. Insgesamt hat A aufgrund seiner Altaktienanzahl 3 Mio. Bezugsrechte (b). Eine Teilmenge an diesen Rechten, die er nicht auf den Erwerb der jungen Aktien verwendet, werden im Rahmen des Bezugsrechtshandels an der Börse verkauft ($b - b_{OB}$). Dafür bekommt er pro Recht den Betrag WB vergütet. Die Einzahlungen (EZ) aus dem Bezugsrechtsverkauf betragen:

$$(4)\ EZ = (b - b_{OB}) \cdot WB$$

Diese Einzahlungen sind sodann in die Aktienemission zu investieren. Die dafür entstehenden Auszahlungen (AZ) setzen sich aus der Anzahl an neuen Aktien gemäß Operation Blanche (n_{OB}) und dem Emissionspreis (K_n) zusammen:

$$(5)\ AZ = n_{OB} \cdot K_n$$

Damit sich Ein- und Auszahlungen entsprechen, sind (4) und (5) gleichzusetzen. Unter Beachtung des Bezugsverhältnisses, das freilich auch im Rahmen von Operation Blanche gilt ($BV = \frac{a}{n} = \frac{b}{n} = \frac{b_{OB}}{n_{OB}}$), kann die Anzahl an neuen Aktien entsprechend dieser Bezugsrechtsstrategie bestimmt werden. Elementare Umformungen ergeben:

$$(6)\ n_{OB} = \frac{b \cdot WB}{K_n + BV \cdot WB}$$

Unter Rückgriff auf die Beispieldaten erhalten wir eine der Strategie „Operation Blanche“ entsprechende junge Aktienmenge von (75 Mio. GE : 225 GE/Aktie) rund 333.333 Stück. Wie anhand der Daten erkennbar ist, stellt der Zähler von (6) den rechnerischen Wert aller Bezugsrechte dar und der Nenner repräsentiert letztlich den Mischkurs einer Aktie nach Kapitalerhöhung. Abb. 4-5 zeigt die Auswirkungen auf den Depotwert sowie auf die Beteiligungsquote unseres Altaktionärs: Die Vermögensposition bleibt auch hier insgesamt unverändert, da der gestiegene Aktienumfang nur noch zum Mischkurs zu bewerten ist. Die Beteiligungsquote ist nach Kapitalerhöhung gesunken, da keine Aufstockung der Aktienbeteiligung in Höhe der insgesamt zur Verfügung stehenden Bezugsrechte vorgenommen wurde.

Kritisch ist anzumerken, dass in der Praxis vielfach nur Bruchteile an jungen Aktien mit den Bezugsrechtserlösen beschafft werden können (insb. wenn es sich um Kleinaktionäre mit geringem Altaktienbesitz handelt). Hier empfiehlt sich dann entweder der Gesamtverkauf der Bezugsrechte oder der Zukauf weiterer Bezugsrechte an der Börse, bis ganze Stücke an jungen Aktien erworben werden können. Über den Bezugsrechtshandel haben auch bisherige Nicht-Aktionäre die Möglichkeit, eine junge Aktie zu erwerben: Ein Nicht-Aktionär müsste dafür drei Rechte zu je 25 GE/Recht beziehen und anschließend an die AG den Emissionspreis von 150 GE/Aktie zahlen. Der investierte Gesamtbetrag würde sich auf 225 GE/Aktie beziffern. Diesen Preis müsste der Nicht-Aktionär auch am Tag nach Kapitalerhöhung am

Gebrauchtmarkt für Aktien namens Börse entrichten. Analog hätte ein an der Kapitalerhöhung mitmachender Altaktionär vorzugehen, der seine Beteiligungsquote weiter aufstocken möchte.

Szenario 3	Vorher	Operation Blanche	Nachher
Anzahl Aktien	3.000.000	(3.000.000 x 25) / (150+25x3) = 333.333,33[9]	3.333.333,33
Zum Erwerb junger Aktien erforderliche Bezugsrechte	-	333.333,33 x 3 = 1.000.000	-
Anzahl und Wert der zu verkaufenden Bezugsrechte	-	2.000.000 x 25 = 50 Mio. GE	-
Kurswert der Aktien	3.000.000 x 250 = 750 Mio. GE	333.333,33 x 150 = 50 Mio. GE	3.333.333,33 x 225 = 750 Mio. GE
Kassenbestand im Privatvermögen (wg. Vergleichbarkeit mit Szenario 1)	150 Mio. GE	-	150 Mio. GE
Vermögensposition des Altaktionärs	900 Mio. GE		900 Mio. GE
Beteiligungsquote (gemessen an Aktienanzahl)	3/18 = 1/6 bzw. 16,67 %	-	3,33/24 = 5/36 bzw. 13,88%

Abb. 4-5: Szenario 3: Altaktionär wählt die Bezugsrechtsstrategie „Operation Blanche"

Neben einer Kapitalerhöhung, die durch Bareinlagen der alten und neuen Aktionäre erfolgt, ist auch eine **Kapitalerhöhung via Sacheinlagen** möglich:

- Der Gegenwert für die jungen Aktien wird in Form von nicht-liquiden Vermögensgegenständen (Sachen, Rechte) geleistet.
- Die Hauptversammlung muss den Sacheinlagen im Einzelnen zustimmen, insb. zum fixierten Gegenwert in Aktien.
- Um eine Überbewertung von Sacheinlagen zu vermeiden, sind umfangreiche Prüfungen erforderlich, u.a. um die Haftungsfunktion des Eigenkapitals aus Gläubigersicht nicht zu gefährden und um eine „wertmäßige Gleichbehandlung" von „Sacheinlageaktionären" gegenüber „Bareinlageaktionären" zu erzielen, da eingebrachte Gegenstände sich ex-post als wertloser erweisen könnten als eingezahltes Bargeld. Nach Möglichkeit sollte deshalb zum Einlagenzeitpunkt auf aktuelle Preise auf den Sekundärmärkten zurückgegriffen werden (sog. Verkehrswerte).

9 Wir unterstellen hier vereinfacht beliebige Teilbarkeit der Aktien.

4.2.3 Übrige Formen der Kapitalerhöhung

Abschließend sind die verbleibenden Kapitalerhöhungsformen einer AG kurz zu skizzieren.

Genehmigte Kapitalerhöhung

Unter einer genehmigten Kapitalerhöhung versteht man die Ermächtigung des Vorstandes durch die HV für eine Dauer von maximal 5 Jahren, das Grundkapital um einen bestimmten Nennbetrag (genehmigtes Kapital) durch Ausgabe neuer Aktien gegen Bar- oder Sacheinlagen zu erhöhen, wobei es der Zustimmung des Aufsichtsrats bedarf („vereinfachte Kapitalerhöhung mit Blankovollmacht für den Vorstand"). Durch diese Erhöhungsform möchte man der insbesondere seitens des Vorstandes empfundenen Schwerfälligkeit einer ordentlichen Kapitalerhöhung entgegenwirken und ihm eine größere Dispositionsfreiheit ermöglichen. Einerseits kann ein Vorstand bestrebt sein, eine günstige Kapitalmarktsituation (also ein „gutes Börsenklima") auszunutzen und/oder er erkennt andererseits neue Markt- bzw. Wachstumschancen, die zeitnah umgesetzt werden müssen, um sich einen Wettbewerbsvorteil zu sichern, was eine flexible Finanzierung erfordert. Auch hierfür ist eine ¾-Mehrheit des anwesenden Aktienkapitals auf der Hauptversammlung erforderlich. Zudem ist der Ausschluss des Bezugsrechts für Altaktionäre möglich, bspw. im Falle des Erwerbs von neuen Unternehmensbeteiligungen im Wege des Aktientauschs: Die AG erhält eine neue Beteiligung (Position im Finanzanlagevermögen) und bezahlt diese durch Aufnahme eines neuen Gesellschafters, der für seine Eigenkapitalposition neue Aktien als Beweisurkunde erhält. Dieser neue Gesellschafter, eine andere AG, hat dann seinerseits eine Aktivposition im Finanzanlagebereich aufgebaut. Ein zweites Beispiel stellt das Anbieten junger Aktien an die Mitarbeiter der AG dar, was den Personalaufwand erhöht und folglich den Jahresüberschuss reduziert. Dem steht eine Erhöhung des Grundkapitals (in Nennwerthöhe je Aktie) und ggf. ein Zuwachs bei der Kapitalrücklage entgegen (Passivtausch). Dabei ist als Obergrenze die Hälfte des Grundkapitals zum Zeitpunkt der Beschlussfassung über das genehmigte Kapital zu beachten. Über den möglichen Bezugsrechtsausschluss können sich für die Altaktionäre Nachteile hinsichtlich Beteiligungsquote und Vermögensposition ergeben.

Bedingte Kapitalerhöhung

Die bedingte Kapitalerhöhung stellt eine Sonderform der Kapitalerhöhung dar, bei der der Vorstand bei Eintritt bestimmter Bedingungen ermächtigt wird, das Kapital der Unternehmung von sich aus je nach Bedarf durch Ausgabe neuer Aktien zu erhöhen. Zu einem Zufluss liquider Mittel kommt es dabei (in der Regel) nicht.[10] Zu den Bedingungen, die im Rahmen dieser Kapitalerhöhungsform eintreten müssen, zählen insbesondere

- die Gewährung von Umtausch- oder Bezugsrechten der Inhaber von Wandel- bzw. Optionsanleihen, die von ihrem Recht des Umtausches ihrer Anleihe in Aktien bzw. des zusätzlichen Bezugs junger Aktien Gebrauch machen,
- die Vorbereitung von Zusammenschlüssen (Fusionen) mehrerer Unternehmen sowie
- die Gewährung von Bezugsrechten an Arbeitnehmer der Gesellschaft (incl. der Manager) zum Bezug neuer Aktien, die den Arbeitnehmern aus einer ihnen von den Aktionären eingeräumten Gewinnbeteiligung zustehen.

Für diese Zwecke muss die AG über eigene Aktien verfügen. Hinsichtlich der Liquiditätswirksamkeit unterscheidet sich die bedingte deutlich von einer ordentlichen Kapitalerhöhung, die zumeist über Bareinlagen erfolgt:

- Eine Umwandlung von Wandelanleihen in eine Aktienbeteiligung bedeutet einen Tausch zwischen den Positionen Fremd- und Eigenkapital. Ein Zufluss von Liquidität ist für die AG damit i.d.R. nicht verbunden, es sei denn, die Obligationäre müssen Zuzahlungen leisten.
- Bei einer Fusion können die neuen Aktien zur Auszahlung der Eigentümer des übernommenen Unternehmens verwendet werden, so dass eine bedingte Kapitalerhöhung mit Sacheinlagen (wechselseitige Unternehmensbeteiligung) vorliegt. Ein Geldzufluss findet nicht statt.
- Werden Bezugsaktien den Arbeitnehmern angeboten, bringen die Arbeitnehmer eine Forderung (und nicht Geld) ein, die aus Sicht der Aktionäre eine Verbindlichkeit darstellt, die durch Aktienausgabe beglichen wird.

Auch bei dieser Kapitalerhöhungsform ist eine ¾-Mehrheit des anwesenden Aktienkapitals auf der Hauptversammlung notwendig. Ein Bezugsrecht besteht für Altaktionäre nicht; es sei denn, sie sind auch Inhaber von Wandelanleihen oder gewinnbeteiligte Mitarbeiter der AG. Die Ausgabe der neuen Aktien erfolgt nach Eintragung des Hauptversammlungsbeschlusses über die bedingte Kapitalerhöhung und voller Leistung des Gegenwertes durch den Bezugsberechtigten. Als Obergrenze der Kapitalerhöhung gilt auch hier die Hälfte des Grundkapitals zum Zeitpunkt der Beschlussfassung über die bedingte Kapitalerhöhung.

Kapitalerhöhung aus Gesellschaftsmitteln

Unter einer Kapitalerhöhung aus Gesellschaftsmitteln versteht man die Umwandlung von Gewinn- und/oder Kapitalrücklagen in gezeichnetes Kapital (Passivtausch). Zu einem Zufluss

10 Eine praxisrelevante Ausnahme von der Regel stellen Zuzahlungen der Wandelobligationäre dar. Hierzu näher unter Abschnitt 6.6.

liquider Mittel kommt es dabei nicht, weshalb die Bezeichnung irreführend erscheint und in der Praxis zur alternativen Bezeichnung „nominelle Kapitalerhöhung" geführt hat, für die ebenfalls eine qualifizierte Mehrheit erforderlich ist. Die Altaktionäre besitzen bei der Erhöhungsform ein unentziehbares Bezugsrecht, d.h. die neuen Aktien fallen ihnen automatisch zu.[11] Da die Aktionäre keine privaten Finanzmittel zum Erwerb der jungen Aktien aufbringen müssen, werden sie manchmal auch salopp als „Gratisaktien" bezeichnet. Richtigerweise handelt es sich um „Berichtigungsaktien": Ein vorhandener Eigenkapitalteilbestand (hier: Rücklagen) wird zugunsten eines höheren Grundkapitalbestandes reduziert. Durch das höhere Volumen an Grundkapital (gemessen in GE) muss bei konstanter Aktionärsanzahl und unverändertem Nennwert je Aktie die Aktienanzahl ansteigen. Bei unveränderter Unternehmenspolitik und damit konstantem Wert der Eigentümerposition hat dies automatisch Auswirkungen auf den Aktienkurs an der Börse: So würde bspw. eine Verdoppelung der Aktienanzahl infolge dieser Erhöhungsform den Aktienkurs halbieren. Da aber jeder Aktionär gemäß dem hier beispielhaften Bezugsverhältnis von 1:1 auch die doppelte Aktienmenge in seinem Depot vorfindet, hat sich keine Vermögensänderung ergeben.

Als mögliche Gründe für eine solche Kapitalerhöhung gelten:

- Verbreiterung des Aktienhandels durch Erhöhung der Aktienanzahl: Da das Kursniveau an der Börse nach Ausgabe der jungen Berichtigungsaktien sinkt, wird es als „Mittel der optischen Kurspflege" betrachtet. Insbesondere Kleinanleger können danach leichter diese Aktien erwerben.
- Erhöhung des langfristigen Haftungskapitals: Gewinnrücklagen können grundsätzlich leichter ausgeschüttet werden als das Grundkapital, da dazu das Instrument der Kapitalherabsetzung zu wählen ist (vgl. dazu Abschnitt 4.2.4). Aus Gläubigersicht verbessert sich ggf. die Kreditwürdigkeit der AG.
- Verbesserung der Dividendenrendite aufgrund des geringeren Mischkurses nach Kapitalerhöhung, sofern die Dividendenzahlungen insgesamt steigend sind.

4.2.4 Kapitalherabsetzung

Auf das Wesen einer Herabsetzung von Grundkapital ist kurz einzugehen. Darunter versteht man eine Verminderung des gezeichneten Kapitals, wobei wir vereinfacht zwei Formen von Kapitalherabsetzungen differenzieren:[12]

---

11 Der Emissionspreis ist Null. Dadurch fällt der neue Mischkurs pro Aktie deutlich geringer aus als im Falle einer ordentlichen Kapitalerhöhung. Die Formeln aus Abschnitt 4.2.2 haben auch hier ihre Gültigkeit.

12 Der Gesetzgeber bzw. die Literatur unterscheidet korrekter in ordentliche Kapitalherabsetzung (sie ist hier sinngemäß identisch mit der effektiven Kapitalherabsetzung), die vereinfachte Kapitalherabsetzung und die Kapitalherabsetzung durch Einziehung von Aktien (letztere Versionen sind hier sinngemäß gleichzusetzen

- Effektive Kapitalherabsetzung sowie
- Nominelle Kapitalherabsetzung.

Effektive Kapitalherabsetzung

Die effektive Kapitalherabsetzung stellt im Kern das Gegenteil einer Finanzierung bzw. Liquiditätszuführung in das betrachtete Unternehmen dar, nämlich eine **Rückführung von Liquidität** an die Gesellschafter (Aktionäre) der betrachteten AG, d.h. Gesellschaftsvermögen wird gegen Rückgabe der Aktien an die Aktionäre ausbezahlt. Neben dem Geldabfluss aus dem Unternehmensbereich kommt es zur Reduktion des Haftungskapitals und damit ggf. zu einer Verschlechterung der Gläubigerposition. Die Gründe können insbesondere

- im Wunsch der Aktionäre bzw. des Mehrheitsaktionärs nach höheren Gewinnausschüttungen und/oder
- in einem im Verhältnis zu den künftig zu finanzierenden Aktivitäten als zu hoch empfundenen Bestand an Eigenkapital

begründet liegen.

Unternehmenskonzerne besitzen zumeist vielfältige Unternehmensbeteiligungen und sind damit zugleich Aktionäre von anderen Aktiengesellschaften. Auch hier dienen die Beteiligungen zur „Produktion von Zahlungsströmen" für den besitzenden Konzern. Sind die unmittelbaren Bilanzgewinne relativ gering oder gar negativ, aber ist sowohl das Niveau operativer Cash Flows als auch die Ausstattung mit Haftungskapital insgesamt relativ hoch und für die Finanzierung zukünftiger Aktivitäten nicht mehr in dem vorliegenden Ausmaß erforderlich, kann eine Kapitalherabsetzung ein Mittel sein, um das gewünschte Niveau an Liquidität aus dem Unternehmen an den Aktionär zu transferieren. Finanzmittel, die das Unternehmen auf der Aktivseite hortet, aber nicht mehr sinnvoll zu verwenden weiß, sollten besser an die Aktionäre ausgeschüttet werden.

Eine effektive Kapitalherabsetzung kann auch das Ergebnis einer Ermächtigung durch die Hauptversammlung zum Erwerb eigener Anteile über die Börse sein (maximal 10% des Grundkapitals). Auch hier fließt Geld vom Unternehmen an Aktionäre, die ihre Papiere an der Börse veräußern ohne dass eine Änderung des Grundkapitals eintritt (sog. Aktienrückkauf der AG). In einem zweiten Schritt können die erworbenen Aktien eingezogen und damit dann das Grundkapital herabgesetzt werden. Alternativ können die Aktien auch den eigenen Mitarbeitern als „Gehaltssonderzahlung" oder im Rahmen von M&A-Aktivitäten den Aktionären der erworbenen Firmen als „Fusions- bzw. Akquisitionswährung" angeboten werden.[13]

mit der nominellen Kapitalherabsetzung). Für einen kurzen Exkurs erscheint diese Vereinfachung der Darstellung zweckmäßig. Zu Details vgl. Drukarczyk, J. (Finanzierung 2003), S. 337-344.

13 Zum Rückkauf von Aktien vgl. auch Bösch, M. (Finanzwirtschaft 2009), S. 120-125.

Aktienrückkäufe können in der Praxis für „Absprachen" zwischen Großaktionären und dem Vorstand einer AG missbraucht werden, bei dem zumeist Kleinaktionäre das „finanzielle Nachsehen" haben. Denken wir uns folgende Situation: An der XY-AG ist Großaktionär G beteiligt. G sitzt natürlich auch im Aufsichtsrat und bestimmt damit maßgeblich, wer die XY-AG als Vorstand führt (nennen wir den Vorstand V). G braucht Geld. Dieses Geld holt er sich von der XY-AG: Er geht zu V und „bittet" um Aktienrückkauf am Tag X. Am Tag X kauft V eigene Aktien der AG an der Börse in dem von G gewünschten Umfang. Aktienkauf heißt Aktiennachfrage und das treibt den Kurs am Vormittag nach oben. Alle anderen (größeren) Börsenteilnehmer sehen das und werden zum Kaufen animiert. Der Kurs klettert weiter bis in den Nachmittag. Dann verkauft G seine Aktien an der XY-AG und „macht Kasse" auf hohem Kursniveau. Der Kurs sinkt aufgrund des nun auftretenden Aktienangebotes sukzessive, ggf. bis zum Niveau am Vormittag. Die übrigen Börsenteilnehmer haben in den letzten Stunden Verluste gemacht, G einen finanziell „guten Abgang" und bezogen auf den Gesamttag hat sich der Kurs ggf. kaum verändert. Die XY-AG (und andere Aktiennachfrager) haben die „Zeche" für G bezahlt, genauer haben die verbleibenden Aktionäre (und nicht der Vorstand) der XY-AG einen Vermögensschaden erlitten: Die AG hat nun weniger Liquidität im Unternehmen. Damit verbleibt c.p. für die übrigen Aktionäre weniger Geld für Dividendenzahlungen übrig. Diesen Aktionären wird V auf der nächsten HV erklären, dass der Erwerb eigener Anteile „strategisch bedingt" war (z.B. geplanter, aber dann doch nicht durchgeführter Kauf eines anderen Unternehmens per Aktientausch). Der Kleinaktionär geht traurig und mit weniger Dividende auf seinem Depotkonto nach Hause und ist froh, dass zumindest der Aktienkurs stabil geblieben ist.

Nominelle Kapitalherabsetzung

Eine nominelle Kapitalherabsetzung wird zur Beseitigung einer sog. „Unterbilanz" vorgenommen. Eine Unterbilanz liegt vor, wenn Verluste buchungstechnisch nicht mehr durch Auflösung von Rücklagen ausgeglichen werden können, sondern schon Teile des gezeichneten Kapitals „aufgefressen" worden sind (Reinvermögen < Grundkapital). Ein Liquiditätsabfluss ist damit nicht verbunden. Der Eigenkapitalausweis wird lediglich der ungünstigen Unternehmensentwicklung entsprechend angepasst.

Die buchungstechnische Korrektur erfolgt durch gleichzeitigen Einzug umlaufender Aktien oder durch „Herunterstempeln" ihres Nennwertes, um die „Summe Grundkapital" mit der „Summe Nennwert je Aktie x Aktienanzahl" in Übereinstimmung zu bringen (sog. „Kapitalschnitt").

Beispiel zur „Unterbilanz“

Eine AG hat sämtliche Rücklagen bereits aufgrund von erheblichen Verlusten der Vorjahre aufgebraucht und erwirtschaftet erneut einen Verlust von 100 Mio. GE. Die Situation vor Kapitalschnitt zeigt Abb. 4-6.

Bilanz vor „Kapitalschnitt“			
Aktiva	Mio. GE	**Passiva**	Mio. GE
Vermögen	800	Gezeichnetes Kapital	200
Nicht durch Eigenkapital gedeckter Fehlbetrag (Verlust)	100	Verbindlichkeiten	700
Summe	**900**	**Summe**	**900**

Abb. 4-6: Bilanz vor Kapitalschnitt

Es erfolgt eine nominelle Kapitalherabsetzung aufgrund fehlender Verrechnungsmöglichkeit des Verlustes mit (nicht mehr bestehenden) Rücklagen. Nehmen wir an, es liegen Nennwertaktien je 100 GE/Aktie vor, so ist

(a) entweder die Aktienanzahl von 2 auf 1 Mio. Stücke zu reduzieren oder

(b) der Aktiennennwert von 100 auf 50 GE je Aktie zu verringern.

Bilanz nach „Kapitalschnitt“			
Aktiva	Mio. GE	**Passiva**	Mio. GE
Vermögen	800	Gezeichnetes Kapital	100
		Verbindlichkeiten	700
Summe	**900**	**Summe**	**800**

Abb. 4-7: Bilanz nach Kapitalschnitt

Im Fall (a) wären Aktien im „Einzugsverhältnis“ von 2:1 einzuziehen: Ein Besitzer von zwei Aktien müsste eine Aktie zurückgeben, ohne hierfür einen Gegenwert zu erhalten. Danach sind nur noch halb so viele Aktien im Umlauf (bei konstantem Nennwert), was den Kurs pro Aktie anhebt.[14]

Bei Fall (b) würde der Nominalwert von 100 auf 50 GE/Aktie „heruntergestempelt“ bzw. es würden Altaktien mit Nennwert 100 GE gegen Aktien mit Nennwert 50 GE umgetauscht. Bei Stückaktien würde sich diese Anpassung automatisch ergeben. Die Aktienanzahl bleibt im Fall (b) konstant.

---

14 Dies kann geboten sein, wenn man später eine Kapitalerhöhung plant und die Aktien aktuell aufgrund der Verlustsituation unter dem Nennwert an der Börse notieren; durchaus relevant im Rahmen von Sanierungsmaßnahmen.

4.3 Going Public

Going Public bezeichnet den Vorgang eines Unternehmens, erstmals Aktien zu emittieren und diese dann an der Börse zum Handel zuzulassen (auch: **Initial Public Offering**). Den Börsenhandel bezeichnet man auch als Sekundärmarkt, auf dem täglich Angebot und Nachfrage nach den dort gehandelten Aktien festgestellt und ein Preis bzw. Kurs für jede Aktie ermittelt wird. Die Erstemission selbst findet nicht an der Börse statt, sondern auf einem sog. Primärmarkt. Darunter versteht man den Markt, auf dem sich Aktienemittent (das Unternehmen) und interessierte Aktieninvestoren treffen und die Aktien zum Emissionspreis erwerben können (Going Public im engeren Sinn).
Für den Gang an die Börse können mehrere **Motive** relevant sein:[15]

- Verbesserte Versorgung des Unternehmens mit Eigenkapital durch neue externe Kapitalgeber (Beteiligungsfinanzierung) zwecks Finanzierung von Wachstumsstrategien oder zwecks Ablösung von Fremdkapital.
- Steigerung des Bekanntheitsgrades des Unternehmens sowie Verbesserung des Image auf den Kapitalmärkten und ggf. auf den operativen Märkten (Beschaffung und Absatz).
- Professionalisierung und Kontinuität der Unternehmensführung (Management und Controlling) durch Unternehmensorgane der AG und Lösung von Nachfolgeregelungen, die bei Personengesellschaften rechtsformbedingt schwieriger gestaltbar sind.
- Mittel zur Privatisierung von staatlichen Unternehmen sowie zum Verkauf von Unternehmensbereichen über die Börse, die nicht zum engeren Kerngeschäft gehören.
- Realisierung eines sog. Capital Gain (Wertzuwachs der Kapitalanteile, die ein Kapitalgeber an einem Unternehmen besitzt) als Ausstiegsszenario für eine Venture Capital-Finanzierung.[16]
- Förderung der Personalgewinnung, der -entlohnung und –entwicklung im Unternehmen durch Aufbau von Mitarbeiterbeteiligungsprogrammen in Form von Belegschaftsaktien und Aktienoptionsplänen.

Going Public lässt sich als ein strategisches Projekt für ein Unternehmen begreifen, das mehrere Phasen durchläuft:

- Zielbildung, Fixierung des gewünschten Emissionsvolumens und Durchführung des Rechtsformwechsels zu einer AG.
- Festlegung der Emissionsart: Eigen- oder Fremdemission und Wahl des Emissionskonsortiums sowie des Konsortialführers. Um potentielle Aktieninvestoren für das Unternehmen zu finden, wird i.d.R. die Fremdemission gewählt. Hierbei sorgen Banken, zeitlich begrenzt zusammenarbeitend in einem Konsortium, unter Nutzung ihrer Markt-

15 Vgl. bspw. Becker, H.P. (Investition 2008), S. 149-150.
16 Zu Venture Capital vgl. Abschnitt 6.9.

kenntnis und ihrer Vertriebskanäle für eine Platzierung der neuen Aktien bei den Investoren, die sich am Unternehmen beteiligen wollen.

- Sorgfältige Prüfung des Unternehmens durch die Emissionsbanken bzw. durch die führende Konsortialbank bezüglich Rechtssituation und allen wesentlichen Markt- und Wettbewerbsaspekten, um eine Unternehmensbewertung und die Angemessenheit von Emissionspreisen kritisch würdigen zu können (sog. Due Diligence).
- Festlegung des Börsensegmentes bzw. des Sekundärmarktes, auf denen später die Aktien gehandelt werden sollen, wobei jedes Segment andere Zulassungsvoraussetzungen definiert.
- Durchführen sog. Road-Shows: Bankenkonsortium und der Vorstand des an die Börse gehenden Unternehmens werben auf speziellen Marketingveranstaltungen um potentielle Investoren im Rahmen der Erstemission. Im Mittelpunkt stehen dabei sog. institutionelle Investoren (bspw. Fondsgesellschaften oder Versicherungen), einzelne potentielle Großaktionäre sowie wichtige Multiplikatoren (bspw. Fachpresse), die über den beabsichtigten Börsengang und das besondere Unternehmensprofil (insbesondere Ertragschancen für die Eigenkapitalgeber, Stärken des Unternehmens usw.) informiert werden (sog. Equity-Story).
- Bestimmung des Emissionspreises für den Bezug der neuen Aktien und Festlegung des Emissionsverfahrens; auf beide Aspekte wird unten näher eingegangen.
- Zeichnung und Zuteilung der Aktien: mit der Zeichnung (auch: Subskription) verpflichten sich Anleger zum Erwerb der Aktien, falls ihnen eine bestimmte Menge zugeteilt wird. Im Rahmen der Erstemission kann der Fall vorliegen, dass es mehr Aktieninteressenten als zu verteilende Aktien insgesamt gibt (sog. Überzeichnung). Deshalb gibt es für die Aktienzuteilung mehrere Zuteilungsformen (vgl. Abb. 4-8).

Mit der ersten Notierung der Aktien an der Börse endet das Going Public und der Handel auf dem Sekundärmarkt beginnt. Von nun an bestimmen Angebot und Nachfrage nach der emittierten Aktie den künftigen Preis.

Bei gegebener Aktienmenge kommt der **Festlegung des Emissionspreises** beim Börsengang eine bedeutende Rolle zu. Dieser Ausgabepreis muss durch eine Unternehmensbewertung fundiert sein und stellt damit lediglich ein „Abfallprodukt" der Bewertungsaufgabe dar. Aus Sicht des Vorstandes wird vielfach ein Interesse an einem eher hohen Emissionspreis bestehen, um einen ausreichenden Kapitalzufluss zur Wachstumsfinanzierung zu erzielen. Diese Interessenlage deckt sich zumeist auch mit den Wünschen der bisherigen Aktionäre bzw. An-

Festzuteilung	Jeder Anleger erhält dieselbe Stückzahl an jungen Aktien
Quotenzuteilung	Jeder Anleger erhält einen bestimmten Prozentsatz seines gezeichneten Ordervolumens
Orderklassen	Segmentierung der Anleger in institutionelle und private Anleger; innerhalb jeder Orderklasse findet die Fest- oder die Quotenzuteilung Anwendung
Auktion	Beginnend mit dem höchsten Preisgebot eines Anlegers wird zugeteilt, bis alle Aktien platziert sind
Auslosung	Neue Aktionäre werden mittels Losentscheid bestimmt
Friends & Family-Program	Bevorzugte Zuteilung an bestimmte Investorengruppen, die für das Unternehmen besonders relevant erscheinen (bspw. treue Mitarbeiter, Kunden, Lieferanten usw.)

Abb. 4-8: Zuteilungsvarianten im Rahmen des Going Public[17]

teilseigner (Gründer, begünstigte Mitarbeiter und auch Venture Capital-Geber), da diese ihre Aktien nach dem Börsengang ggf. zumindest teilweise mit Gewinn am Sekundärmarkt verkaufen wollen. Neue Anleger präferieren eher einen niedrigen Emissionspreis, um den Kapitaleinsatz zu begrenzen und sich vor möglichen Fehlentwicklungen aufgrund von Informationsdiskrepanzen im Rahmen der Anwerbemaßnahmen auf den Road-Shows zu schützen. Zudem beflügelt ein geringer Kaufpreis eher die „Kursphantasie". Die Emissionsbanken haben ebenfalls ein Interesse an einer moderaten Emissionspreisbildung, da sie das sog. Platzierungsrisiko tragen und dann selbst von ggf. auftretenden Kursrückgängen betroffen wären.

Die Festlegung des Emissionspreises ist das Resultat einer **Unternehmensbewertung**, bei der der erwartete Marktwert des Eigenkapitals des Unternehmens bestimmt wird. Die wichtigsten Verfahren der Unternehmensbewertung sind die sog. Discounted Cash-flow-Verfahren (kurz: **DCF-Verfahren**). Eine gewisse Verbreitung kommt zudem der sog. **Multiplikatortechnik** zu.[18]

17 Vgl. Becker, H.P. (Investition 2008), S. 152.

18 Zu Verfahren der Unternehmensbewertung vgl. näher bspw. Drukarczyk, J./Schüler, A. (Unternehmensbewertung 2007); Brealey, R.A./Myers, S.C./Allen, F. (Finance 2006), S. 503-527; Henselmann, K./Kniest, W. (Unternehmensbewertung 2002); Nowak, K. (Unternehmensbewertung 2003); Dinstuhl, V. (Unternehmensbewertung 2003); Institut der Wirtschaftsprüfer (Wirtschaftsprüferhandbuch II 2002); Krag, J./Kasperzak, R. (Unternehmensbewertung 2000); Kesten, R. (Stolpersteine 2004), S. 538-547; Kesten, R. (Adjusted Present Value 2007).

Bei einer in Deutschland noch weit verbreiteten Variante der DCF-Verfahren werden künftige Cash-flows, die das Unternehmen an die Eigenkapitalgeber über den erwarteten Lebenszyklus des Unternehmens ausschütten kann, prognostiziert und auf den Zeitpunkt der Emissionspreisermittlung mit einem geeigneten Kalkulationszinssatz aus Sicht der potentiellen Anteilseigner diskontiert (sog. Equity-Approach oder Ertragswert der Eigentümer). Wird der ermittelte Wert des Eigenkapitals durch die Aktienanzahl des Unternehmens dividiert, erhält man den Emissionspreis je Aktie.

In der internationalen Bewertungspraxis dominiert hingegen (noch) der sog. WACC-Ansatz als weitere Variante der DCF-Verfahren: Hier werden künftig erwartete Cash-flows an sämtliche Kapitalgeber (also Eigen- und Fremdkapitalgeber) prognostiziert und mit einem gewogenen Kalkulationszinssatz (Weighted Average Cost of Capital) über den Lebenszyklus des Unternehmens diskontiert, der die Alternativverzinsung der Eigenkapital- sowie der Fremdkapitalgeber reflektiert. Als Ergebnis erhält man den Wert des Gesamtkapitals (sog. Entity-Approach). Von diesem Wert wird der Wert des Fremdkapitals subtrahiert und man erhält erneut den gesuchten Wert der Eigentümerposition.

Die Multiplikatortechnik beruht in der Regel auf einem Vergleich des an die Börse strebenden Unternehmens (U) mit einem ähnlichen, bereits börsennotierten Vergleichsunternehmen (V), wobei es zum Einsatz von Kennzahlen kommt.

Beispiel zur Unternehmensbewertung

Die frisch gegründete „Unendlich AG" sucht einen Emissionspreis im Rahmen des Going Public. Das Unternehmen wird sich in Höhe von 6,2 Mio. GE langfristig mit Fremdkapital finanzieren. Das Fremdkapital wird zum Zinssatz von langfristig 8% p.a. ausgeliehen. Als Cash-flow vor Abzug von Fremdkapitalzinsen erwartet man langfristig 1 Mio. GE. Potentielle Eigenkapitalgeber könnten eine Alternativverzinsung ihrer Mittel von langfristig 12% erzielen.

Nach dem Equity-Approach ergibt sich unter der Annahme einer ewigen Rente ein Cash-flow an die Anteilseigner in Höhe von (1.000.000 – 6.200.000 x 0,08) = 504.000,-- p.a.. Der Cash-flow unterliegt der Ausschüttung und wird abschließend durch 0,12 dividiert, was der Diskontierung einer unendlich in gleicher Höhe wiederkehrenden Zahlung entspricht. Der Wert des Eigenkapitals ist damit 4,2 Mio. GE.

Addiert man zum Wert des Eigenkapitals den Wert des Fremdkapitals, erhält man den Marktwert des Gesamtkapitals (hier: 10,4 Mio. GE), den man für den WACC-Ansatz benötigt.

Folgt man dem WACC-Ansatz als weitere DCF-Variante, wird der Cash-flow vor Abzug von Fremdkapitalzinsen (1 Mio. GE) mit dem gewogenen Kalkulationszinssatz diskontiert. Dieser ergibt sich, indem der Alternativertragsatz der Anteilseigner und der Fremdkapitalzinssatz zunächst mit dem jeweiligen relativen Anteil der Finanzierungsart am Wert des Gesamtkapitals multipliziert und dann aufaddiert wird: 0,12 x (4,2/10,4) + 0,08 x (6,2/10,4) = 0,09615... bzw. rd. 9,62% p.a. Der Wert des Gesamtkapitals errechnet sich nun aus 1.000.000 / 0,09615..., was erneut 10,4 Mio. GE Marktwert des Gesamtkapitals ergibt. Zieht man das Fremdkapital davon ab, gelangt man wieder zum Wert des Eigenkapitals in Höhe von 4,2 Mio. GE. Insgesamt würden alle potentiellen Anleger für alle Aktien des Unternehmens maximal diesen Betrag investieren. Wird dieser Ertragswert bspw. auf 500.000 Aktien verteilt, ergibt sich ein Emissionspreis in Höhe von 8,40 GE/Aktie.

Orientiert sich die Emissionspreisfestlegung an der Multiplikatortechnik, so ist zunächst ein geeignetes Vergleichsunternehmen zu suchen, das bereits an der Börse notiert ist und über die gleiche Aktienanzahl verfügt. Das Unternehmen V-AG habe einen Aktienkurs von 400 GE/Aktie. Zudem benötigt man Kennzahlen, auf deren Grundlage ein Vergleich erfolgen soll. Eine wichtige Kennzahl ist der Jahresüberschuss. Angenommen, die V-AG habe einen aktuellen Gewinn in Höhe von 100 GE/Aktie und unser betrachtetes Unternehmen U wird einen Gewinn in Höhe von 504.000,-- GE p.a. erzielen, der sich auf 500.000 Aktien verteilt, ist der erwartete Gewinn pro Aktie folglich 1,008 GE/Aktie. Der festzulegende Emissionspreis je Aktie für U ergibt sich dann durch Lösung folgender Formel, bei der ein proportionaler Zusammenhang zwischen den ausgewählten Kennzahlen beider Unternehmen unterstellt ist:

$$(1)\quad \frac{Kurs\,/\,Aktie\ V}{Gewinn\,/\,Aktie\ V} = \frac{Kurs\,/\,Aktie\ U}{Gewinn\,/\,Aktie\ U}$$

Gleichung (1) bildet für beide Unternehmen das sog. Kurs-Gewinn-Verhältnis (KGV) ab. Es besagt, mit dem „Wievielfachen“ der Gewinn im Aktienkurs reflektiert ist. Ein hohes KGV signalisiert eine relativ teure Aktie aus Sicht eines potentiellen Anlegers. In Gleichung (1) stellt der Kurs pro Aktie des Unternehmens U die gesuchte Größe bzw. den zu bestimmenden Emissionspreis dar. Durch elementare Umstellung erhält man:

$$(2)\quad Kurs\,/\,Aktie\ U = \frac{Kurs\,/\,Aktie\ V}{Gewinn\,/\,Aktie\ V} \cdot Gewinn\,/\,Aktie\ U$$

Bezogen auf die Beispieldaten ergibt sich nach der Multiplikatortechnik ein Emissionspreis in Höhe von 4 x 1,008 = 4,032 GE/Stk. Da der aktuelle Gewinn des Vergleichsunternehmens rund 100mal höher ist als der des betrachteten Unternehmens, wird auch der aktuelle Eigentümerwert von U lediglich auf gut 1% des Wertes der V-AG geschätzt.

Neben dem KGV als Multiplikator existieren eine Reihe weiterer Kennzahlen, die für eine vergleichende Bewertung an einem bereits börsennotierten Referenzunternehmen herangezogen werden. So ist bspw. der Umsatz eine weitere beliebte Größe. Er ist im Vergleich zum Gewinn nicht durch bilanzpolitische Zwecke manipulierbar. Zudem scheitert der Gewinn als

Kennzahl bei Unternehmen, die zur Zeit Verluste erwirtschaften, da sich negative Emissionspreise ergeben würden. Weitere zum Einsatz kommende Bezugsgrößen sind zudem Cashflow, Kosten, Wachstumsraten von Gewinn oder Umsatz, aber im Einzelfall auch so merkwürdig erscheinende Kennzahlen wie Anzahl Mitarbeiter mit Doktortitel im Unternehmen oder Anzahl Besucher auf einer Internetseite, wenn es bspw. um die Bewertung junger innovativer Unternehmen geht, für die aufgrund des Neuigkeitsgrades ihrer Produkte und Dienstleistungen sowie mangels verfügbarer Unternehmensdaten monetäre Bezugsgrößen als alleinige Anhaltspunkte ausscheiden. Der Einfachheit dieser Technik steht die sehr hohe Subjektivität und Manipulierbarkeit entgegen, weshalb die DCF-Verfahren wesentlich weiter verbreitet sind. Allerdings sind auch diese Verfahren nicht immer in der Lage, in jeder Bewertungssituation qualifizierte Entscheidungshilfe zu leisten, so dass jeder Einzelfall gesondert zu würdigen ist. Eine beliebte Strategie der Bewertungspraxis ist deshalb auch das „Mischen von Unternehmenswerten“ bzw. der parallele Einsatz mehrerer Bewertungsmethoden. Bezogen auf obiges Beispiel könnte man das arithmetische Mittel der Berechnungen nach DCF-Verfahren und Multiplikatortechnik bilden und als Emissionspreis vorschlagen oder die Berechnungsergebnisse mit individuellen Gewichtungsfaktoren versehen und zu einem Entscheidungswert verdichten.

Wird der ermittelte Emissionspreis unverändert übernommen, spricht man von einem sog. **Festpreisverfahren**. In der Praxis haben allerdings das sog. Bookbuildingverfahren sowie das sog. Auktionsverfahren mittlerweile eine größere Bedeutung erlangt, da bei diesen Emissionsverfahren die Preisvorstellungen der potentiellen Anleger besser berücksichtigt werden können:

- Beim **Bookbuildingverfahren** geben die potentiellen Investoren Kaufgebote innerhalb einer definierten Preisspanne ab und können so ihre Kaufpreisvorstellungen in die Emissionspreisbildung integrieren.
- Beim **Auktionsverfahren** können potentielle Investoren ohne Vorgabe einer Preisspanne Kaufangebote für die neuen Aktien abgeben, wobei das Unternehmen bzw. das Bankenkonsortium einen Mindestpreis für die Aktien festlegt und diesen den Investoren vor Auktionsbeginn bekannt gibt.

Eine in der Praxis verbreitete Variante ist zudem die Mehrzuteilungsoption (sog. **Greenshoe**): Das Unternehmen gestattet dem Konsortialführer, in einer bestimmten Frist einen zusätzlichen Prozentsatz des bisherigen Emissionsvolumens zum originären Emissionspreis zu übernehmen. Wenn der Aktienkurs nach erster Börsennotierung steigt, wird der Konsortialführer den Greenshoe ausüben, also die Aktien zum Emissionspreis erwerben und mit Gewinn am Sekundärmarkt veräußern. Diese Variante wird zur Markt- bzw. Kurspflege eingesetzt, dient aber auch zur Vergütung der Dienste der konsortialführenden Bank.

Going Public verursacht Aufwendungen, die bei der Überlegung eines Börsengangs zu bedenken sind, da diese Positionen sich im Einzelfall zu Millionenbeträgen summieren können:[19]

- **Vorbereitungskosten**: Wechsel der Rechtsform, Handelsregistereintragung, Erstellung eines Business Plans und Emissionsberatung einschließlich Unternehmensbewertung bzw. Emissionspreisbestimmung.
- **Börseneinführungskosten**: i.w. Honorar für das Bankenkonsortium und deren Übernahme des Platzierungsrisikos, Erstellung Verkaufsprospekt und Veröffentlichung, Börsenzulassung, ggf. Aktiendruck, Road-Show und Werbemedien.
- **Laufende Börsennotierungskosten**: Organisation Hauptversammlung, Geschäftsberichte, Investor Relations, Aufsichtsratsvergütung (die grundsätzlich frei regelbar ist und nur zur Hälfte von der Körperschaftsteuer abzugsfähig ist, was eher zum Abschließen von Beraterverträgen motivieren sollte) und dergleichen mehr.

4.4 Eigenkapitalbeschaffung nicht emissionsfähiger Unternehmen

Als nicht emissionsfähig werden diejenigen Unternehmen bezeichnet, die sich nicht durch Ausgabe von Aktien an eine Vielzahl von Kapitalgebern zusätzliches Eigenkapital beschaffen können. Neben den Personengesellschaften (OHG und KG) gehören hierzu auch die GmbH und kleine Aktiengesellschaften (AG) mit geringem Bekanntheitsgrad bzw. familiärer Prägung, deren Aktien nicht an der Börse gehandelt werden (sollen), sowie Genossenschaften. Diese Unternehmen stellen in Deutschland mit Abstand die Mehrheit dar. Für diese Unternehmensformen ist charakteristisch, dass die Chancen zur Steigerung ihrer Eigenkapitalbasis im Wege der Außenfinanzierung limitiert sind, da

- sie keine Wertpapiere auf den Kapitalmärkten emittieren können,
- ihre Gesellschafteranteile nicht frei und standardisiert handelbar sind,

weshalb der Kreis von potentiellen Gesellschaftern im Rahmen einer Beteiligungsfinanzierung relativ begrenzt ist.

Einzelunternehmer

Einzelunternehmen bestehen lediglich aus einem Alleineigentümer als natürliche Person. Dieser kann als der „Herrscher der Leistungsprozesse" angesehen werden und vertritt das Unternehmen nach außen. Der Eigentümer haftet mit seinem gesamten Vermögen im Unternehmens- als auch im Privatbereich. Die externe Eigenkapitalbeschaffung wird durch seine

19 Vgl. Volk, G. (Börseneinführung 2000), S. 318-323.

individuellen Vermögensverhältnisse begrenzt. Es bestehen keine gesetzlichen Vorschriften über eine Mindesteinlage an Eigenkapital, d.h. sowohl Einlagen als auch Privatentnahmen sind in beliebiger Höhe möglich, da das Gesamtvermögen des Eigentümers haftet. Sofern die privaten Vermögensverhältnisse keine weiteren Bar- oder Sacheinlagen (bspw. über eine Erbschaft oder einen Lottogewinn) erlauben, kann eine Steigerung des Eigenkapitals lediglich durch Ausschüttungs- bzw. Entnahmeverzicht erwirtschafteter Gewinne (Selbstfinanzierung) erfolgen, weshalb die Innenfinanzierung vielfach eine exponierte Stellung einnimmt. Damit hängt der Umfang des Innenfinanzierungspotentials entscheidend vom Wollen und Können des Unternehmers selbst ab. Alternativ ist die Aufnahme eines sog. stillen Gesellschafters möglich.[20]

Offene Handelsgesellschaft (OHG)

Eine OHG besteht aus mindestens zwei Gesellschaftern. Die einzelnen Gesellschafter sind als natürliche Personen gemeinsam Träger der Rechte und Pflichten aus den Geschäften, die sie gemeinsam tätigen. Sie haften zusammen persönlich (gesamtschuldnerisch) für Verbindlichkeiten, d.h. das jeder Gesellschafter unmittelbar durch die Gläubiger in Anspruch genommen werden kann. Die Gesellschafter arbeiten persönlich im Unternehmen mit und sind steuerlich als Mitunternehmer zu klassifizieren. Die Gewinnverteilung kann „nach Köpfen" (vgl. den Vorschlag in § 121 HGB) oder entsprechend den Regelungen, die individuell im Gesellschaftsvertrag festgelegt sind, erfolgen. Durch Ein- und Austritt von Gesellschaftern ist der Gesellschaftsvertrag anzupassen. Neue Gesellschafter haften zudem für bereits bestehende Verbindlichkeiten der OHG mit. Bedingt durch die persönliche Haftung muss zwischen den Gesellschaftern ein Vertrauensverhältnis bestehen. Eine externe Eigenfinanzierung kann durch Aufnahme neuer Gesellschafter oder durch neue Einlagen der bestehenden Gesellschafter erfolgen. Allerdings wird dies von zwei Seiten erschwert: Einerseits ist in der Regel das Privatvermögen der Gesellschafter limitiert; andererseits scheuen neue Gesellschafter die persönliche Haftung. Alternativ ist eine zeitlich begrenzte Eigenkapitalbeschaffung durch Kapitalbeteiligungsgesellschaften möglich, bspw. in Form einer stillen Gesellschaft, sofern diese „Wagnisfinanzierer" (Venture Capitalists) ihre hohen Renditeerwartungen als erfüllbar einschätzen. Deshalb ist in der Praxis Venture Capital nur für Wachstumsbranchen eine realistische Alternative.[21]

20 Zur stillen Gesellschaft vgl. Abschnitt 6.2.

21 Zu Venture Capital vgl. Abschnitt 6.9.

Kommanditgesellschaft (KG)

Eine KG ist eine Personengesellschaft, bei der analog zur OHG mindestens ein Gesellschafter (sog. Komplementär) unbeschränkt, aber mindestens ein Gesellschafter (sog. Kommanditist) lediglich bis zur Höhe seiner Einlage haftet. Die Geschäftsführung kann frei geregelt werden.

Sofern der Gesellschaftsvertrag nicht anderes enthält, wird die Weisungsfunktion im Unternehmen vom Komplementär ausgeübt. Dann sind die Kommanditisten grundsätzlich von der Unternehmensführung ausgeschlossen. Sie haben dann lediglich Kontrollrechte sowie ein Widerspruchsrecht bei grundlegenden strategischen Unternehmensentscheidungen.

Sofern der Gesellschaftsvertrag nicht anderes bestimmt, werden im Rahmen der Gewinnbeteiligung die Eigenkapitalanteile von Komplementär und Kommanditist mit zunächst 4% verzinst und ein verbleibender Restgewinn „in einem angemessenen Verhältnis“ weiter auf diese verteilt (vgl. § 167 HGB und § 168 HGB). Die Kommanditisten haben lediglich bezüglich ihres Gewinnanteils einen Anspruch auf eine Barentnahme. Ein darüber hinaus gehendes Entnahmerecht besteht für sie nicht, weshalb ihre originäre Kapitaleinlage auch als „konstantes Haftungskapital“ bezeichnet werden kann. Durch Zustimmung aller Gesellschafter und Eintragung ins Handelsregister kann die Kommanditisteneinlage aber herab- oder heraufgesetzt werden. An Verlustsituationen nehmen Kommanditisten nur bis zur Höhe ihres Kapitalanteils teil, d.h. ein Jahresfehlbetrag würde, sofern noch möglich, anteilig mit der Kommanditisteneinlage verrechnet. Verbleibende Verluste trägt dann allein der Komplementär.

Da die Privathaftung für Kommanditisten entfällt, wird die Aufnahme von neuen Gesellschaftern tendenziell erleichtert. Zu bedenken ist aber, dass durch neue Gesellschafter die Gewinnaufteilung beeinflusst wird. Weitere Einlagen seitens des Vollhafters hängen analog zur OHG von dessen privater Vermögenssituation ab.

GmbH & Co KG

Die GmbH & Co. KG ist gesetzlich nicht definiert, da sie eine Kreation der Praxis darstellt. Bei ihr handelt es sich in der Regel um eine KG, bei der der Komplementär (Vollhafter) eine Gesellschaft mit begrenzter Haftung (GmbH) darstellt. Die Gesellschafter der GmbH sind i.d.R. die Kommanditisten (Teilhafter) der KG. Damit ist sie faktisch eine Kombination von Personen- und Kapitalgesellschaft. Mit ihr gelingt es, die Vorteile einer Personengesellschaft (keine Körperschaftsteuerpflicht; die Kommanditistengewinne unterliegen nur der persönlichen Einkommensteuer) mit denen der Kapitalgesellschaft (beschränkte Haftung) zu verbinden. Die Körperschaftsteuer wird auf die GmbH reduziert und die Haftung ist auf die Stammeinlage der GmbH sowie auf die Einlage der Kommanditisten begrenzt. Ferner hat sie den Vorteil, eine problemlosere Nachfolgeregelung für den geschäftsführenden Gesellschafter der GmbH zu finden: Dieser hat zumeist die Kommanditgesellschaft als Komplementär maßgeblich mit gegründet. Scheidet der Gründer altersbedingt aus, kann die GmbH als eigenständige

Rechtspersönlichkeit weiter existieren und es besteht die Chance, einen angestellten Manager als Geschäftsführer einzusetzen, falls sich im Kreise der verbleibenden Kommanditisten kein geeigneter Nachfolger befindet. Dies sichert die jederzeitige Unternehmensfortführung. Zudem ergeben sich im Einzelfall Vorteile bei der steuerlichen Gewinnermittlung in der GmbH: Geschäftsführergehälter, Zinsen auf Gesellschafterdarlehen, Beratungshonorare der Kommanditisten, Miete für überlassene Gebäude der Gesellschafter gelten als Betriebsausgabe und sind von der Steuer absetzbar, was die Körperschaft- und Gewerbeertragsteuer der GmbH mindert. Allerdings müssen derartige Verträge der Gesellschafter mit der GmbH steuerrechtlich so gestaltet sein, wie es unter fremden Dritten üblich wäre. Zudem ist zu bedenken, dass spiegelbildlich steuerliche Einkunftsarten bei den Gesellschaftern im Rahmen ihrer Einkommensteuererklärung entstehen, so dass die steuerliche Gesamtwirkung erst im Rahmen einer differenzierten Steueranalyse erkennbar wird.

Gesellschaft mit beschränkter Haftung (GmbH)

Die GmbH zählt zu den Kapitalgesellschaften. Für ihre Gründung bedarf es lediglich einer (natürlichen oder juristischen) Gründerperson. Eine Mitgliedschaft in einer Kapitalgesellschaft ist in der Kapitalbeteiligung begründet und kann durch Verkauf der Beteiligung wieder beendet werden. Kapitalgesellschaften haben als juristische Personen eine eigenständige Rechtspersönlichkeit, die durch Organe handelt (bei der GmbH: Geschäftsführer, Gesellschafterversammlung, ggf. Aufsichtsrat und Beirat). Die eigenständige Rechtspersönlichkeit hat u.a. zur Folge, dass die GmbH Inhaber ihres Unternehmensvermögens ist und allein mit diesem Vermögen gegenüber den Gläubigern haftet. Das Privatvermögen der Gesellschafter wird nicht herangezogen. Sie haften lediglich in Höhe ihrer Kapitaleinlage, die Eingang in den Unternehmensbereich gefunden hat. Aus Gründen des Gläubigerschutzes ist eine gesetzlich geforderte Mindesteigenkapitaleinlage (sog. Stammkapital von 25.000,-- EUR), von der zum Zeitpunkt der Handelsregistereintragung mindestens die Hälfte eingezahlt sein muss, sowie eine Publizitätspflicht der Jahresabschlussdaten und ab einer bestimmten Größenordnung eine Prüfungspflicht der Abschlussangaben erforderlich. Da die GmbH über eigene Organe verfügt, ist eine persönliche Mitarbeit der Kapitalgeber nicht vorgesehen, aber bspw. im Rahmen einer sog. Ein-Mann-GmbH notwendig. Abstimmungen und Gewinnverteilungen erfolgen nach Kapitalanteilen bzw. Beteiligungsquoten.

Eine Erhöhung des Stammkapitals (Kapitalerhöhung) ist nur durch Satzungsänderung möglich, für die analog zu Aktiengesellschaften eine ¾-Mehrheit auf der Gesellschafterversammlung benötigt wird. Im Gesellschaftsvertrag kann eine sog. Nachschusspflicht vorgesehen sein, durch die die Gesellschafter über das Stammkapital hinaus gehende Einlagen tätigen müssen. Will ein Gesellschafter der Nachschusspflicht nicht nachkommen bzw. grundsätzlich ausscheiden, hat er das Recht der Preisgabe seines Geschäftsanteils (sog. Abandonrecht), indem er diesen den verbleibenden Gesellschaftern anbietet und ausscheidet. Hierzu ist eine

Abtretung in Form eines notariellen Vertrages erforderlich. Freilich entstehen dann Fragen zur Bewertung des Geschäftsanteils, da, anders als bei börsennotierten Aktien, keine Marktpreise für GmbH-Anteile existieren.

Eine zusätzliche Eigenkapitalbeschaffung kann durch weitere Einlagen der bisherigen Gesellschafter oder durch Aufnahme neuer Gesellschafter erfolgen. Die Erhöhung des Stammkapitals durch bisherige Gesellschafter ist aber analog zu OHG und KG von deren sonstiger Vermögenssituation abhängig. Bei einer Aufnahme neuer Gesellschafter würden sich die Beteiligungsquoten verändern. Vorteilhaft erscheint insbesondere die begrenzte Haftung. Diese lässt sich in der Praxis aber nicht immer realisieren: So werden bspw. umfangreiche Kreditzusagen für eine GmbH oftmals an das Vorhandensein höherer Eigenkapitalbestände geknüpft oder die Gesellschafter werden zur Stellung zusätzlicher Sicherheiten aus deren Privatvermögen verpflichtet.

Genossenschaften

Die eingetragene Genossenschaft (eG) ist eine juristische Person. Sie ist ein eingetragener Verein mit nicht geschlossener Mitgliederzahl zur Führung eines gemeinsamen Geschäfts, wobei die Förderung der Erwerbsinteressen der Mitglieder im Vordergrund des Geschäftszwecks steht. Die rechtlichen Grundlagen sind im Genossenschaftsgesetz geregelt. Die Mindestzahl der Mitglieder (sog. Genossen) beträgt 7. Die finanzielle Haftung ist auf das Genossenschaftsvermögen begrenzt.

Die Unternehmensleitung erfolgt durch Organe: Vorstand, Aufsichtsrat und General- bzw. Mitgliederversammlung. Die Generalversammlung wählt Vorstand und Aufsichtrat, wobei jeder Genosse über eine Stimme verfügt.

Die Beteiligungsfinanzierung erfolgt aufgrund von Bareinlagen der Genossen (sog. Geschäftsguthaben). Gewinnanteile vermehren und Verlustanteile mindern dieses Guthaben. Ein gesetzlich vorgeschriebenes Mindesthaftungskapital, wie bei GmbH oder AG, existiert nicht. Sofern die Satzung nichts abweichendes bestimmt, erhalten die Mitglieder ihre Gewinnausschüttung auf Basis des jeweiligen Geschäftsguthabens. An Verlusten sind sie maximal bis zur Höhe ihres Geschäftsanteils, das ist der Höchstbetrag, bis zu dem sich ein Mitglied finanziell engagieren darf, beteiligt. Ein populäres Praxisbeispiel stellen die Sparda Banken in Deutschland dar, an der sich alle Kunden zugleich als Genossen finanziell mit mindestens 50 EUR beteiligen müssen, aber bis höchstens 500 EUR beteiligen dürfen.

Möchte sich ein Genosse von seinem Geschäftsanteil trennen, so kann er einzelne Geschäftsanteile oder seine gesamte Mitgliedschaft unter Wahrung einer satzungsgemäßen Frist kündigen. Der originär gezahlte Geschäftsanteil wird dann an das Mitglied ohne Disagio ausgezahlt.

Sollte die Genossenschaft aufgelöst werden, haben die Mitglieder einen Anspruch auf einen Anteil am erzielten Liquidationserlös (nach Abzug aller Schulden).

Von einer Personengesellschaft unterscheidet sich die Genossenschaft dadurch, dass für die Verbindlichkeiten nur das Unternehmensvermögen haftet. Abweichend zu einer Kapitalgesellschaft existiert keine gesetzliche Vorgabe über ein Mindestvolumen an Grund- bzw. Stammkapital. Die Genossen sind lediglich verpflichtet, mindestens 10% ihres Geschäftsanteils in das Unternehmen einzuzahlen.

5. Langfristige Fremd- bzw. Kreditfinanzierung

5.1 Begriff und Merkmale von Fremdkapital

Langfristige Kreditfinanzierung liegt vor, wenn einem Unternehmen von außen Liquidität durch Gläubiger zugeführt wird, die keine Eigentumsrechte am Unternehmen erwerben (lat. credere: vertrauen, glauben) und die Finanzmittel über mehrere Jahre zur Nutzung bereitgestellt werden.[1] Neben der Kreditfinanzierung durch Gläubiger kann auch eine langfristige Kreditfinanzierung durch die bisherigen Eigentümer erfolgen (Gesellschafterdarlehen).[2] Die besondere Funktion von Fremdkapital besteht in der Ausstattung des Unternehmens mit Finanzmitteln, die in der Bilanz unter der Position „Verbindlichkeiten" als künftige Auszahlungsverpflichtungen des Unternehmens festgehalten werden.[3] Von den Rückstellungen[4] unterscheiden sich Verbindlichkeiten dadurch, dass weder die Rückzahlungsbeträge noch die damit zusammenhängenden Fälligkeitstermine als unsicher gelten.

Mit einer Kreditfinanzierung werden insbesondere folgende **Merkmale** verbunden:

- Nominalanspruch: Gläubiger haben einen Anspruch auf Rückzahlung des Nominalbetrages ihrer Kredite.[5] Der Nominal- oder auch Nennbetrag gibt die nominelle Größe des Kredites an und ist u.a. Basis für die zu entrichtenden Zinsen. Davon zu unterscheiden ist der Auszahlungsbetrag, den Kreditnehmer tatsächlich erhalten. Eine Differenz zwischen Auszahlungs- und Nennbetrag wird als Disagio (Abschlag oder Damnum) bezeichnet und beeinflusst die effektiven Kreditkosten.
- Fester Zinsanspruch: Unabhängig von der Erfolgslage besteht ein fest definierter Zinsanspruch gegen das Unternehmen (was nicht bedeutet, dass der Kreditzinssatz im Zeitablauf der Kreditbeziehung nicht variieren kann).
- Befristete Kapitalüberlassung: In der Regel gewähren Gläubiger nur zeitlich begrenzt einen Kredit; es sind zumeist feste Tilgungs- und Rückzahlungsmodalitäten vereinbart.

---

1 In der Regel wird eine Überlassungsdauer von mindestens vier Jahren als langfristig charakterisiert.

2 Zum Gesellschafterdarlehen vgl. Abschnitt 6.3.

3 Auf der Passivseite der Bilanz wird also lediglich der Rechtsanspruch des Kreditgebers festgehalten. Das Geld fließt dem Unternehmensvermögen (Aktivseite) zur weiteren Verwendung zu.

4 Zu Pensionsrückstellungen vgl. Abschnitt 3.5.

5 Eine Ausnahme stellen indexierte Darlehen dar: Hierbei ist bspw. der Rückzahlungsbetrag während der Darlehenslaufzeit an einen Lebenshaltungskostenindex gekoppelt. Dies ist in Ländern mit erheblichen Preissteigerungen bzw. Inflationstendenzen üblich (bspw. in Südamerika). Auch die Bundesrepublik Deutschland hat mittlerweile Kredite in Form eines sog. „Linkers" aufgenommen. Vgl. dazu Abschnitt 5.3.2.3.

- Keine Haftung: Kreditkapital haftet nicht; vielmehr gelten die Gläubiger als „Haftungsberechtigte“ und erhalten ihr Kapital im Liquidationsfall bevorzugt zurück.
- Keine Leitungsbefugnis: Gläubiger haben meistens keinen Einfluss auf die Unternehmensführung.
- Zinszahlungen sind Aufwendungen: Sie mindern das Einkommen der Unternehmenseigentümer sowie die Steuerbemessungsgrundlagen des Unternehmens.
- Kreditwürdigkeit und Kreditsicherheiten: Wichtige Voraussetzung für die meisten Kreditgewährungen sind Prüfungen durch die potentiellen Gläubiger bezüglich Kreditwürdigkeit und ggf. das Verlangen von verwertbaren Sicherheiten, um das Risiko des Zahlungsausfalls zu begrenzen bzw. zu vermeiden.

Entsprechend kann man **Fremdkapital in „typischer Form“** wie folgt charakterisieren:

- keine Weisungsbefugnis im Rahmen der Unternehmensführung,
- keine Ergebnisabhängigkeit,
- keine bilanzielle Reduktion des Kapitalbestandes bei zeitweisen Verlusten im Unternehmen,
- vertragliche Fixierung der Zins- und Tilgungsmodalitäten sowie der damit zusammenhängenden Zahlungstermine,
- bevorzugte Kapitalrückzahlung im Liquidationsfall.

Fremdkapital ist damit eine Art **„Festbetragsanspruch“**, der soweit als möglich als risikoloses Kapital konzipiert ist.

In Abschnitt 5.2 erörtern wir zunächst die sog. unverbrieften Darlehen, die in der Praxis meistens nach der Art der vereinbarten Tilgungsmodalitäten differenziert werden. Unverbriefte Darlehen sind das Ergebnis eines individuellen Kreditvertrages mit einem Fremdkapitalgeber. „Unverbrieft“ bedeutet, dass das Darlehen nicht in Wertpapiere gekleidet ist, die ein Kreditgeber, je nach persönlich präferierter Haltedauer, jederzeit am Sekundärmarkt „Börse“ veräußern könnte. Eine Sonderform des unverbrieften Darlehens stellt das sog. Schuldscheindarlehen dar, auf das ebenfalls in Abschnitt 5.2 eingegangen werden soll.

Besonders interessant sind die sog. Schuldverschreibungen (auch: Obligationen oder Anleihen), die an der Börse gehandeltes Fremdkapital darstellen und, ähnlich wie Aktien, Fristentransformationsvorteile für potentielle Kreditgeber beinhalten (vgl. Abschnitt 5.3).[6] Zudem besteht nach der Emission von Schuldverschreibungen kein Recht von seitens der Gläubiger, die eingezahlten Geldbeträge vom Unternehmen zurückfordern zu können. Analog zur Aktienfinanzierung ist ein Ausstieg nur über die Börse möglich. Einige Formen von Schuldverschreibungen (Wandel-, Options-, Umtausch- sowie Gewinnanleihen) werden dem sog. „Mezzanine Finance zugeordnet“ und dementsprechend erst in Abschnitt 6 dargestellt.

6 Zur Fristentransformation vgl. nochmals Abschnitt 2.6.

5.2 Unverbriefte Darlehen

Das unverbriefte Darlehen kann als Grundform langfristiger Fremdfinanzierung betrachtet werden. Nach § 607 BGB ist ein Darlehen die Hingabe von Geld oder anderen vertretbaren Sachen (bspw. Waren) mit der Vereinbarung, dass der Empfänger Sachen gleicher Art, Güte und Menge nach Ablauf der vereinbarten Lauf- bzw. Nutzungszeit zurückzugeben hat. Ein Darlehen liegt nur vor, wenn der Schuldner die geliehenen Geld- oder Sachwerte für eine gewisse Zeit behalten bzw. nutzen darf.[7] In den Folgeabschnitten 5.2.1 bis 5.2.4 werden die Darlehensformen nach ihrer Tilgungsstruktur differenziert diskutiert, wobei wir nur auf die sog. nachschüssige Betrachtung in den folgenden Beispielen eingehen.[8] In Abschnitt 5.2.5 erörtern wir als Sonderform das sog. Schuldscheindarlehen.

5.2.1 Ratendarlehen

Als Raten- oder auch Abzahlungsdarlehen wird ein Darlehen bezeichnet, bei dem in der Regel vom ersten Kreditjahr an bis zum Ende der Kreditlaufzeit mit einer laufzeitkonstanten Rate, ähnlich einer linearen Abschreibung, der Kreditbetrag zurückgezahlt wird. Im Einzelfall können auch sog. tilgungsfreie Jahre vereinbart werden. In diesem Fall wären die Tilgungsraten linear über die Restlaufzeit des Darlehensvertrages zu verteilen. Die fest vereinbarten Darlehenszinsen werden (bei nachschüssiger Berechnung) auf den jeweils existierenden Darlehensrestbestand zum Ende der Vorperiode erhoben.

Beispiel

Ein Unternehmen möchte am Jahresanfang (t=0) für vier Jahre (t=T) ein Darlehen über nominal 100.000,-- GE aufnehmen (FK_0) . Der Nominalzinssatz (i) sei 6%. Vereinbart wurde zudem ein Disagio (d) in Höhe von 2% auf den Nominalbetrag, was zu einem sog. Auszahlungskurs bzw. –betrag in Höhe von 98% bzw. von 98.000,-- GE führt. Die Zinsen werden jeweils am Ende eines Jahres fällig (nachschüssige Betrachtung). Abb. 5-1 zeigt die weiteren Zahlungswirkungen aus Sicht des Kreditnehmers im Zeitablauf. Die Tilgungszahlungen (T_t) ergeben sich, indem der Nominalbetrag gleichmäßig über die vier Jahre verteilt wird. Auf den jeweiligen Darlehensrestbestand, der sich nach jeder Tilgung ergibt, erfolgt die Zinsberechnung für die jeweilige Folgeperiode ($Z_t = i \cdot FK_{t-1}$). Folglich sinken die Zinszahlungen mit zunehmender Laufzeit. Alternativ ließe sich der Sachverhalt mit umgekehrten Vorzeichen bei

---

7 Der Kreditbegriff ist dagegen weiter gefasst: Einen Kredit gewährt jeder, der einem anderen eine Leistung zur Verfügung stellt, ohne auf gleichzeitiger Gegenleistung zu bestehen (bspw. Warenverkauf bzw. -einkauf auf Ziel). Vgl. Wöhe, G./Bilstein, J./Ernst, D./Häcker, J. (Grundzüge 2009), S. 225.

8 Eine nachschüssige Betrachtung bedeutet, dass Zins- und Tilgungszahlungen stets an einem Periodenende fällig werden. Die Kreditaufnahme erfolgt stets an einem Periodenanfang.

den Zahlungskonsequenzen aus Sicht eines Kreditgebers abbilden, für den der Sachverhalt eine Finanzinvestition darstellt.

Sowohl Kreditnehmer als auch Kreditgeber sind an der Berechnung einer sog. Effektivverzinsung p.a. (i_{krit}) interessiert. Werden, wie im Beispiel, anfallende Transaktionskosten und Steuerwirkungen nicht berücksichtigt, entsprechen sich bei beiden Kreditpartnern die Effektivverzinsungen, wenn über den Kreditzeitraum identische Wiederanlageprämissen für die anfalanfallenden Zahlungen unterstellt werden. Im Beispiel der Abb. 5-1 ergeben sich 6,91% pro Jahr. Dieser effektive Zinssatz ist größer als der vereinbarte Nominalzinssatz von 6%, da das Unternehmen ein Disagio von 2% des Nominalbetrages akzeptiert. Das Disagio kann als derjenige Teil des geschuldeten bzw. zurückzuzahlenden Darlehensbetrages verstanden werden, den der Darlehensgeber nicht an den Kreditnehmer auszahlt. Es handelt sich damit um „versteckte oder indirekte Zinskosten“ des Unternehmens.[9] Ein Disagio kann aus Sicht einer Bank einerseits als „Marketinginstrument“, andererseits als ein Instrument verstanden werden, durch das die Bank jederzeit eine marktgerechte (effektive) Verzinsung ohne Änderung der Nominaldaten im Darlehensvertrag herzustellen vermag. Auch ein Kreditnehmer kann ein Disagio wünschen, wenn er während der Darlehenslaufzeit möglichst geringe laufende Zahlungen an den Darlehensgeber leisten möchte und dafür am Ende der Laufzeit bereit ist, einen entsprechend höheren Betrag zu tilgen.

Sicht Kreditnehmer						
Zeitpunkte	t =	0	1	2	3	4
Berechnung Zins- und Tilgungsplan						
Zinszahlungen (-)	GE		-6.000	-4.500	-3.000	-1.500
Tilgungszahlungen (-)	GE		-25.000	-25.000	-25.000	-25.000
Darlehensbestand (+)	GE	100.000	75.000	50.000	25.000	0
Berechnung Effektivzinssatz						
Einzahlungen (+)	GE	98.000				
Zinszahlungen (-)	GE		-6.000	-4.500	-3.000	-1.500
Tilgungszahlungen (-)	GE		-25.000	-25.000	-25.000	-25.000
Nettozahlungen (+/-)	GE	98.000	-31.000	-29.500	-28.000	-26.500
Interner Zinssatz =Effektivzinssatz	%	**6,91%**				

Abb. 5-1: Zahlungsstruktur eines Ratendarlehen

9 Im Steuerrecht wäre der Disagiobetrag (im Beispiel: 2.000,-- GE) über die Darlehenslaufzeit als Zinsaufwand, der aber keine Auszahlung darstellt, zu verteilen.

Die Berechnung der Effektivverzinsung (aus Sicht des Kreditnehmers handelt es sich um seine jährlichen „Durchschnittskosten in Prozent") erfolgt auf der Grundlage der aus der dynamischen Investitionsrechnung bekannten Internen Zinssatzmethode: Gesucht wird ein kritischer Zinssatz (i_{krit}), bei dessen Verwendung als Diskontierungszinssatz der Kapitalwert (KW) des Zahlungsstroms einer Darlehensbeziehung, in Gleichung (1) aus Kreditnehmersicht dargestellt, genau Null wird:[10]

$$(1)\ KW = +FK_0 \cdot (1-d) - \sum_{t=1}^{T} (Z_t + T_t) \cdot (1 + i_{krit})^{-t} \overset{!}{=} 0$$

Zur Bestimmung des gesuchten kritischen Zinssatzes lassen sich entweder Tabellenkalkulationsprogramme (bspw. MS-Excel) oder das Verfahren der linearen Interpolation (sog. regula falsi) nutzen. Letzteres basiert auf der Überlegung, das ein Kapitalwert aus Kreditnehmersicht bei steigenden (sinkenden) Diskontierungszinssätzen zunimmt (abnimmt): Der Diskontierungszinssatz kann als der für neue Kreditaufnahmen zu entrichtende Marktzinssatz interpretiert werden. Da der Kreditnehmer beim bestehenden Darlehen stets nur den vereinbarten Zinssatz zu entrichten hat, steht er sich immer dann relativ besser, wenn das Marktzinsniveau, zu dem Geld verliehen wird, zwischenzeitlich ansteigt. Sollte aber das Zinsniveau am Markt unter dem fest vereinbarten Darlehenszinssatz liegen, zahlt ein Kreditnehmer gegenüber den Marktkonditionen zu viel an seinen Gläubiger. Daher kann man auch sagen, dass man auf Basis des Kapitalwertes den gegenwärtigen Wert (Barwert) der Darlehenskonditionen mit den aktuellen Marktkonditionen ähnlicher Kredite vergleicht. Entsprechend würde ein Darlehensnehmer seine Effektivverzinsung dem gegenwärtigen Marktzinsniveau gegenüberstellen: Ein Darlehen, dessen Effektivverzinsung über dem allgemeinen Marktniveau liegt, wäre abzulehnen, sofern das Unternehmen günstigere Kreditbeschaffungsalternativen realisieren kann.

Wird der interne Zinssatz aus Kreditnehmersicht mittels linearer Interpolation bestimmt, müssen mittels zwei Probierzinssätzen zwei damit korrespondierende Kapitalwerte ermittelt werden: Führt ein Zinssatz (i_1) zu einem (gerade noch) negativen Kapitalwert (KW_1) und ein zweiter Zinssatz (i_2) zu einem (leicht) positiven Zielwert (KW_2), wird der kritische Zinssatz, der sich zwischen beiden Probierzinssätzen befindet, mittels Interpolationsformel (2) näherungsweise bestimmt.

$$(2)\ i_{krit} = i_2 - \frac{KW_2 \cdot (i_2 - i_1)}{KW_2 - KW_1}$$

Sei der erste Probierzinssatz (i_1) 6% und der zweite (i_2) 8%, so erhält man auf Basis von Formel (1) zunächst einen negativen (-2.000,--) sowie einen positiven Kapitalwert

[10] Zum Kapitalwert sowie zur Internen Zinssatzmethode vgl. Kesten, R. (Investitionsrechnung 2011), S. 52-59 und S. 79-87; Götze, U. (Investitionsrechnung 2008), S. 71-79 und S. 96-107.

(+2.299,21). Diese vier Werte werden nun in (2) eingesetzt und liefern recht exakt das in Abb. 5-1 dargestellte Ergebnis.[11]

Die Interne Zinssatzmethode wird in Theorie und Praxis vielfach kritisiert, da sie im Falle einer Geldvermögensmaximierung für das Ende eines Investitionszeitraumes u.a. eine Wiederanlage freiwerdender Zahlungen zum internen Zinssatz während der Investitionslaufzeit unterstellt, was insbesondere beim relativen Vorteilhaftigkeitsvergleich zwischen betrags- und laufzeitverschiedenen Investitionsalternativen zu Fehlern bei der optimalen Alternativenauswahl führen kann. Im Falle eines mehrfachen Vorzeichenwechsels der Zahlungen im Zeitablauf kann zudem das Problem von mehrdeutigen Lösungen entstehen. Auch sind Fälle bekannt, in der sich keine effektive Verzinsung ermitteln lässt.[12] Dennoch sind Banken über die sog. Preisangabenverordnung verpflichtet, bei Kreditangeboten eine solche Kennzahl anzugeben, damit ein Kreditnachfrager alternative Angebote besser vergleichen kann. Das dies trotz der genannten Probleme sinnvoll erscheint, erklärt sich aus der Tatsache, dass ein Kreditnehmer bei alternativen Angeboten in der Regel nach den Konditionen für identische Kreditbeträge über gleiche Laufzeiten anfragt. Durch diese Betrags- und Laufzeitäquivalenz sowie durch das Vorliegen von nur einem Vorzeichenwechsel im Zeitablauf einer Kreditbeziehung[13] sind die Voraussetzungen für einen zutreffenden Alternativenvergleich gegeben.

5.2.2 Endfälligkeitsdarlehen

Erfolgt die Darlehenstilgung komplett am Ende der Laufzeit, spricht die Praxis von einem Darlehen mit Endfälligkeit oder von einem Tilgungsaussetzungsdarlehen bzw. Festdarlehen. Im Laufe der Kreditjahre werden folglich lediglich die vereinbarten Zinsen, berechnet auf den Nominalbetrag, gezahlt und sind damit laufzeitkonstant. Bezogen auf das Ausgangsbeispiel aus Abschnitt 5.2.1 ergibt sich die in Abb. 5-2 dargestellte Zahlungsstruktur aus Kreditnehmersicht. Die effektiven Kreditkosten pro Jahr betragen hier 6,58%.

---

11 Würde man den Effektivzinssatz aus Kreditgebersicht bestimmen, steigen die Kapitalwerte an, wenn die Diskontierungszinssätze (verstanden als aktuelle Marktkonditionen) sinken, da es zu einer geringeren Abwertung der künftigen Einzahlungen aus dem gewährten Kredit kommt und entspricht der üblichen Darstellung im Rahmen von Wirtschaftlichkeitsanalysen aus Investorensicht.

12 Vgl. hierzu näher Kruschwitz, L. (Investitionsrechnung 2009), S. 104-110; Götze, U. (Investitionsrechnung 2008), S. 97-98 und S. 103-104; Kesten, R. (Investitionsrechnung 2011), S. 84-87.

13 Aus Sicht eines Kreditnehmers (Kreditgebers) erfolgt zu Beginn zunächst eine Einzahlung (Auszahlung), dann ergeben sich im Zeitablauf nur noch Auszahlungen (Einzahlungen) in Form von Zins- und Tilgungszahlungen.

Sicht Kreditnehmer						
Zeitpunkte	t =	0	1	2	3	4
Einzahlungen (+)	GE	98.000				
Zinszahlungen (-)	GE		-6.000	-6.000	-6.000	-6.000
Tilgungszahlungen (-)	GE		0	0	0	-100.000
Nettozahlungen (+/-)	GE	98.000	-6.000	-6.000	-6.000	-106.000
Interner Zinssatz = Effektivzinssatz	%	**6,58%**				

Abb. 5-2: Zahlungsstruktur eines Endfälligkeitsdarlehen

Endfälligkeitsdarlehen besitzen gegenüber einem Ratendarlehen aus Kreditnehmersicht den Vorteil, das während der Kreditlaufzeit lediglich Zinsen, aber keine Tilgungszahlungen zu leisten sind. In dieser Zeit bleibt die Liquidität des Unternehmens geschont. Allerdings ist dafür Sorge zu tragen, dass zum Endzeitpunkt der Darlehensbeziehung der erforderliche Rückzahlungsbetrag, der dem Nominalbetrag entspricht, zur Verfügung steht. Im Privatbereich wird ein solches Darlehen manchmal gewählt, wenn die nicht zur laufenden Tilgung benötigten Gelder zeitlich parallel in ein Ansparprodukt investiert werden, von dem eine höhere Verzinsung erwartet wird. Mit dem dann erzielten Vermögensendwert aus der Ansparmaßnahme soll dann das Darlehen am Ende komplett getilgt werden. Im Idealfall soll sogar ein Restguthaben aus dem Sparprodukt verbleiben. Diese Tilgungsstrategie beinhaltet aber ein ggf. erhebliches Risiko, falls sich die erwartete Verzinsung aus dem Ansparprodukt nicht einstellt. So planten in der Vergangenheit öfters private Bauherren, die Kreditrückzahlung für ihre Immobilie mit der Ablaufleistung aus einer Kapitallebensversicherung zu verrechnen, mussten aber vielfach in den letzten Jahren aufgrund der geringeren Renditen von Lebensversicherungen eine verbleibende Restschuld akzeptieren. Abhängig von den sonstigen privaten Vermögens- und Einkommensverhältnissen können daraus ernste Folgeprobleme erwachsen (bspw. erheblich teurere Anschlussfinanzierung bis hin zur Zwangsversteigerung der Immobilie).[14]

5.2.3 Darlehen mit Endwerttilgung

Bei einem Darlehen mit Endwerttilgung handelt es sich aus Sicht des Unternehmens um einen Zahlungsstrom mit lediglich zwei Zahlungsterminen über die vereinbarte Kreditlaufzeit: Am

14 Für den Finanzmakler hatte die zeitgleiche Vermittlung eines Kredit- und eines Ansparproduktes natürlich nur Vorteile: Er bekam mit einem Kundenbesuch gleich zwei Abschlussprovisionen. Positiv ist aber zu erwähnen, dass eine Lebensversicherung den Hinterbliebenen eine Zahlung im Todesfall ermöglicht, die so gewählt sein sollte, dass bspw. eine Zwangsversteigerung abgewendet werden kann.

Anfang der Kreditaufnahme (t=0) erhält das Unternehmen die vereinbarte Einzahlung; am Ende der Kreditbeziehung (t=T) zahlt das Unternehmen den originären Darlehensbetrag zuzüglich aller angefallenen Zinsen und Zinseszinsen zurück. Obwohl bilanziell in jeder Periode Zinsaufwendungen gebucht werden, erfolgen keine Auszahlungen innerhalb der Darlehenslaufzeit („unbarer Zinsaufwand"). Die jährlichen Zinsansprüche des Darlehensgebers werden als Verbindlichkeiten passiviert. Abb. 5-3 zeigt die Zahlungsbeziehung aus Kreditnehmersicht. Mit den Beispieldaten ergibt sich bei dieser Darlehensvariante eine Effektiverzinsung von 6,54% p.a.

Sicht Kreditnehmer							
Zeitpunkte	t =	0	1	2	3	4
Berechnung Zins- und Tilgungsplan						
Zinsverbindlichkeit (+)	GE		6.000	6.360	6.742	7.146
Darlehenbestand vor Tilgung (+)	GE	100.000	106.000	112.360	119.102	126.248
Tilgung Nominalkredit (-)	GE		0	0	0	-100.000
Tilgung Zinsansprüche (-)			0	0	0	-26.248
Gesamttilgung (-)			0	0	0	-126.248
Berechnung Effektivzinssatz						
Einzahlungen (+)	GE	98.000				
Lfd. Zinszahlungen (-)	GE		0	0	0	0
Tilgungszahlungen (-)	GE		0	0	0	-126.248
Nettozahlungen (+/-)		98.000	0	0	0	-126.248
Interner Zinssatz =Effektivzinssatz	%	**6,54%**				

Abb. 5-3: Zahlungsstruktur eines Darlehens mit Endwerttilgung

Da der am Ende der Laufzeit insgesamt zu tilgende Betrag als Vermögensendwert aus Sicht des Darlehensgebers interpretiert werden kann, lässt sich der in t=T zu leistende Rückzahlungsbetrag (R_T) auch durch Aufzinsung des Nominalbetrages (K_0) mit dem Nominalzinssatz (i) über die Gesamtlaufzeit (T) bestimmen:

$$(1)\quad R_T = K_0 \cdot (1+i)^T = 100.000 \cdot (1{,}06)^4 \approx 126.248 \text{ GE}$$

Während ein Darlehensgeber beim Endfälligkeitsdarlehen zumindest noch laufende Zinszahlungen erhält, muss er beim Darlehen mit Endwerttilgung bis zum Ende der vereinbarten Laufzeit auf eine Einzahlung warten. Deshalb kann man diese Darlehensform aus seiner Sicht als riskanter einstufen. Entsprechend sorgfältig sind die in Frage kommenden Kreditnehmer auszuwählen und Sicherheiten zu verlangen. Zudem muss der Darlehensgeber diese besondere Zahlungsstruktur bei der Planung seines eigenen finanziellen Gleichgewichtes, insb. im

Rahmen seiner zukünftigen Liquiditätsplanung, berücksichtigen. Für das Kredit aufnehmende Unternehmen stellen die Nachteile des Darlehensgebers Vorteile dar: Ohne laufende Liquiditätsbelastungen kann das Unternehmen zunächst seine Geschäftsstrategie fortsetzen. Sinnvoll kann ein derartiges Darlehen für Unternehmen sein, die einen Großauftrag (bspw. Bau eines Staudamms) erhalten haben und erst bei erfolgreicher Auftragsabwicklung vom Kunden entlohnt werden. Die Kreditrückzahlung einschließlich aller aufgelaufener Zinsverbindlichkeiten würde dann aus der Kundeneinzahlung getätigt. Freilich muss das Unternehmen dabei auch die künftige Zahlungspotenz seines Kunden zutreffend einschätzen können.

Auch im Bereich von Privathaushalten sind derartige Darlehen als interessante (sichere) Finanzinvestition verbreitet: So stellt bspw. ein Bundesschatzbrief vom Typ „B“ ein Darlehen dar, das ein Privatanleger der Bundesrepublik Deutschland gewährt.[15] Bei diesem Schatzbrief werden in analoger Form die Zinsen nicht jährlich an den Anleger ausgezahlt, sondern automatisch zinseszinslich reinvestiert. Am Ende der Laufzeit, sie beträgt 7 Jahre, erhält der Anleger seinen ursprünglich investierten Geldbetrag einschließlich aller Zinsen zurück. Dies können Anleger bspw. nutzen, um die Besteuerung ihrer Einzahlungen in eine Lebensphase zu verlagern, in der ihr persönlicher Einkommensteuersatz ein niedrigeres Niveau aufweist (bspw. als Rentner) oder eine Änderung der Besteuerung von Zinserträgen absehbar ist (bspw. beim Umstellen der Zinsbesteuerung auf ein künftig niedrigeres Niveau, wie es ab dem Jahr 2009 durch Einführung einer sog. Abgeltungssteuer auf erzielte Zinserträge in vielen Fällen der Fall ist).

5.2.4 Annuitätendarlehen

Das Annuitätendarlehen ist in der Praxis recht weit verbreitet. Hierbei zahlt ein Unternehmen an den Darlehensgeber in jeder Periode sowohl Zinsen als auch Tilgungsraten zurück. Das besondere, u.a. im Vergleich zum Ratendarlehen, ist, dass die Summe aus Zins- und Tilgungszahlungen in jeder Periode eine konstante Höhe aufweist. Dadurch erhält ein Kreditnehmer eine gute Kalkulationsgrundlage hinsichtlich seiner mehrperiodigen finanziellen Belastung. Auch für Arbeitnehmer hat diese Darlehensform Vorteile, da einem meist festen Lohn bzw. Gehalt ein fester Monats- oder Jahresbetrag an zu begleichenden Kreditverpflichtungen im Zeitablauf gegenüber steht. Bezogen auf das Ausgangsbeispiel aus Abschnitt 5.2.1 ergibt sich die in Abb. 5-4 wiedergegebene Zahlungsstruktur.

Wie Abb. 5-4 zu entnehmen ist, ergibt sich im Beispiel ein interner Darlehenszinssatz in Höhe von 6,89% p.a. und es fallen laufzeitkonstante Rückzahlungen in den vier Perioden von

15 Auf der Homepage der Bundeswertpapierverwaltung kann man sich näher über diese Geldanlage informieren.

rund 28.859,-- GE an. Letzteren Wert (Ann) erhält man, indem der Nominal- bzw. Rückzahlungsbetrag K_0 im Zeitpunkt t=0 (100.000,-- GE) mit dem sog. Annuitäten- bzw. Wiedergewinnungsfaktor ($WGF[i;T]$) multipliziert wird:[16]

$$(1)\quad Ann = K_0 \cdot \frac{1}{RBF[i;T]} = K_0 \cdot WGF[i;T] = K_0 \cdot \frac{i \cdot (1+i)^T}{(1+i)^T - 1} = 100.000 \cdot \frac{0{,}06 \cdot (1{,}06)^4}{(1{,}06)^4 - 1} \approx 28.859$$

Im Beispiel beträgt der (nachschüssige) Wiedergewinnungsfaktor (mit i=6% und T=4 Jahre) folglich rund 0,2886. Da das Annuitätendarlehen eine weite Verbreitung in der Finanzierungs-praxis aufweist, geben wir zwei weitere Beispiele.

Sicht Kreditnehmer						
Zeitpunkte	t =	0	1	2	3	4
Berechnung Zins- und Tilgungsplan						
Annuitätenfaktor (nachschüssig)	GE	0,2886				
Annuität (-)	GE		-28.859	-28.859	-28.859	-28.859
Zinszahlungen (-)	GE		-6.000	-4.628	-3.175	-1.634
Tilgungszahlungen (-)			-22.859	-24.231	-25.685	-27.226
Darlehensbestand (+)		100.000	77.141	52.910	27.226	0
Berechnung Effektivzinssatz						
Einzahlungen (+)	GE	98.000				
Zinszahlungen (-)	GE		-6.000	-4.628	-3.175	-1.634
Tilgungszahlungen (-)	GE		-22.859	-24.231	-25.685	-27.226
Nettozahlungen (+/-)	GE	98.000	-28.859	-28.859	-28.859	-28.859
Interner Zinssatz =Effektivzinssatz	%	**6,89%**				

Abb. 5-4: Zahlungsstruktur eines Annuitätendarlehen

Beispiel zur sog. abgerundeten Annuität

Zum Erwerb einer Immobilie nimmt ein Investor ein sog. Hypothekendarlehen in Form eines Annuitätendarlehens auf. Die Bezeichnung „Hypothek" hat mit der Art der Tilgung nichts zu tun. Sie weist lediglich darauf hin, dass zugunsten des Kreditgebers eine Sicherheit in Form einer Verwertungsoption auf die Immobilie vereinbart ist. Der Darlehensbetrag (K_0) in t=0 sei 100.000,-- GE. Der Nominalzinssatz (i) ist über die Laufzeit mit 6% p.a. festgelegt. Sämtliche Rückzahlungen fallen nachschüssig ab dem Ende des ersten Jahres (t=1) an.

---

16 Der Wiedergewinnungsfaktor entspricht dem Kehrwert des Rentenbarwertfaktors, den wir in Abschnitt 3.5 im Rahmen der Erörterung der Finanzierung aus Pensionsrückstellungsgegenwerten kennen gelernt haben.

Ein Disagio ist nicht zu berücksichtigen. Die Kredit gebende Bank schlägt dem Investor vor, wie vielfach in der Praxis üblich, eine sog. Anfangstilgung (*a*) in Höhe von 5%, die sich auf den Darlehens- bzw. Nominalbetrag in t=0 bezieht, zu vereinbaren.

Durch die im Rahmen des Darlehensvertrages exogen vorgegebene Anfangstilgung wird der zur Bestimmung der Annuität erforderliche Wiedergewinnungsfaktor (*WGF*) festgelegt: Für diesen gilt (allgemein sowie mit den Beispieldaten):

$$(2)\ WGF[i;T] = \frac{i \cdot (1+i)^T}{(1+i)^T - 1} \overset{!}{=} a + i = 0{,}05 + 0{,}06 = 0{,}11$$

Damit ist die sog. abgerundete Annuität ab Ende des ersten Jahres t=1 über die Darlehenslaufzeit bestimmt. Mit den Beispieldaten ergibt sich ein jährlicher Rückzahlungsbetrag in Höhe von:

$$(3)\ Ann = K_0 \cdot WGF[i;T] = 100.000 \cdot 0{,}11 = 11.000 \text{ GE p.a.}$$

Da *WGF*[*i;T*] aus den Ausgangskonditionen des Darlehens fixiert wird, erhebt sich die Frage nach der hinter dem Faktor stehenden Darlehenslaufzeit. Sie stellt hier die anfangs noch unbekannte Größe im Rahmen des Vertrages dar. Dabei ist allenfalls zufällig zu erwarten, dass die Laufzeit (*T*) einen ganzzahligen Wert einnehmen wird. Zu deren Ermittlung gibt es mehrere Möglichkeiten: Zum einen kann man auf Basis einer Tabellenkalkulation (wie bspw. MS-Excel) den Eingabewert „Laufzeit" über eine Zielwertsuche bestimmen lassen. Dies ist so zu organisieren, dass die Barwerte der abgerundeten Annuitäten, diskontiert mit 6%, dem in t=0 aufgenommenen Darlehensbetrag exakt entsprechen bzw. der Kapitalwert aller Darlehenszahlungen den Wert Null aufweist. Alternativ bietet sich eine analytische Lösung an, indem Gleichung (2) nach der gesuchten Darlehenslaufzeit umgestellt wird. Nach elementaren Umformungen erhält man eine effektive Laufzeit (T_{eff}) von:

$$(4)\ T_{eff} = \frac{\log(\frac{WGF}{WGF - i})}{\log(1+i)} = \frac{\log(\frac{WGF}{a})}{\log(1+i)} = \frac{\log(\frac{0{,}11}{0{,}05})}{\log(1{,}06)} \approx 13{,}53 \text{ Jahre}$$

In der Praxis werden ganzzahlige Rückzahlungsperioden vereinbart. Damit hätte man im Beispiel sowohl die Möglichkeit, den Darlehensvertrag auf 13 oder auf 14 Jahre festzulegen. Im ersten Fall hätte der Kreditnehmer, neben der vereinbarten Annuität für das 13. Jahr, noch eine Sondertilgung zu erbringen, da 13 Jahre nicht zur völligen Rückzahlung des Darlehens ausreichen. Entsprechend stellt sich die Frage, welche Höhe der zusätzliche Tilgungsbetrag in t=13 aufweist. Hierzu lässt sich bspw. eine Endwertüberlegung aus Sicht des Darlehensgebers nutzen, indem man zwei Fragen reflektiert:

1. Welchen Endwert haben in t=13 die bislang geleisteten 13 Annuitätenzahlungen zu je 11.000,-- GE bei einer Verzinsung von 6%?
2. Welchen Endwert erwartet der Darlehensgeber in t=13 für seinen in t=0 investierten Darlehensbetrag in Höhe von 100.000,-- GE bei einer Verzinsung von 6%?

Mit der ersten Frage (1.) wird geklärt, was der Gläubiger aufgrund der bisherigen Annuitäten vom Kreditnehmer zum Zeitpunkt t=13 bereits als Endwert erhalten hat. Analog zur Kalkulation einer Pensionsrückstellung in der Ansammlungsphase nutzen wir hierzu den Endwertfaktor und rechnen:

$$(5)\ V_T(1.) = Ann \cdot EWF[i;T] = Ann \cdot \frac{(1+i)^T - 1}{i} = 11.000 \cdot \frac{(1{,}06)^{13} - 1}{0{,}06} \approx 207.703{,}51 \text{ GE}$$

Mit der zweiten Frage (2.) bestimmen wir, was für einen Endwert der Darlehensgeber vom Kreditnehmer als Gegenleistung in t=13 insgesamt erwartet. Damit ist der Darlehensbetrag um 13 Perioden mit 6% aufzuzinsen:

$$(6)\ V_T(2.) = K_0 \cdot (1+i)^T = 100.000 \cdot (1{,}06)^{13} \approx 213.292{,}83 \text{ GE}$$

Durch Differenzbildung von (6) und (5) ist der Restdarlehensbestand per t=13 bestimmt:

$$(7)\ \Delta V_T = V_T(2.) - V_T(1.) \approx 213.292{,}83 - 207.703{,}51 \approx 5.589{,}31 \text{ GE}$$

Würde man sich auf eine Laufzeit von insgesamt 14 Jahren einigen, wären nochmals 6% auf das in (7) dargestellte Ergebnis anzusetzen, mit den Beispieldaten:

$$(8)\ \Delta V_T \cdot 1{,}06^1 \approx 5.924{,}67 \text{ GE}$$

Die folgende Abb. 5-5 zeigt für die verwendeten Beispieldaten auszugsweise den Darlehensverlauf.

Sicht Kreditnehmer							
Zeitpunkte	t =	0	1	2	…	13	14
Berechnung Zins- und Tilgungsplan							
Annuität (-)	GE		-11.000	-11.000	…	-11.000	-5.925
Zinszahlungen (-)	GE		-6.000	-5.700	…	-939	-335
Tilgungszahlungen (-)	GE		-5.000	-5.300	…	-10.061	-5.589
Darlehensbestand (+)	GE	100.000	95.000	89.700	…	5.589	0

Abb. 5-5: Verlauf des abgerundeten Annuitätendarlehen im Beispiel

Alternativ hätte man die Restbestandswerte des Darlehensvertrages in t=13 bzw. t=14 berechnen können, indem man die 13 geleisteten Annuitäten mit dem Rentenbarwertfaktor auf t=0 diskontiert und diese von dem in t=0 erhaltenen Darlehensbetrag subtrahiert. Die sich ergebene Differenz (rund 2.620 GE) bezieht sich vorläufig auf t=0. Durch Ansatz des Aufzinsungsfaktors für 13 bzw. 14 Perioden, würde man erneut auf die in Abb. 5-5 ausgewiesenen Restbestände per t=13 bzw. t=14 kommen.[17]

Die Laufzeit des Darlehens wird ganz entscheidend von der festgelegten Anfangstilgung gesteuert. Würde der Tilgungssatz von 5% auf nur 1% reduziert, folgt als neue Laufzeit entsprechend der Formel in Gleichung (4):

$$(9)\ T_{eff} = \frac{\log(\frac{WGF}{a})}{\log(1+i)} = \frac{\log(\frac{0,07}{0,01})}{\log(1,06)} \approx 33,39 \text{ Jahre.}$$

Gegenüber den Ausgangsdaten hätte man eine rund 2,5-fach längere Tilgungszeit als Kreditnehmer implizit vereinbart und damit auch das 2,5-fache an Rückzahlungen über den Lebenszyklus des Kredites zu leisten, bei freilich geringeren Jahresbeträgen (anstelle von 11.000,-- GE nun 7.000,-- EUR p.a.). Summiert man, ohne Einbeziehung von Zinseffekten, die dann vom Kreditnehmer zu leisten Zahlungen entsprechend auf, ergeben sich bei einer Anfangstilgung von 5% 13,53 mal 11.000,-- Gesamtzahlungen (knapp 149.000,-- GE); bei einer Anfangstilgung von nur 1% jedoch 33,39 mal 7.000,-- Gesamtzahlungen (knapp 234.000,-- GE), was Mehrzahlungen von rund 85.000,-- GE auslösen würde, so dass im letzteren Fall das zu finanzierende Darlehensobjekt (hier: Immobilie) mehr als zweimal bezahlt worden wäre.

Beispiel für ein Annuitätendarlehen mit monatlichen Zahlungen

In der Darlehenspraxis werden effektive Jahreszinssätze zum Vergleich alternativer Fremdfinanzierungsangebote angegeben bzw. verwendet. In vielen Fällen, bspw. bei Darlehensverträgen mit Arbeitnehmern oder Personenunternehmern, werden unterjährige (bspw. monatliche) Zahlungen als Basis eines Annuitätendarlehens vereinbart. Betrachten wir dazu erneut die Daten aus dem Ausgangsbeispiel in Abschnitt 5.2.1. Der gegebene Nominalzinssatz beträgt 6% p.a. Wird nun bspw. eine monatliche Zinszahlung vereinbart, erhält der Darlehensgeber auf den Nominalbetrag von 100.000,-- GE am Ende eines jeden Monats eine Zins- sowie eine Tilgungszahlung. Der heranzuziehende Wiedergewinnungsfaktor wäre für die unterstellte Kreditlaufzeit von 4 Jahren (T=4) auf Monatsbasis umzustellen. Gleichung (10) verdeutlicht unter Nutzung der Beispieldaten die Berechnung, wobei die Annuitäten nun Monatszahlungen darstellen. Die Größen, die jetzt auf Monatsbasis zu interpretieren sind, erhalten den Suffix „M“.

17 Vgl. hierzu näher Wöhe, G./Bilstein, J./Ernst, D./Häcker, J. (Grundzüge 2009), S. 232.

$$(10)\quad Ann_M = K_0 \cdot WGF_M[i;T] = K_0 \cdot \frac{\frac{i}{12} \cdot (1+\frac{i}{12})^{T \cdot 12}}{(1+\frac{i}{12})^{T \cdot 12} - 1} = 100.000 \cdot \frac{0{,}005 \cdot (1{,}005)^{48}}{(1{,}005)^{48} - 1} \approx 2.348{,}50$$

Ein Unternehmen hat demnach am Ende eines jeden Monats eine Rate in Höhe von 2.348,50 GE 48 mal zu entrichten.

In Gleichung (10) stellt der Zinssatz einen Nominalzinssatz dar. Manchmal legt ein Darlehensgeber auch ein Angebot vor und nennt dem Unternehmen den dazugehörenden effektiven Jahreszinssatz. Steht hinter dieser Angabe aber eine jeweils monatlich zu leistende Annuitätenzahlung, stellt sich für den Kreditnehmer die Frage nach der Überprüfung der vorgelegten Monatszahlungen. Hierfür wäre der gegebene effektive Jahreszinssatz zunächst in einen belastungsäquivalenten effektiven Monatszinssatz umzurechen.[18] In einem zweiten Schritt wären mit diesem Effektivzinssatz auf Monatsbasis die Monatsannuitäten zu bestimmen. Das Ergebnis kann dann zum Vergleich mit den vom Darlehensgeber vorgelegten Monatszahlungen verwendet werden. Für die Umrechnung eines Effektivzinssatzes von der Jahres- auf die Monatsbasis gilt die Beziehung:[19]

$$(11)\quad (1+i_{eff})^1 \overset{!}{=} (1+i_{eff,M})^{12} \text{ bzw. } i_{eff,M} \overset{!}{=} (1+i_{eff})^{1/12} - 1$$

Würde der genannte effektive Jahreszinssatz bspw. auf 6,40% p.a. lauten, würde der damit korrespondierende effektive Monatszinssatz rund 0,5183% pro Monat betragen. Bei einer ersten Zinszahlung am Ende des ersten Kreditmonats auf einen Betrag von 100.000,-- GE wären rund 518,30 GE Zinsen zu entrichten. Um abschließend die Monatsannuitäten bestimmen zu können, wird der Wiedergewinnungsfaktor auf Monatsbasis mit dem effektiven Monatszinssatz generiert. Bei einer Kreditlaufzeit von 4 Jahren bzw. 48 Monaten folgt:

$$(12)\quad \begin{aligned} Ann_M &= K_0 \cdot WGF_M[i_{eff,M};T] = K_0 \cdot \frac{i_{eff,M} \cdot (1+i_{eff,M})^{T \cdot 12}}{(1+i_{eff,M})^{T \cdot 12} - 1} \\ &= 100.000 \cdot \frac{0{,}005183 \cdot (1{,}005183)^{48}}{(1{,}005183)^{48} - 1} \approx 2.358{,}58 \end{aligned}$$

---

18 „Belastungsäquivalent“ meint: Falls einmal am Ende eines Jahres Zinsen anfallen, da im Vertrag ein Jahreszinstermin vereinbart wurde, soll sich auch bei einer bspw. monatlichen Zinszahlung innerhalb eines Jahres letztlich wieder eine identische Zinssumme am Jahresende ergeben. Beispiel: Legt ein Sparer 1.000,-- GE zu einem Jahreszins von 10% ein Jahr an, erhält er am Jahresende neben den 1.000,-- GE zusätzlich 100,-- GE Zinsen zurück. Wie hoch wäre nun aber ein vergleichbarer Monatszinssatz, mit dem unterjährig 12 Zinszahlungstermine verbunden wären, bei dessen Verwendung sich am Jahresende bei gleichem Kapitaleinsatz ebenfalls 100,-- GE Zinsen ergeben?

19 Würde man effektive Halbjahreszinssätze suchen, wäre für den Exponenten auf der rechten Seite von (11) der Wert 2 bzw. ½ einzutragen. Bei vierteljähriger Betrachtung analog eine 4 bzw. ¼ usw. Zur Herleitung vgl. näher Kruschwitz, L. (Finanzmathematik 2001), S. 32-33.

Gleichung (11) ist freilich auch dann anwendbar, wenn bspw. der effektive Monatszinssatz bekannt ist und man den belastungsäquivalenten effektiven Jahreszinssatz bestimmen möchte. Um einen effektiven Monatszinssatz zu bestimmen, sollte man in einem dynamischen Modell als Zahlungszeitpunkte die Monate wählen und über die so aufgestellte Zahlungsfolge die Interne Zinssatzmethode, wie in Abschnitt 5.2.1 kurz skizziert, anwenden. Diese Aufgabe erledigen heute zuverlässig moderne Tabellenkalkulationsprogramme.

5.2.5 Schuldscheindarlehen

Ein Schuldscheindarlehen stellt ein Darlehen ohne Zwischenschaltung der Börse gegen Ausstellung eines Schuldscheins dar. Der Schuldschein (heute vielfach mit dem Darlehensvertrag identisch) bestätigt dem Darlehensgeber den Empfang des Darlehensbetrages durch den Darlehensnehmer und hat damit den Charakter einer Beweisurkunde. Keinesfalls liegt ein handelbares Wertpapier vor, das auf eine andere Person, bspw. analog zu einer Inhaberaktie, problemlos übertragen werden könnte. Da das Darlehen individuell und formfrei gestaltet werden kann, ist auch die Art der Tilgung frei wählbar. Allerdings werden meistens Ratendarlehen mit einigen tilgungsfreien Jahren in den Anfangsjahren der Kreditbeziehung vereinbart.[20] Als Mindestnominalbetrag werden derzeit 50.000 EUR genannt. Durch den relativ geringen Mindestbetrag kann ein solches Darlehen von einem großen Kreis von Unternehmen nachgefragt werden. Vielfach werden aber Volumen über mehrere Mio. EUR verliehen. Die Darlehenslaufzeiten liegen meistens zwischen mindestens 4 und 15 Jahren. Vorteilhaft aus Sicht der beteiligten Kreditpartner ist zudem die fehlende Publizitätspflicht.

Als Darlehensgeber treten vornehmlich institutionelle Anleger bzw. Kapitalsammelstellen wie Banken und Versicherungsgesellschaften in Erscheinung. Insbesondere für Versicherungsunternehmen als Großanleger ist die Kreditwürdigkeit der Kapital nachfragenden Unternehmen eine wichtige Investitionsvoraussetzung: Versicherungsunternehmen suchen für ihren sog. Deckungsstock attraktive, aber auch relativ sichere Geldanlagemöglichkeiten. Der **Deckungsstock** (auch: Sicherungsvermögen) einer Versicherungsgesellschaft stellt jene Vermögenssumme auf der Aktivseite ihrer Bilanz dar, die zur Deckung bzw. Sicherung ihrer Verpflichtungen aus dem Versicherungsgeschäft gebildet werden muss. Dieser als „Geldanlagefonds" zu begreifende Deckungsstock sollte zumindest eine Höhe aufweisen, die dem Barwert der künftigen Auszahlungsverpflichtungen der Gesellschaft an ihre Versicherten abzüglich dem Barwert der künftig von den Versicherten noch zu leistenden Versicherungsprämien entspricht. Auf diesem Grundsatz basiert, ähnlich einer Pensionsrückstellung, die Kalkulation einer sog. Deckungsstockrückstellung: Künftige finanzielle Belastungen, die der Versiche-

20 Vgl. Gräfer, H./Schiller, B./Rösner, S. (Finanzierung 2010), S. 144.

rung durch Inanspruchnahme diverser Vertragsleistungen durch ihre Versicherten erwachsen, sind auszuweisen und es ist ein entsprechender Geldanlageprozess auf der Aktivseite einzuleiten (u.a. Reinvestition der Prämien, die über die Rückstellungsbildung am zeitgleichen Abfließen aus der Versicherung gehindert werden), der zum Deckungsstock bzw. zum Sicherungsvermögen führt.[21] Da aus diesem Vermögensbestand bspw. die Ablaufleistungen von Lebensversicherungsverträgen, laufende Rentenzahlungen aus privater Altersvorsorge, Erstattungsleistungen von privaten Kranken-, Pflege-, Unfallversicherungen usw. im Interesse der Kunden sicher finanziert werden müssen, verbieten sich riskante Geldanlagen weitgehend. Entsprechend wird beim Schuldscheindarlehen das Vorliegen einer hohen Kreditwürdigkeit (Bonität) beim Darlehensnehmer auch als sog. **Deckungsstockfähigkeit** bezeichnet. Ohne diese Fähigkeit erfolgt seitens Versicherungsgesellschaften keine Darlehensvergabe bzw. werden Risikozuschläge zum marktüblichen Darlehenszinssatz und/oder weitere ergänzende Sicherheiten (bspw. durch ein anderes Konzernunternehmen) verlangt.

Der Darlehensvertrag kann einerseits direkt zwischen Unternehmen und Darlehensgeber erfolgen. Da das Darlehensvolumen aber in aller Regel mehrere Mio. EUR umfasst, sind mehrere Kreditgeber an der Finanzierung zu beteiligen, was das Problem der Fristentransformation verschärft: Die gewünschte Überlassungsdauer aus Unternehmenssicht weicht von den (zumeist kürzeren) Bindungsdauervorgaben seitens der Darlehensgeber ab.[22] Daher übernimmt vielfach ein Finanzmakler die Aufgabe der Darlehensvermittlung (einschließlich treuhänderischer Sicherheitenverwaltung) und versucht eine friktionslose Finanzierung über das Betreiben eines sog. **Revolving-Systems** sicherzustellen: Zunächst sichert der Makler dem Unternehmen das gewünschte Darlehensvolumen zu festen Konditionen zu und tritt Darlehensteilbeträge an seine Refinanzierungspartner, die letztlich die Darlehensgeber darstellen, ab. Da sich die verschiedenen Darlehensgeber nur zu unterschiedlichen bzw. kürzeren Kapitalüberlassungsfristen bereit erklären, lässt der Makler während der mit dem Unternehmen vereinbarten Gesamtdarlehenslaufzeit die beteiligten Kreditgeber entsprechend der individuell gewünschten Bindungsdauer ausscheiden und ersetzt diese sukzessiv durch neue Darlehensgeber. Das Kredit nehmende Unternehmen bleibt organisatorisch von diesem revolvierenden Prozess unberührt. Für diese Leistung erhält der Makler vom Unternehmen eine gesonderte Vergütung, da er das sog. **Fristentransformationsrisiko** trägt.[23]

Problematisch erweisen sich die kürzeren Kapitalüberlassungen in einer Welt steigender Kapitalmarktzinsen. In einer derartigen Situation werden die im Zeitablauf vorzunehmenden Anschlussfinanzierungen teurer, da potentielle Kapitalgeber ihr Geld alternativ ertragreicher

21 Vgl. dazu auch nochmals die Ausführungen zur Finanzierung über Pensionsrückstellungsgegenwerten in Abschnitt 3.5.

22 Zur Fristentransformation vgl. nochmals Abschnitt 2.6.

23 Vgl. Wöhe, G./Bilstein, J./Ernst, D./Häcker, J. (Grundzüge 2009), S. 272.

am Kapitalmarkt investieren können. Entsprechend würde der Makler ein **Zinsänderungsrisiko** tragen: Einerseits hat er dem Unternehmen ein fest verzinstes Schuldscheindarlehen gewährt; andererseits belasten steigende Zinsen seine Refinanzierungskonditionen im Rahmen des Revolvingprozesses. Folglich wird der Finanzmakler im Darlehensvertrag gegenüber dem Unternehmen für derartige Fälle auf das Vereinbaren einer Anpassungsklausel bestehen. Dabei kann das zusätzliche Zinsänderungsrisiko des Revolvingprozesses ganz oder zumindest teilweise auf das Unternehmen abgewälzt werden, was letztlich eine individuell zu lösende Verhandlungsfrage darstellt, die auch von den künftigen Zinserwartungen der beteiligten Parteien abhängt. Eine Einigung wird bei gleichgerichteten Erwartungen eher erschwert: Bspw. könnte das Unternehmen gerade deshalb ein langfristiges Schuldscheindarlehen mit Zinsgarantie aufnehmen wollen, weil es mit künftig steigenden Zinsen rechnet. Teilt der Makler diese Einschätzung, wird er das Zinsänderungsrisiko auf das Unternehmen abwälzen wollen. Hat er aber eine gegenteilige Erwartung, wird er eher geneigt sein, zumindest einen Teil des Risikos aus dem Revolvingprozess mit zu tragen; schließlich geht er davon aus, dass sich die Zinskonditionen und damit auch seine Gewinnmargen im Zeitablauf verbessern.

5.3 Schuldverschreibungen

In diesem Abschnitt wird analog zur Aktienfinanzierung eine weitere an der Börse handelbare Finanzierungsform, die sog. Schuldverschreibung, betrachtet. Sie hat im Rahmen der Unternehmensfinanzierungen in den letzten Jahren an Bedeutung gewonnen. Besonders stark verbreitet ist sie aber in Form von sog. öffentlichen Schuldverschreibungen, bei denen der Staat (Bund, Land oder Kommune) die Rolle des Kreditnehmers übernimmt. In Abschnitt 5.3.1 wird die grundsätzliche Funktionsweise einer Schuldverschreibung dargestellt und durch Beispiele ergänzt. Abschnitt 5.3.2 gibt einen Überblick über Sonderformen, wobei auf die sog. Zero-Bonds, die Floating Rate Notes und auf Indexanleihen näher eingegangen wird. Verbleibende Sonderformen sind dem Abschnitt 6 (Mezzanine Finance) zugeordnet.

5.3.1 Grundkonzept einer Schuldverschreibung

Eine Schuldverschreibung (Anleihe, Obligation) ist in ihrer Grundform ein langfristiges, großvolumiges sowie fest verzinsliches Darlehen, das ein Großunternehmen oder der Staat über die Börse von einer Vielzahl von Darlehensgebern aufnimmt, wobei eine Stückelung der Gesamtdarlehenssumme in sog. Teilschuldverschreibungen erfolgt. Durch die Zerlegung des Großkredites, in der Regel mehrere 100 Mio. EUR, in Teilschuldverschreibungen mit Nenn-

bzw. Nominalwerten zwischen zumeist 100 EUR und 1.000 EUR, kann eine hohe Anzahl von Kreditgebern bzw. Geldanlegern mobilisiert werden.

Als Darlehensgeber kommen daher, neben klassischen Kapitalsammelstellen wie Versicherungen, Banken oder Investmentgesellschaften, auch Privatanleger in Frage, für die eine Anleihe aufgrund ihrer festen Verzinsung und garantierten Rückzahlung des investierten Nominalbetrages am Laufzeitende eine sichere Geldanlage im Falle guter Schuldnerbonität darstellt.[24] Die Darlehenslaufzeiten bewegen sich vielfach zwischen 8 und 15 Jahren. Da die Teilschuldverschreibungen als Wertpapiere an der Börse emittiert werden, können sie, analog zu Aktien, börsentäglich vom Anleger zum aktuellen Kurs, der in Prozent des Nominalwertes einer Teilschuldverschreibung angegeben wird, veräußert werden. Sie stellen daher i.d.R. Inhaberpapiere dar. Damit das Kredit aufnehmende Unternehmen, also der Wertpapieremittent, das geliehene Geld bis zum Ende der Laufzeit der Anleihe benutzen kann, ist eine durch den Anleger gewünschte vorzeitige Rückforderungsmöglichkeit ausgeschlossen. Vielmehr besitzt das Unternehmen auf der Grundlage der konkreten Emissionsbedingungen ggf. ein vorzeitiges Tilgungsrecht.

In der Praxis ist es üblich, Obligationen nach der Art des Kreditnehmers bzw. des Kreditzwecks oder nach ihrer Besicherung zu differenzieren. So werden bspw. die von Unternehmen emittierten Schuldverschreibungen, unabhängig von der konkreten Branchenzugehörigkeit, als Industrieobligationen bezeichnet; Schuldverschreibungen von Bund und Land als Staatsanleihen, emittierte Wertpapiere von Hypothekenbanken als Pfandbriefe[25] und die von Gebietskörperschaften (Gemeinden) als Kommunalobligationen.[26]

Aus Sicht eines Unternehmens sind folgende Aspekte bei der Emission einer Anleihe zu bedenken:

- Die Ausgabe einer Schuldverschreibung ist nicht an eine bestimmte Rechtsform des Unternehmens gebunden. So kann bspw. auch eine GmbH diese Kreditform wählen. Viel entscheidender als die Rechtsform sind aber Bekanntheitsgrad und Reputation des Unternehmens aus Sicht des Kapitalmarktes. Daher greifen insbesondere bereits börsennotierte Aktiengesellschaften auf das Instrument der Industrieobligation zurück.
- Bevorzugt werden Anleihen unter Einschaltung von Banken emittiert (sog. Fremdemission). Dabei übernehmen die Banken Beratungs- und ganz besonders Vertriebsfunktionen

24 Um die Bonität einzuschätzen, lassen sich die Klassifizierungen von Ratingagenturen nutzen. Moody´s Investors Service ist ein Beispiel für derartige Agenturen, die den Anleger über die Güte der Schuldnerbonität informieren. Vgl. auch die Übersicht bei Perridon, L./Steiner, M./Rathgeber, A. (Finanzwirtschaft 2009), S. 186.

25 Pfandbriefe sind Obligationen der Realkreditinstitute (Hypothekenbanken), die i.d.R. durch Hypotheken und Grundschulden gedeckt sein müssen.

26 Kommunalobligationen sind Obligationen von Realkreditinstituten, deren Gegenwerte zur Finanzierung öffentlicher Vorhaben von Gemeinden dienen (bspw. größere Baumaßnahmen).

(bspw. Anbieten der Anleihe bei ihren Kunden). Zudem können sie auch das sog. Unterbringungs- bzw. Platzierungsrisiko der Anleihe übernehmen, indem sie diese auf eigene Rechnung fest übernehmen und sukzessiv an die Kapitalanleger veräußern. Das Unternehmen würde dann sofort über den gesamten Emissionsbetrag (abzüglich verlangter Emissionsprovision für die Bank) verfügen können. Manchmal sind auch mehrere Banken an der Fremdemission beteiligt. Die Eigenemission stellt bei Industrieobligationen angesichts fehlenden Know-hows und Vertriebskanälen die Ausnahme dar.

- Die Emissionsbedingungen sind in einem Prospekt zur Information potentieller Anleger vorab festzulegen. Zudem unterstützt ein zentraler Kapitalmarktausschuss sowie die Börse, bei der die Zulassung zum Wertpapierhandel beantragt wird, die Emission (u.a. erfolgen Bonitätsprüfungen und es wird die Aufnahmefähigkeit am Kapitalmarkt beurteilt, um das Platzierungsrisiko zu mildern). Vorteilhaft, aber keine Bedingung, ist analog zur Aufnahme eines Schuldscheindarlehens die Deckungsstockfähigkeit der Anleihe, damit auch seitens der Versicherungen eine Wertpapiernachfrage entsteht.
- Zur Besicherung der Gläubigeransprüche werden vielfach Grundpfandrechte, Bürgschaften und sog. Negativklauseln in den Emissionsbedingungen vereinbart.[27]
- Die Gläubigeransprüche bestehen insbesondere in der Rückzahlung des Kapitalbetrages am Ende der Anleihenlaufzeit sowie in den fest terminierten Zinszahlungen, die meistens nachschüssig am Ende eines Jahres oder eines Halbjahres getätigt werden.
- Die Ausgabe der Teilschuldverschreibungen ist am Emissionstag, entgegen einer Aktienemission,[28] auch unterhalb des Nenn- bzw. Nominalwertes möglich (sog. Unter-pari-Emission), damit das Unternehmen auf eine kurzfristige Änderung des Marktzinssatzes noch angemessen reagieren kann. Zudem besteht auch die Möglichkeit, eine nachträgliche Änderung des Nominalzinssatzes (sog. Konversion) in den Anleihebedingungen festzulegen.
- Ändert sich der Marktzinssatz für Neuemissionen im Zeitablauf, so beeinflusst dies den Börsenkurs der bereits am Kapitalmarkt gehandelten Obligationen: Im Falle eines Anstiegs (Rückgangs) des Marktzinses ist mit einem Abfallen (Ansteigen) ihrer Kurse zu rechnen, was im folgenden Beispiel näher erläutert wird.
- Zur Rückzahlung der Kapitalbeträge stehen alle Tilgungsformen, die bereits beim unverbrieften Darlehen dargestellt wurden, zur Verfügung. Aufgrund des Börsenhandels der Teilschuldverschreibungen besteht ferner die Möglichkeit, die emittierten Wertpapiere direkt über die Börse zurückzukaufen, was sich bei einem Anleihekurs empfiehlt, der unter dem bei Fälligkeit zurückzuzahlenden Nominalwert liegt. Die durch den Schuldner ausgelöste Wertpapiernachfrage stützt zudem den Kurs, was aktuelle Anleger ggf. zum

---

27 Zu den Kreditsicherheiten vgl. Abschnitt 5.5.

28 Zur Kapitalerhöhung einer AG vgl. nochmals den Abschnitt 4.2.

vorzeitigen Verkauf motiviert. Des Weiteren wird vielfach von der Möglichkeit Gebrauch gemacht, die Tilgung erst nach Ablauf einiger tilgungsfreier Jahre zu beginnen. Insbesondere in Kombination mit einer gleichmäßigen Tilgung analog zum Ratendarlehen ergibt sich die Besonderheit, dass das Unternehmen die Summe an Teilschuldverschreibungen in sog. Tranchen bzw. Serien unterteilt. Da zum jeweiligen Tilgungszeitpunkt die Inhaber der Anleihen über Verkaufstransaktionen an der Börse gewechselt haben könnten, kann ein aktueller Anleger (Obligationär) den für ihn relevanten Anlagehorizont und damit auch seine zu erwartende Effektivverzinsung (Rendite) aus der Obligation vorab nicht exakt bestimmen, da seine Teilschuldverschreibungen ganz oder teilweise einer bzw. mehreren Tilgungstranchen zugeordnet sein könnten. Daher wird für diese Fälle der Renditeberechnung eine sog. mittlere Laufzeit (*MLZ*) zugrunde gelegt, deren Bestimmung Gleichung (1) zeigt:

$$(1)\quad MLZ = TFZ + \frac{(GLZ - TFZ)}{2}$$

Entsprechend Gleichung (1) ergibt sich die mittlere Laufzeit aus der tilgungsfreien Zeit (*TFZ*) zuzüglich der Hälfte von der Differenz aus Gesamtlaufzeit (*GLZ*) und tilgungsfreier Zeit. Diese Differenz stellt jene Zeitspanne dar, in der Tilgungsraten gezahlt werden. Auf Basis dieser mittleren Laufzeit könnte ein Anleger dann seine Rendite abschätzen. Freilich kann er auch andere Annahmen festlegen.

Zur Verdeutlichung der Funktionsweise betrachten wir ein Beispiel aus Sicht eines Anlegers, der in Teilschuldverschreibungen investieren möchte.

Beispiel

Ein Anleger steht vor der Frage, ob er eine Teilschuldverschreibung von einem Unternehmen A oder von Unternehmen B erwerben soll. Beide Unternehmen bieten im Emissionsprospekt vergleichbare Bedingungen mit Ausnahme des Zinszahlungstermins: Unternehmen A wird die Zinsen jährlich am Ende des Jahres, Unternehmen B dagegen am Ende eines jeden Halbjahres zahlen. Der Emissionszeitpunkt (t=0) sei der 01.01. eines beliebigen Jahres. Die weiteren Beispieldaten zeigt Abb. 5-6. Danach handelt es sich um eine Obligation mit endfälliger Tilgung. Der tatsächliche Ausgabekurs liegt mit 97% unter dem Nennwert, was seine Ursache in einer Veränderung des aktuellen Marktzinsniveaus für vergleichbare Geldanlagen haben könnte oder der Nachfragebelebung kurz vor dem Emissionstermin dient. Transaktionskosten und Steuern seien vernachlässigt.

Ausstattung einer Obligation		Unternehmen A	Unternehmen B
Nenn- bzw. Nominalwert einer Teilschuldverschreibung	GE	100,--	100,--
Emissions- bzw. Ausgabekurs	%	97	97
Nominalzinssatz p.a.	%	6	6
Zinstermin (nachschüssig)	-	jährlich	halbjährlich
Laufzeit der Obligation	Jahre	8	8
Tilgungsform	-	am Laufzeitende	am Laufzeitende

Abb. 5-6: Beispieldaten zu einer Teilschuldverschreibung

Analog den in Abschnitt 5.2 gemachten Ausführungen stellen wir in Abb. 5-7 die Zahlungsstruktur für die Anleihe des Unternehmens A im Zeitablauf zunächst unter der Annahme auf, das der betrachtete Anleger bis zum Ende der Laufzeit seine Finanzinvestition behält. Über diese Gesamtlaufzeit ist dann seine Rendite bzw. Effektivverzinsung p.a. auf der Grundlage der Internen Zinssatzmethode bestimmt worden. Demnach beträgt für den Anleger die jährliche Durchschnittsverzinsung rund 6,49%.

Zeitpunkte (Jahre)	0	1	2	...	8
Auszahlung	-97			...	
Zinszahlungen		+6	+6	...	+6
Rückzahlungen				...	+100
Nettozahlungen	**-97**	**+6**	**+6**	**...**	**+106**
Interner Zinssatz bzw. Effektivverzinsung (Jahreszinssatz)					6,49%

Abb. 5-7: Zahlungsstruktur und Effektivverzinsung der Anleihe von Unternehmen A

Die Anleihe von Unternehmen B zahlt pro Jahr zwar die gleiche Zinssumme, allerdings verteilt auf zwei Zahlungstermine innerhalb eines Jahres. Unter der Annahme, dass der Anleger die per Halbjahr erhaltenen Zinsen zum Effektivzinssatz reinvestieren (wiederanlegen) kann, wird seine tatsächliche Jahreszinssumme die von Unternehmensanleihe A aber übersteigen.

Zeitpunkte (Halbjahre)	0	1	2	...	16
Zeitpunkte (Jahre)	*0*	*0,5*	*1*	...	*8*
Auszahlung	-97			...	
Zinszahlungen		+3	+3	...	+3
Rückzahlungen				...	+100
Nettozahlungen	**-97**	**+3**	**+3**	**...**	**+103**
Interner Zinssatz bzw. Effektivverzinsung (Halbjahreszinssatz)					3,24%
Interner Zinssatz = Effektivverzinsung (Jahreszinssatz)					6,59%

Abb. 5-8: Zahlungsstruktur und Effektivverzinsung der Anleihe von Unternehmen B

Vor diesem Hintergrund erfolgte die, zunächst auf Halbjahresbasis vorgenommene, Effektivzinssatzberechnung für B in Abb. 5-8. Sie ergibt den Wert 3,24% pro Halbjahr.

Analog zu der in Abschnitt 5.2.4 dargestellten unterjährigen Zinssatzberechnung ist nun zwecks Vergleichbarkeit mit Unternehmensanleihe A der jahreskonforme Effektivzinssatz (i_{eff}) zu bestimmen, der sich belastungsäquivalent zum ermittelten Halbjahreszinssatz ($i_{eff,H}$) verhält. Da wir es hier mit zwei Zinsterminen innerhalb eines Jahres zu tun haben, lautet der Ansatz:

$$(2)\ (1+i_{eff})^1 \stackrel{!}{=} (1+i_{eff,H})^2 \text{ bzw. } i_{eff} \stackrel{!}{=} (1+i_{eff,H})^2 - 1 \text{ und hier: } i_{eff} \stackrel{!}{=} (1+0{,}0324)^2 - 1 \approx 0{,}0659$$

Ein abschließender Renditevergleich zeigt, dass die Anleihe des Unternehmens B aufgrund der früher einsetzenden und häufigeren (aber freilich je Zahlungstermin geringeren) Zinszahlungen einen leichten Vorteil gegenüber der Obligation von Unternehmen A aufweist, weshalb diese aus Anlegersicht präferiert werden sollte.

Fortführung des Beispiels

Beide Unternehmen haben ihre Anleiheemission erfolgreich durchgeführt. Unmittelbar danach ändert sich überraschend (bspw. aufgrund eines Terroranschlages) das Zinsniveau am Kapitalmarkt (i_{Markt}) auf exakt 8% p.a. Über den Börsenhandel möchten andere Investoren die bereits emittierte Anleihe A nachfragen. Eine Nachfrage nach dieser Anleihe wird sich nur dann einstellen, wenn auch sie eine jährliche effektive Durchschnittsverzinsung von 8% p.a. für einen Investor bietet, wie dies bei künftigen Neuemissionen der Fall sein würde. Per Emissionsvertrag ist aber bei der A-Anleihe ein Nominalzinssatz von 6% p.a. fest vereinbart. Damit sich nun für neue Anleger eine Rendite von 8% ergibt, muss der Kaufpreis für die bestehende Anleihe geringer werden, also ihr Kurs gegenüber dem Ausgangsbeispiel sinken. Auf Basis der Beispieldaten kann man den zu erwartenden neuen Kurs berechnen, indem man die künftigen finanziellen Konsequenzen, die einem Inhaber der A-Anleihe ausbezahlt werden, mit dem aktuellen Kapitalmarktzinsniveau auf t=0 diskontiert. Das Ergebnis stellt der Ertragswert (E_0) der Anleihe dar. Für diesen gilt:

$$(3)\ E_0 = \sum_{t=1}^{T} (Z_t + T_t) \cdot (1 + i_{Markt})^{-t}$$

In Gleichung (3) sind also die künftigen Zins- (Z_t) und Tilgungszahlungen (T_t) an den Obligationär mit dessen aktueller Opportunität (alternative Geldanlage zum aktuellen Marktzinssatz) zu diskontieren, um den derzeitigen Kurs- bzw. Ertragswert zu bestimmen. Dieser lässt sich als „fairer Marktpreis" für die Anleihe interpretieren. Setzen wir die Beispieldaten für die Gesamtlaufzeit von 8 Jahren (T) in (3) ein, erhalten wir rund 88,51 GE für eine Teilschuldverschreibung mit einem Nominalwert von 100,-- GE und 6,-- GE Nominalzinszahlungen p.a. Als Kursangabe müsste die Schuldverschreibung also in etwa in Höhe von 88,51% an der

Börse notieren. Freilich ergibt sich der tatsächlich zu beobachtende Kurs durch das konkrete Angebots- und Nachfrageverhalten der Marktteilnehmer und kann vom „fairen Preis“ abweichen.

Weitere Fortführung des Beispiels

Nachdem nun ein Investor die A-Anleihe zum Kurs von 88,51 GE erworben hat, trennt er sich von ihr nach 30 Monaten durch Verkauf an der Börse. Sein erzielter Verkaufspreis sei 99,-- GE. Das Zinsniveau am Kapitalmarkt ist also in der Zwischenzeit wieder gesunken, was den Anleihenkurs auf 99% erhöht hat. Damit stellt sich die Frage nach der erzielten Rendite bzw. Effektivverzinsung des hier betrachteten Investors.

Bei einer Haltedauer von 30 Monaten ergeben sich rechnerisch 2,5 Jahre, die der Investor im Besitz der A-Anleihe war. Da im Kurs von Teilschuldverschreibungen keine Zinsansprüche, die dem bisherigen Inhaber für angefangene Zinsperioden anteilig zustehen, enthalten sind, werden dem neuen Inhaber künftig (also bereits in einem halben Jahr) die gesamten Nominalzinszahlungen vom Unternehmen A zufließen. Folglich muss der neue Inhaber dem bisherigen Inhaber einen Teil der Zinsen (im Beispiel für das angebrochene dritte Zinsjahr) erstatten. Dies erfolgt als sog. **Stückzinsen** bereits zum Verkaufszeitpunkt und erhöht beim Anleihenkäufer dessen tatsächlichen Kaufpreis. Für die Stückzinsenberechnung eines angebrochenen Zinsjahres t (SZ_t) wird eine einfache Zinsermittlung auf Basis von 360 Tagen durchgeführt, indem die aus der A-Anleihe fließenden Nominalzinszahlungen eines Jahres (Z_t) mit der im angefangenen Zinsjahr bestehenden Haltedauer (HT_t) des Verkäufers, gemessen in Tagen, multipliziert und durch die (vereinfachte) Anzahl an Tagen im Jahr dividiert werden:

(4) $SZ_t = Z_t \cdot \frac{HT_t}{360}$ für eine angebrochene Zinsperiode t

Im Beispiel ergibt sich eine Haltedauer von 180 Tagen bzw. von einem halben Jahr. Da der Verkäufer im angebrochenen Zinsjahr über eine Zeitstrecke von 50% der Inhaber der A-Anleihe war, stehen ihm zum Verkaufszeitpunkt, neben dem Kurs von 99,-- GE, zusätzlich 3,-- GE Stückzinsen zu.

Zeitpunkte (Halbjahre)	**0**	**1**	**2**	**3**	**4**	**5**
Zeitpunkte (Jahre)	*0*	*0,5*	*1*	*1,5*	*2*	*2,5*
Kaufpreis Anleihe A	-88,51					
Zinseinzahlungen		0	+6	0	+6	0
Stückzinsen vom Käufer						+3
Verkaufskurs Anleihe A						+99
Nettozahlungen	-88,51	0	+6	0	+6	+102
Interner Zinssatz bzw. Effektivverzinsung (Halbjahreszinssatz)						5,44%
Interner Zinssatz bzw. Effektivverzinsung (Jahreszinssatz)						11,18%

Abb. 5-9: Effektivverzinsung für einen Investor bei vorzeitigem Verkauf der Anleihe A

In Abb. 5-9 wird die Zahlungsstruktur aus Sicht des Anleihenverkäufers dargestellt. Analog zum Ausgangsbeispiel wurde zunächst auf Halbjahresbasis eine effektive Zinssatzberechnung durchgeführt und das Ergebnis abschließend in einen jahreskonformen Zinssatz transformiert. Am Ende ergibt sich eine Anlegerrendite in Höhe von 11,18% p.a.

5.3.2 Sonderformen von Schuldverschreibungen

5.3.2.1 Zerobonds

Zerobonds sind eine Sonderform der Obligation und stellen Anleihen ohne laufende Nominalverzinsung dar (auch: Null-Kupon-Anleihen). Analog zum unverbrieften Darlehen mit Endwerttilgung (vgl. Abschnitt 5.2.3) finden zwischen Ausgabe- und Rückzahlungszeitpunkt keine zwischenzeitlichen Zahlungen statt. Dem Anleger werden die Zinsen einschließlich Zinseszinsen erst am Laufzeitende zusammen mit dem originär überlassenen Kreditbetrag vom Unternehmen zurückgezahlt. Konkret ergibt sich die Anlegerverzinsung dadurch, dass die Anleihe deutlich unter ihrem Einlösungs- bzw. Rückzahlungsbetrag ausgegeben (Abzinsungsanleihe) oder - seltener - über ihrem Ausgabebetrag zurückgezahlt (Aufzinsungsanleihe) wird.

Für das Kapital suchende Unternehmen bedeutet dies eine Liquiditätsschonung während der Laufzeit, da keine regelmäßigen Zins- und Tilgungszahlungen zu leisten sind. Zudem sind die rechnerischen Zinskosten jährlich von der Steuer absetzbar. Die jährlichen Zinsansprüche hat das Unternehmen zusätzlich als Verbindlichkeit zu bilanzieren bzw. es ist in jeder Periode der sich hypothetisch ergebende Rückzahlungsbetrag einschließlich bislang angefallener Zinsansprüche der Anleger auszuweisen. Zerobonds bieten gegenüber einer klassischen Obligation Vorteile, wenn das Unternehmen künftig mit eher steigenden Zinsen rechnet, da sich dann ggf. die Refinanzierung für die zu leistenden laufenden Zinszahlungen verteuern würde.

Bei steigenden Marktzinsen müssen Anleger damit rechnen, dass die Börsenkurse der Zerobonds stärker fallen als bei normalen Obligationen, da in den Kursen zwangsläufig auch die bislang kumulierten Zinsansprüche der Anleger enthalten sind. Entsprechend umgekehrt sieht es bei sinkenden Zinsniveaus aus. Für die Nachfrage potentieller Anleger nach Zerobonds ist dieser Zusammenhang relevant (gegenläufige Zinserwartungen von Emittent und Anlegern). Aus Anlegersicht kommt zudem der Bonität des Schuldners eine sehr hohe Bedeutung zu, da Zahlungen erst am Laufzeitende erfolgen. Allerdings ist zwischenzeitlich ein Verkauf an der Börse möglich. Vorteilhaft ist zudem, dass das Reinvestitionsproblem für ausgezahlte Zinsen entfällt, was im Falle sukzessiv sinkender Kapitalmarktzinsen für den Anleger zu einem geringeren Vermögenszuwachs führen würde. Folglich erscheinen Zero-Bonds als Geldanlage im Vergleich zu klassischen Obligationen in Hochzinsphasen gut geeignet, dieses Zinsniveau langfristig zu konservieren. Bei gleicher Erwartungsbildung des Unternehmens dürfte dieses aber kaum zu einer Emission in Form von Zero-Bonds motiviert sein.

Bei der Berechnung von Effektivzinssätzen bzw. Renditen kann auf das Vorgehen bei Darlehen mit Endwerttilgung verwiesen werden und es bietet sich zudem eine analytische Lösung der gesuchten Anlegerrendite an, wie das folgende Beispiel verdeutlichen soll.

Beispiel

Ein Unternehmen emittiert einen Zero-Bond mit einer Laufzeit von 8 Jahren und einem Nominalzinssatz von 7% p.a. in Form einer sog. Abzinsungsanleihe. Der Nominalzinssatz entspricht dem aktuellen Marktzinssatz vergleichbarer Anleihen. Gesucht ist der Ausgabebetrag (A_0), der zu dem in den Emissionsbedingungen genannten Rückzahlungs- bzw. Einlösungsbetrag von 1.000,-- GE je Teilschuldverschreibung in t=8 führt. Dazu ist der Rückzahlungsbetrag um 8 Perioden mit 7% zu diskontieren, um den Ausgabebetrag in t=0 zu bestimmen:

$$(1)\ A_0 = 1.000 \cdot (1{,}07)^{-8} \approx 582{,}01\ \text{GE}$$

Erwirbt ein Anleger also zu 582,01 GE eine Teilschuldverschreibung, wird er nach 8 Jahren exakt mit einer jährlichen Rendite von 7% rechnen können.

Am Ende des ersten Jahres würde ein Unternehmen diese betrachtete Teilschuldverschreibung mit dem Ausgabebetrag, aufgezinst um eine Zinsperiode mit 7%, bilanzieren (rund 622,75 GE). Dies würde sich in jeder kommenden Periode bis zur Endfälligkeit der Anleihe fortsetzen, bis in t=8 der versprochene Rückzahlungsbetrag von 1.000,-- GE je Teilschuldverschreibung erreicht würde.

Nehmen wir nach Ablauf eines Jahres an, dass sich das vergleichbare Marktzinsniveau für Anleihen mit einer Restlaufzeit von nur noch 7 Jahren überraschend auf 4% p.a. erniedrigt hätte. Ein Inhaber eines Zero-Bonds würde nun den versprochenen Rückzahlungsbetrag über 7 Perioden mit 4% diskontieren. Wir erhalten als „fairen Marktpreis" in t=1 (A_1):

$$(2)\ A_1 = 1.000 \cdot (1{,}04)^{-7} \approx 759{,}92\ \text{GE}$$

Hätte das Marktzinsniveau weiterhin 7% p.a. betragen, würde sich analog zur Bilanzierung beim Darlehensnehmer ein Ertragswert bzw. Kurs von rund 622,75 GE einstellen. Durch das Absinken des Zinsniveaus hat sich der mögliche Verkaufspreis des betrachteten Zero-Bonds zudem deutlicher erhöht als bei einer vergleichbaren klassischen Obligation, da aus dieser bereits die erste(n) Zahlungen an den Anleger abgeflossen wären und damit nicht mehr in der kursbestimmenden Ertragswertberechnung enthalten sind, bei der stets nur zukünftige Rückflüsse diskontiert werden.

Nehmen wir abschließend an, dass der bislang betrachtete Anleger seine Teilschuldverschreibung an einen (neuen) Wertpapierkäufer in t=1 für tatsächlich exakt 760,-- GE verkauft. Wie sieht die Anlagerendite des Verkäufers aus? Er hat für 582,01 GE gekauft und nun zu 760,-- GE nach Ablauf eines Jahres verkauft. Daraus folgt eine Zwei-Zeitpunkt-Zahlungsstruktur und es gilt für die Bestimmung einer Jahresrendite in diesem Fall allgemein:

$$(3)\quad A_0 \cdot (1+i_{eff})^T \overset{!}{=} V_T \text{ bzw. } i_{eff} = \left(\frac{V_T}{A_0}\right)^{1/T} - 1$$

In Gleichung (3) bezeichnet A_0 den Kaufpreis der Anleihe aus Anlegersicht und V_T den von ihm erzielten Verkaufspreis am Ende seiner Haltedauer (T). Der gesuchte Effektivzinssatz (i_{eff}) kann als periodendurchschnittliche Wachstumsrate des Kaufpreises interpretiert werden. Auch auf Basis der Internen Zinssatzmethode würden sich identische Ergebnisse für alle Fälle mit lediglich zwei Zahlungszeitpunkten ergeben. Mit den Beispieldaten erhalten wir:

$$(4)\quad i_{eff} = \left(\frac{760}{582{,}01}\right)^{1/1} - 1 \approx 0{,}3058 \text{ bzw. rund } 30{,}58\% \text{ p.a.}$$

Für die Renditeberechnung des neuen Wertpapierkäufers würde, unter der Annahme, dass er den Zero-Bond bis zur Endfälligkeit weitere 7 Jahre hält und dann einlöst, gelten:

$$(5)\quad i_{eff} = \left(\frac{1.000}{760}\right)^{1/7} - 1 \approx 0{,}0399 \text{ bzw. rund } 4\% \text{ p.a.}$$

Aufgrund des Kursanstiegs des Zero-Bonds, induziert durch ein Absinken des Zinsniveaus am Anleihemarkt, wird der Wertpapierkäufer künftig nur noch das aktuelle Niveau (4%) als Ertrag realisieren können.

5.3.2.2 Floating Rate Notes

Floating Rate Notes (kurz: Floater) sind eine Sonderform der Obligation, bei denen der Zinssatz regelmäßig (meistens alle 3 oder 6 Monate auf Basis internationaler Leitzinssätze) neu festgesetzt wird, so dass eine im Zeitablauf variable Verzinsung vorliegt. Die Leitzinssätze, an denen sich die gewährten Nominalzinsen orientieren, sind im Euro-Raum der Euro-LIBOR (Euro London Interbank Offered Rate) sowie der EURIBOR (Euro Interbank Offered Rate). Sie stellen Referenzzinssätze dar, die im kurzfristigen Geldhandel zwischen den Banken (sog. Interbankenmarkt) untereinander erhoben und mindestens zweimal im Jahr überprüft werden.
Der endgültige für einen Floater maßgebliche Nominalzinssatz ergibt sich, indem aufbauend auf solch einem Referenzzinssatz zusätzlich ein sog. Spread berücksichtigt wird. Bei diesem Spread kann es sich um einen Zu- oder um einen Abschlag handeln, dessen Richtung und Höhe sich u.a. aus der Kreditwürdigkeit eines Emittenten ergibt. So gibt es durchaus Geschäftsbanken, die vom Referenzzinssatz einen Abschlag vornehmen und ihren Anlegern da-

mit eine geringere variable Verzinsung anbieten, da sie über eine besonders hohe Bonität verfügen bzw. dies auf dem Kapitalmarkt durchsetzen können.

Aufgrund der regelmäßigen Anpassung des Zinssatzes notieren an der Börse gehandelte Floater in aller Regel um einen Kurs von 100%: Ermäßigt sich bspw. das Zinsniveau am Interbankenmarkt, wird der eigentlich zu erwartende Kursanstieg sofort durch die künftig in die Kurswertberechnung eingehenden geringeren Zinszahlungen entsprechend des Ertragswertgedankens verhindert. Analoges gilt spiegelbildlich im Falle eines Zinsanstiegs.

Für Kreditgeber bzw. Anleger bedeutet dies die nahezu völlige Elimination etwaiger Kursrisiken, wie sie bei den anderen Obligationen grundsätzlich bestehen, falls der Anleger während der Laufzeit von seiner Verkaufsmöglichkeit über die Börse Gebrauch machen, also Fristentransformation betreiben möchte.

Ein Anleger wird insbesondere dann in Floater investieren, wenn er in absehbarer Zeit mit Zinssteigerungen rechnet. Entgegengerichtet liegen die Erwartungen beim Unternehmen: Es rechnet demnächst mit Zinssenkungen am Interbankenmarkt, was die eigenen künftigen Zinskosten reduzieren würde.

Damit die Zinsentwicklungen für beide Finanzierungspartner kalkulierbar bleiben, ist es möglich, Floater mit sog. Zinsbegrenzungsvereinbarungen zu kombinieren (sog. Caps bzw. Floors), die eigenständige Zinsderivate darstellen.29 Dabei stellt ein Cap eine Zinshöchstgrenze dar, die ein Unternehmen maximal an seine Obligationäre zahlen muss, auch wenn das Referenzzinsniveau weiter ansteigt. Umgekehrt garantiert ein Floor dem Anleger einen vom Interbankenzinssatz entkoppelten Mindestzinssatz, um bspw. Extremfälle wie eine denkbare „Negativ- oder Nullverzinsung" zu vermeiden. Dies ist insbesondere dann aus Anlegersicht sinnvoll, wenn der Floater eines Emittenten mit einem Abschlag versehen ist.

Abschließend ist darauf hinzuweisen, dass es auch im Bereich der unverbrieften Darlehen mittlerweile Angebote mit variabler Zinsvereinbarung auf Basis von Referenzzinssätzen gibt. In letzter Zeit hat sich diese Variante u.a. im Bereich der privaten Immobilienfinanzierung etabliert, bei der üblicherweise Darlehen mit langer Zinsbindungsfrist angestrebt werden, bei denen vielfach nur eingeschränkte oder sogar keine Sondertilgungsmöglichkeiten für den Schuldner bestehen. Eine variable Zinsvereinbarung kann sich in Situationen als sinnvoll erweisen, falls das gegenwärtige kurzfristige Zinsniveau, welches bspw. durch einen EURIBOR abgebildet wird, als sehr niedrig im Vergleich zu einem Zinssatz bei langer Zinsbindung gilt und der Darlehensnehmer in absehbarer Zeit einen außerordentlichen Geldeingang erwartet, den er dann zur kurzfristigen Tilgung des (teils) zinsvariabel gestalteten Immobiliendarlehens verwendet.

---

29 Vgl. hierzu näher den Abschnitt 8.3.2.

5.3.2.3 Indexanleihen

Unter Indexanleihen kann man allgemein die Kopplung des Rückzahlungsbetrages und/oder von Zinszahlungen an einen Index (bspw. Aktienindex oder Inflationsrate) verstehen. Folglich können weder das Kapital aufnehmende Unternehmen noch der Investor die jeweils fälligen Zins- und/oder Tilgungszahlungen im voraus genau kennen. Damit beruht die Emission derartiger Anleihen ganz entscheidend auf unterschiedlichen Erwartungen der Finanzierungspartner über die künftige der Anleihe zugrunde liegenden Indexentwicklung.

Beispiel für eine Indexanleihe, deren Rückzahlung an einen Aktienindex gekoppelt ist

Drukarczyk beschreibt in seinem Finanzierungslehrbuch die Emission einer Indexanleihe einer Tochter der Deutschen Bank AG, deren Rückzahlungsbetrag sich am Stand des FAZ-Aktienindex orientierte. Die Anleihe war in zwei Tranchen (Tilgungsteilbeträge) aufgeteilt: Bei Fälligkeit der ersten Tranche wurde ein höherer (niedrigerer) Betrag an die Anleger zurückgezahlt, wenn sich der FAZ-Aktienindex über (unter) dem zum Emissionszeitpunkt in den Anleihebedingungen fixierten Niveau befand. Bei der zweiten Tranche, die zeitlich nach der ersten Teiltilgung erfolgt, waren die Rückzahlungsbedingungen umgekehrt vereinbart worden. Aus Sicht der emittierenden Bank wurde dadurch das Rückzahlungsvolumen eine kalkulierbare Größe.[30]

Beispiel für einen sog. Linker

Als weiteres Beispiel für eine Kopplung von Zinszahlungen an einen Index sei auf sog. inflationsindexierte Anleihen (sog. Linker) hingewiesen, die seit 2006 auch von der Bundesrepublik Deutschland emittiert werden und eine 10jährige Laufzeit aufweisen. Bei dieser Bundesanleihe wird analog zur Grundform einer Schuldverschreibung eine feste Verzinsung angeboten, die allerdings um die in den üblichen Anleihen enthaltene Inflationserwartung bereinigt ist. Daher ist die Basis der festen Verzinsung ein niedriger Realzinssatz. Die konkrete (nominale) Zinszahlung eines Jahres ergibt sich, indem der festgelegte Realzinssatz um einen Inflationsindex korrigiert wird. Im betrachteten Beispiel handelt es sich um den harmonisierten Verbraucherpreisindex (ohne Tabak), dessen Verlauf die Finanzagentur des Bundes (im Internet) bereitstellt. Bei einem Indexanstieg (Fall der Inflation), würde ein Anleger eine höhere Zinszahlung erhalten. Im Falle einer Deflation (Erniedrigung des Verbraucherpreisindizes) würde die garantierte Realverzinsung zum Emissionstag verringert. Damit kann man sagen, dass die vereinbarte Festverzinsung tendenziell das aktuelle Kaufkraftniveau abbildet und im Falle eines Anstiegs des allgemeinen Lebenserhaltungsniveaus dem Anleger die aktuelle Inflationsrate zusätzlich bzw. nachträglich erstattet. Insofern bietet ein Linker einen Inflationsschutz. Allerdings ist zu bedenken, dass die Nominalverzinsungen von üblichen Anlei-

---

30 Vgl. Drukarczyk, J. (Finanzierung 2003), S. 420.

hen ebenfalls eine durchschnittliche Inflationserwartung mit beinhalten. Daher ist es für einen Anleger interessant abzuschätzen, welche „Durchschnittsinflation" in normalen Anleihen des Bundes in den Kursen bereits „eingepreist" ist. Durch Vergleich dieser eingerechneten Inflation mit der eigenen Inflationserwartung des Anlegers kann er die relative Vorteilhaftigkeit zwischen einem Linker und einer üblichen Bundesanleihe in etwa erkennen. So könnte man die reale Rendite des Linkers, die sich ergibt, wenn nur die garantierten Zinsen (also ohne spätere Inflationsanpassung über den Verbraucherpreisindex) gezahlt würden, mit der aktuellen Rendite einer üblichen laufzeitkongruenten Anleihe vergleichen. Die Renditedifferenz dürfte in etwa die vom Kapitalmarkt in den Kursen der üblichen Anleihe implizit enthaltene Inflationserwartung darstellen.[31] Ergibt sich bei der Differenzbildung bspw. ein Wert von 2,20%, müsste die Inflationserwartung eines Anlegers, der sich für eine Geldanlage in einen Linker interessiert, im Periodendurchschnitt über diesem Niveau liegen, damit seine Investition gegenüber einer nominalen Schuldverschreibung vorteilhaft wird.

Als eine Alternative zu einer Anleihe mit Inflationsschutz kann man in gewisser Hinsicht auch einen Floater begreifen: Steigende Zinsen am Interbankenmarkt sind oftmals eine Folge der vielfach zu beobachtenden Neigung der Zentralbanken, im Inflationsfalle vorsorglich die Leitzinsen zu erhöhen. Damit würden Anleger, sofern ihr Floater nicht an eine Cap-Grenze stößt, zumindest teilweise über den höheren variablen Zinssatz das allgemeine Inflationsrisiko begrenzen.

Neben den drei dargestellten Sonderformen „Zero-Bonds", „Floating Rate Notes" sowie „Indexanleihen" existieren weitere Varianten von Schuldverschreibungen (insb. Wandel- und Optionsanleihen sowie Gewinnschuldverschreibungen), die in Abschnitt 6 der Finanzierungsform „Mezzanine Finance" zugeordnet sind, da sie neben einer Fremdkapitalbeziehung auch Merkmale einer Eigenkapitalfinanzierung enthalten und daher auch als „hybride Finanzinstrumente" bezeichnet werden könnten.

5.4 Finance Leasing

Eine Alternative zu den bislang erörterten Formen einer langfristigen Kreditfinanzierung stellt das sog. Finance Leasing (auch: Finanzierungsleasing) dar. Unter Leasing versteht man allgemein eine besondere Vermietung von Wirtschaftsgütern (Leasingobjekten) auf der Grundlage eines Leasingvertrages zwischen Leasinggeber (Vermieter) und Leasingnehmer (Mieter) gegen Entgelt (Leasingrate). Ein Leasingvertrag kann einerseits direkt zwischen dem Hersteller des Leasingobjektes und dem Leasingnehmer geschlossen werden (sog. Herstellerleasing)

31 Zur genaueren Abschätzung der Inflationsrate auf Basis der sog. Fisher-Bedingung vgl. Loderer, C. (Bewertung 2005), S. 284-286.

oder alternativ durch Zwischenschaltung einer Leasinggesellschaft (sog. indirektes Leasing), die zunächst vom Hersteller den Gegenstand erwirbt und an ein Unternehmen weiter vermietet. Hinsichtlich der Ausgestaltung von Leasingverträgen sind zwei Grundformen zu differenzieren:

- **Operate Leasing**: Hierbei handelt es sich um normale Mietverträge im Sinne des BGB mit kurzfristiger Kündigungsmöglichkeit und zumeist kurzer Laufzeit. Das sog. Investitionsrisiko (insb. die Gefahr des Untergangs des Gegenstandes sowie der technischen Veralterung) sowie die Instandhaltungsverpflichtungen liegen beim Leasinggeber. Aufgrund der Kurzfristigkeit wird diese Grundform nicht weiter betrachtet.
- **Finance Leasing**: Hierbei handelt es sich um zumeist mehrperiodige Verträge mit einer festen unkündbaren Grundmietzeit, so dass diese Grundform als eine alternative Form der Darlehensfinanzierung interpretiert werden kann. Entgegen dem Operate Leasing trägt bei diesen Verträgen der Leasingnehmer sowohl das Investitionsrisiko als auch die Verpflichtungen zur Instandhaltung, die regelmäßige Wartungen (Inspektionen) und ggf. Instandsetzungsmaßnahmen (bspw. nach einer Beschädigung des Objektes) umfasst. Sofern gefordert, sind auch geeignete Versicherungen abzuschließen. Da auch im Falle des Objektuntergangs die Pflicht zur Zahlung der Leasingraten besteht, hat Finance Leasing eine Hohe Nähe zu einem Kreditkauf von Investitionsobjekten. Allerdings schränken die Pflichten gegenüber dem Leasinggeber die Freiheiten in der Objektverwendung ein: Bei einem Kreditkauf interessiert sich ein Kreditgeber lediglich für die termingerechte Erfüllung seiner Zins- und Tilgungsansprüche. Im Falle eines Finanzierungsleasingvertrages ist der Leasinggeber an einem ordentlichen bzw. noch gebrauchsfähigen Zustand des Objektes interessiert, da er in vielen Fällen das Objekt am Ende der Vertragslaufzeit noch verwerten möchte. Dies schränkt die Gebrauchsfreiheiten des Leasingnehmers faktisch ein.

Im Rahmen des weiter betrachteten Finance Leasing werden sog. Teil- von sog. Vollamortisationsverträgen unterschieden:

- Bei einem **Teilamortisationsvertrag** muss ein Leasinggeber den Gegenstand mehrfach vermieten können, damit er im Laufe des Objektlebenszyklus aus den Vermietungen einen Gewinn erwirtschaftet (bspw. mehrmalige Vermietung von Baumaschinen). Aus Sicht des Leasingnehmers ist dies vorteilhaft, wenn die Nutzung von ggf. bereits gebrauchten Gegenständen zur Erfüllung der leistungswirtschaftlichen Sachziele hinreichend erscheint und sich damit auch relativ niedrige Mietzahlungen vereinbaren lassen. Die Teilamortisation wird hier nicht weiter betrachtet.
- Liegt ein **Vollamortisationsvertrag** vor, decken die Leasingraten und die anschließende Objektverwertung (bspw. Verkauf am Gebrauchtmarkt oder Verkauf an den bisherigen Leasingnehmer) bereits bei einmaliger Vermietung die vom Geber zu leistenden Investi-

tionsauszahlungen sowie seine Nebenkosten (einschließlich Gewinnmarge). Entsprechend werden die Mietzahlungen im Vergleich zum Fall der Teilamortisation c.p. höher für das anmietende Unternehmen ausfallen und die Leasingraten sowohl Zins- als auch Tilgungsanteile enthalten.

Auf Basis von Finance Leasing verfolgt ein anmietendes Unternehmen, neben der Finanzierungsfunktion, zudem vielfach das Ziel einer Entlastung des eigenen Bilanzbildes: Das Unternehmen als Leasingnehmer möchte die entstehende Bilanzverlängerung im Rahmen eines normalen Kreditkaufs vermeiden um bilanzielle Kennzahlenrelationen nicht zu verschlechtern. So würde zum Zeitpunkt des Kreditkaufs die Fremdkapitalquote, definiert als Verhältnis aus Schulden und Bilanzsumme, ansteigen und damit ggf. Sanktionierungen bei künftigen Fremdkapitalaufnahmen auslösen (bspw. Kürzung von bisherigen Kreditlinien, Verschlechterung von Kreditkonditionen, Rückstufung bei Kredit-Ratings). Daher hat das Unternehmen ein starkes Interesse, dass der Leasinggegenstand wirtschaftlich dem Leasinggeber zugeordnet wird. Diesem Wunsch wird bei der Gestaltung dadurch entsprochen, indem die vom Steuergesetzgeber definierten Kriterien, die eine Bilanzierung beim Vermieter im Rahmen eines Vollamortisationsvertrages erlauben, eingehalten werden:[32]

- Liegt ein Vertrag ohne jegliche Optionsrechte für den Mieter vor, darf die feste Grundmietzeit zwischen 40% und 90% der betriebsgewöhnlichen Nutzungsdauer liegen, da in dieser Zeitspanne eine sinnvolle Weiterverwendung des Objektes durch den Vermieter in der Regel noch möglich erscheint.
- Wird dem Mieter eine Kaufoption auf den Gegenstand nach Ablauf der Grundmietzeit gewährt, darf die Mietdauer ebenfalls nur innerhalb der oben genannten Bandbreite liegen. Zusätzlich muss der zu entrichtende spätere Kaufpreis mindestens noch dem bilanziellen Restbuchwert des Leasinggebers entsprechen.
- Sollte dem Mieter eine Mietverlängerungsoption bei Vertragsabschluss eingeräumt sein, muss neben der oben genannten Bandbreite zur Grundmietzeit eine Anschlussmiete auf einem Niveau erfolgen, die mindestens der weiteren Abschreibung entspricht.

Wird das Leasingobjekt speziell nach den Wünschen des Mieters hergestellt (sog. Spezialgüterleasing), ist stets nur eine Zuordnung zur Bilanz des Leasingnehmers möglich, da anderweitige Verwertungen für den Leasinggeber ausscheiden.

Aufgrund der hohen praktischen Verbreitung von Finanzierungsleasingverträgen in Form der einmaligen Objektvermietung betrachten wir abschließend ein ausführliches Beispiel, bei dem eine zu treffende Investitions- und Finanzierungsentscheidung analysiert wird.

---

32 Zu weiteren Details, auch zu anderen Leasingformen sowie bei anderen Rechnungslegungsnormen, vgl. Wöhe, G./Bilstein, J./Ernst, D./Häcker, J. (Grundzüge 2009), S. 318-327.

Beispiel

Wir betrachten vereinfacht einen Unternehmer als natürliche Person (bspw. einen Freiberufler wie Anwalt oder Steuerberater), der insb. nicht der deutschen Gewerbesteuer, sondern lediglich der Einkommensteuer mit einem (vereinfacht) konstanten Steuersatz in Höhe von 40% unterliegt.[33] Dies bedeutet, dass das Unternehmen selbst keine Steuern zahlt, was bei Gewerbeunternehmen bzw. Personengesellschaften oder Kapitalgesellschaften nicht der Fall ist. Der Unternehmer denkt über eine Kapazitätserweiterung nach: Er möchte einen neuen Mitarbeiter einstellen, der ihn bei der Mandantenberatung unterstützen soll und überlegt ob er diesem Mitarbeiter ein neues Firmenfahrzeug durch Aufnahme eines Kredites oder über einen Leasingvertrag für vier Jahre zur Verfügung stellen soll. Eine Kreditaufnahme wäre zu einem Zinssatz (i) von 10% p.a. möglich. Der Kredit würde ebenfalls eine vierjährige Laufzeit haben und in Form eines Endfälligkeitsdarlehens zurückgezahlt. Zwischenzeitliche Geldanlagen oder -aufnahmen seien im Verlauf der Investitionsmaßnahme ebenfalls zu 10% realisierbar (Annahme eines vollkommenen Kapitalmarktes). Die proportionale Einkommensteuer werde stets sofort am Jahresende fällig und vom privaten Bankkonto des Unternehmers bezahlt. Eine negative Steuerbemessungsgrundlage würde zu einer Steuererstattung führen (sofortiger Verlustausgleich) und die Besteuerung beeinflusst weder Höhe noch zeitliche Struktur der durch die Kapazitätserweiterungsinvestition geschätzten zusätzlichen finanziellen Konsequenzen, die, mit Ausnahme der Investitionsauszahlung, jeweils am Periodenende anfallen. Durch diese Annahmen ist das sog. steuerliche Standardmodell der Kapitalwertmethode beschrieben, die mit dem Kapitalwert die allein interessierende finanzielle Zielgröße des Unternehmers beschreibt.[34] Durch die Kapazitätserweiterungsinvestition erwartet der Unternehmer für die vier Folgejahre ein sog. (zahlungswirksames) EBITDA in Höhe von 6.000,-- GE p.a.. Nach Ablauf dieser Jahre wird der Unternehmer keine weitere Unterstützung durch den Mitarbeiter und damit kein neues Fahrzeug benötigen (Annahme einer einmaligen Investition), bspw. weil er sich dann zur Ruhe setzt oder einen nachhaltigen Rückgang seiner Mandantenanzahl erwartet. Wir vergleichen nun zwei Entscheidungsalternativen mit ergänzenden Annahmen aus Sicht des Unternehmers:

- **Variante Leasing**: Der Unternehmer könnte den PKW von einem Leasinggeber fest über vier Jahre zu einer konstanten Rate in Höhe von 2.500,-- GE ohne Sonderzahlungen und ohne weitere Optionen mieten. Die Bilanzierung des Leasinggegenstandes (PKW) liegt, wie in der Praxis zumeist üblich, beim Leasinggeber. Aus Sicht des Leasingnehmers stel-

33 Die 40% können ggf. bereits den Solidaritätszuschlag sowie ggf. die Kirchensteuer mit beinhalten. Für die Analyse ist dies nicht weiter bedeutend, da beide Steuerarten auf Basis der zu entrichtenden Einkommensteuer zusätzlich erhoben werden, was sich problemlos in den gegebenen Steuersatz bei identischer Steuerbemessungsgrundlage integrieren ließe. Vgl. dazu auch nochmals das Beispiel in Abschnitt 3.2 sowie zu diesem Sachverhalt näher die Herleitung bei Kruschwitz, L. (Investitionsrechnung 2009), S. 141-143.

34 Zu den Grundlagen der Kapitalwertmethode vgl. bspw. Götze, U. (Investitionsrechnung 2008), S. 71-93 sowie zum steuerlichen Standardmodell insb. Kruschwitz, L. (Investitionsrechnung 2009), S. 134-141.

len die zu entrichtenden Leasingraten (LR_t) zugleich Aufwendungen dar, die bei der Einkommensteuerberechnung zu berücksichtigen sind.

- **Variante Kreditkauf**: Im Falle einer Kreditfinanzierung ist in t=0 an einen PKW-Händler ein Kaufpreis (I_0) in Höhe von 10.000,-- GE zu entrichten, der zeitgleich in gleicher Höhe zu einer Kreditaufnahme (FK_0) über vier Jahre führt. Durch die Kreditfinanzierung würde der Unternehmer den PKW steuerrechtlich linear über fünf Jahre abschreiben. Die Jahresabschreibung (AfA_t) beträgt damit 2.000,-- GE. Entsprechend verbleibt nach vier Jahren ein Restbuchwert (RBW_T) von 2.000,-- GE. Der Unternehmer unterstellt nach vier Jahren den Verkauf des PKW zu 2.200,-- GE (sog. Liquidationserlös L_T). Der Unterschiedsbetrag aus Liquidationserlös und Restbuchwert ist am Ende (in t=T) zu versteuern. Die Zinszahlungen (Z_t) aus dem Kredit sind steuerlich absetzbar und betragen aufgrund des Endfälligkeitsdarlehens während der vier Jahre stets 1.000,-- GE. Die Tilgungen (T_t) erfolgen hier im Beispiel lediglich in t=4.[35]

Für die **Leasingvariante** ergibt sich mit den festgelegten Daten die in Abb. 5-10 dargestellte Zahlungsfolge (einschließlich Besteuerung) für den Unternehmer. Der Kapitalwert beträgt rund 7.277,-- GE. Formal ergibt sich der Kapitalwert der Leasingvariante (KW_L):

$$(1)\ KW_L = \sum_{t=1}^{T} EBITDA_t \cdot q^{-t} - \sum_{t=1}^{T} LR_t \cdot q^{-t} - \sum_{t=1}^{T} s \cdot EBIT_t \cdot q^{-t}\ .$$

Der Zinsfaktor q ergibt sich aus:

$$(2)\ q = (1 + i \cdot (1 - s)) = (1 + i_s)$$

Gleichung (2) bedeutet, das die sog. „Zeitpräferenz des Geldes“ über einen Nach-Steuer-Zinssatz (i_s) berücksichtigt wird: So kann der Unternehmer anfallende Überschüsse (bspw. aufgrund von EBITDA) zu i (vor Steuern) reinvestieren, müsste darauf aber Einkommensteuer mit dem Steuersatz s entrichten.[36] Damit ist der Diskontierungszinssatz auf 6% nach Steuern festgelegt.

Für die in (1) enthaltene Größe „EBIT“ gilt:

$$(3)\ EBIT_t = EBITDA_t - LR_t$$ [37]

Für Gleichung (1) lässt sich unter Nutzung von (3) alternativ schreiben:

$$(4)\ KW_L = \sum_{t=1}^{T} EBITDA_t \cdot (1 - s) \cdot q^{-t} - \sum_{t=1}^{T} LR_t \cdot (1 - s) \cdot q^{-t}$$

35 Selbstverständlich sind andere Tilgungsformen des Darlehens möglich und würden die folgenden Ergebnisse nicht beeinflussen. Der Leser möge dies selbst testen.

36 Zur Zeitpräferenz des Geldes vgl. bspw. Götze, U. (Investitionsrechnung 2008), S. 67.

37 Man könnte anstelle von EBIT auch von EBT (Earnings Bevor Taxes) sprechen, da keine Zinsen (Interests) im Falle des Leasing zusätzlich anfallen.

Zeitpunkte t	**0**	**1**	**2**	**3**	**4**
EBITDA		6.000,00	6.000,00	6.000,00	6.000,00
- Leasingraten		-2.500,00	-2.500,00	-2.500,00	-2.500,00
= Cash-flow vor Steuern = EBIT = EBT	**0,00**	**3.500,00**	**3.500,00**	**3.500,00**	**3.500,00**
- Steuern (auf EBIT bzw. EBT); 40%		-1.400,00	-1.400,00	-1.400,00	-1.400,00
= Cash-flow nach Steuern	**0,00**	**2.100,00**	**2.100,00**	**2.100,00**	**2.100,00**
Kalkulationszinssatz nach Steuern	6,00%				
Kapitalwert Leasing	**7.276,72**				

Abb. 5-10: Variante Leasing mit den Beispieldaten aus Unternehmersicht

Betrachten wir nun die **Variante eines Kreditkaufs**. Die Ergebnisse auf Basis der Beispieldaten zeigt Abb. 5-11 aus Sicht des Unternehmers. Wir erhalten hier lediglich einen Kapitalwert in Höhe von rund 6.926,-- GE. Formal ergibt sich folgender Kapitalwert (KW_K), wobei analog zu (2) der identische Zinsfaktor anzuwenden ist.

$$(5)\ KW_K = (-I_0 + FK_0) + \sum_{t=1}^{T} EBITDA_t \cdot q^{-t} + L_T \cdot q^{-T} - \sum_{t=1}^{T} (Z_t + T_t) \cdot q^{-t} - \sum_{t=1}^{T} s \cdot EBT_t \cdot q^{-t}$$

Auf der rechten Seite von Gleichung (5) zeigt der erste Term den Finanzierungsbeitrag des Unternehmers, den dieser aus seinem Privatvermögen leisten würde, falls die Kreditaufnahme in t=0 (FK_0) geringer als der zu zahlende Kaufpreis (I_0) wäre. Dieser Fall liegt im Beispiel nicht vor. Der zweite Term zeigt die dank der Investitionsmaßnahme zusätzlichen laufenden operativen Cash Flows, die zudem eine Zwischengröße (daher: EBITDA) im Rahmen der (steuerlichen) Gewinn- und Verlustrechnung eines Jahres darstellen. Neben diesen Cash Flows entsteht am Ende der Laufzeit (t=T) eine weitere Einzahlung durch den Verkauf des PKWs (L_T). Der vierte Term erfasst die Zins- und Tilgungszahlungen ($Z_t + T_t$), die der Unternehmer an den Kreditgeber zu entrichten hat. Der letzte Term zeigt die Steuerzahlungen ($s \cdot EBT_t$) und mit der Größe „EBT“ (Earnings Before Taxes) die Steuerbemessungsgrundlage. Für diese gilt:

$$(6)\ EBT_t = EBITDA_t - AfA_t - Z_t \text{ für die Perioden t=1 bis t=T-1 sowie}$$

$$(7)\ EBT_T = EBITDA_T - AfA_T - Z_T + (L_T - RBW_T) \text{ für die Periode t=T.}$$

Gleichung (5) lässt sich weiter vereinfachen, indem die Steuerbemessungsgrundlage aus (6) und (7) den übrigen Termen zugeordnet wird und zudem eine Bündelung der finanziellen Konsequenzen erfolgt, die im originären Zusammenhang mit der Kreditfinanzierung stehen. Wir erhalten für die Variante „kreditfinanzierter Kauf“ in (8) zwei große Terme auf der rechten Seite, dargestellt durch die eckigen Klammern:

$$(8)\quad \begin{aligned} KW_K &= [-I_0 + \sum_{t=1}^{T} EBITDA_t \cdot (1-s) \cdot q^{-t} + L_T \cdot (1-s) \cdot q^{-T} + \sum_{t=1}^{T} s \cdot AfA_t \cdot q^{-t} + s \cdot RBW_T \cdot q^{-T}] + \\ &+ [FK_0 - \sum_{t=1}^{T} (Z_t \cdot (1-s) + T_t) \cdot q^{-t}] \end{aligned}$$

Der erste „Klammer-Term" ([...]) von (8) stellt den Kapitalwertbeitrag aus Sicht des Unternehmers unter der (fiktiven) Annahme einer völligen Eigenfinanzierung der Investition dar: Würde er keinen Kredit aufnehmen, müsste der Unternehmer aus seinem Vermögen den Betrag I_0 investieren. Der relevante Opportunitätskostensatz wäre ebenfalls i_s. Dank dem Ansatz von Abschreibungen und dem Restbuchwert am Ende der Investition erhält er eine steuerliche Subvention bzw. wird die (vorläufig) zu hohe Besteuerung beim EBITDA und dem Liquidationserlös wieder korrigiert.

Zeitpunkte t	**0**	**1**	**2**	**3**	**4**
- Kaufpreis Firmenfahrzeug	-10.000,00				
+ Aufnahme Fahrzeugdarlehen	10.000,00				
+ EBITDA		6.000,00	6.000,00	6.000,00	6.000,00
+ Liquidationserlös					2.200,00
- Zinszahlungen		-1.000,00	-1.000,00	-1.000,00	-1.000,00
-Tilgungszahlungen					-10.000,00
= Cash-flow vor Steuern	**0,00**	**5.000,00**	**5.000,00**	**5.000,00**	**-2.800,00**
- Steuerzahlungen		-1.200,00	-1.200,00	-1.200,00	-1.280,00
= Cash-flow nach Steuern	**0,00**	**3.800,00**	**3.800,00**	**3.800,00**	**-4.080,00**
Kalkulationszinssatz (nach Steuern)	6,00%				
Kapitalwert Kreditkauf	**6.925,70**				
Steuerberechnung					
EBITDA		6.000,00	6.000,00	6.000,00	6.000,00
-Abschreibungen		-2.000,00	-2.000,00	-2.000,00	-2.000,00
- Zinszahlungen		-1.000,00	-1.000,00	-1.000,00	-1.000,00
+ Liquidationserlös					2.200,00
- Restbuchwert					-2.000,00
= EBT		**3.000,00**	**3.000,00**	**3.000,00**	**3.200,00**
=> Steuern (auf EBT)	40,00%	-1.200,00	-1.200,00	-1.200,00	-1.280,00

Abb. 5-11: Variante Kreditfinanzierung mit den Beispieldaten aus Unternehmersicht

In der zweiten Zeile von (8) sind die Konsequenzen der Fremdkapitalaufnahme (Einzahlung in t=0, Verzinsung unter Berücksichtigung der steuerlichen Abzugsfähigkeit sowie die Tilgungszahlungen) für den Unternehmer gebündelt und damit der Kapitalwertbeitrag der Kreditfinanzierung aus dessen Sicht bestimmt.[38] Wenn der Kredit in t=T vollständig getilgt ist,

38 Aus Fremdkapitalgebersicht wären lediglich die Vorzeichen umzudrehen, falls auf diesen die gleichen Annahmen wie auf den Unternehmer zutreffen: In t=0 eine Auszahlung aufgrund einer Finanzinvestition,

wovon wir im Beispiel ausgehen, ist der Saldo dieses zweiten „Klammer-Terms“ unter den festgelegten Annahmen exakt Null.[39] Folglich kann man den aus Sicht des Unternehmers entstehenden „Mehrwert“ auch unter der Annahme einer Eigenfinanzierung korrekt bestimmen. Dies führt zur „Irrelevanz der Fremdfinanzierung“.[40] Abb. 5-12 bestätigt diese Aussage.

Zeitpunkte t	**0**	**1**	**2**	**3**	**4**
- Kaufpreis Firmenfahrzeug	-10.000,00				
+ EBITDA nach Steuern		3.600,00	3.600,00	3.600,00	3.600,00
+ Liquidationserlös nach Steuern					1.320,00
+ Steuerersparnis dank AfA		800,00	800,00	800,00	800,00
+ Steuerersparnis dank RBW					800,00
= Cash-flow nach Steuern	**-10.000,00**	**4.400,00**	**4.400,00**	**4.400,00**	**6.520,00**
Kalkulationszinssatz (nach Steuern)	6,00%				
Kapitalwert Eigenfinanzierung	**6.925,70**				

Zeitpunkte t	**0**	**1**	**2**	**3**	**4**
+ Aufnahme Fahrzeugdarlehen	10.000,00				
- Zinszahlungen nach Steuern		-600,00	-600,00	-600,00	-600,00
- Tilgungszahlungen					-10.000,00
= Cash-flow wg. Fremdfin. nach St.	**10.000,00**	**-600,00**	**-600,00**	**-600,00**	**-10.600,00**
Kalkulationszinssatz (nach Steuern)	6,00%				
Kapitalwertbeitrag Fremdfinanzierung	**0,00**				

Abb. 5-12: Alternative Berechnung des Kapitalwertes für die Variante des kreditfinanzierten Kaufs aus Unternehmersicht

Im vorliegenden Beispiel hat der Alternativenvergleich ergeben, dass die Variante Leasing relativ vorteilhaft aus Unternehmersicht ist. Dies ist nicht zwangsläufig so. Von Interesse ist deshalb, als Unternehmer seine „kritische Leasingrate“ zu kennen, bei der die Leasingalternative genauso vorteilhaft erscheint wie die Kaufvariante. Diese kritische Rate lässt sich bestimmen, indem man die Gleichungen (4) und (8) gleichsetzt. Sofern man alle Annahmen unverändert lässt, kann man sich bei (8) auf jenen Teil beschränken, der den Kapitalwertbeitrag bei angenommener Eigenfinanzierung repräsentiert. Davon geht Gleichung (9) aus, die man nach elementaren Umformungen erhält.

Einzahlungen aus Zins- und Tilgungszahlungen, wobei der Fremdkapitalgeber ebenfalls Einkommensteuer auf die Zinsen zu entrichten hätte.

39 Vgl. zum Beweis bspw. Kruschwitz, L. (Investitionsrechnung 2009), S. 139-140.

40 Kruschwitz, L. (Investitionsrechnung 2009), S. 140.

$$(9)\ LR_{krit} = \frac{I_0 - L_T \cdot (1-s) \cdot q^{-T} - \sum_{t=1}^{T} s \cdot AfA_t \cdot q^{-t} - s \cdot RBW_T \cdot q^{-T}}{(1-s) \cdot \sum_{t=1}^{T} q^{-t}}, \text{ mit } \sum_{t=1}^{T} q^{-t} = RBF[i_s;T]$$

Im Beispiel würde sich für den Unternehmer eine kritische Rate von rund 2.668,83 GE p.a. ergeben, bei der er gegenüber eines Kaufes indifferent wäre. Dies lässt sich leicht überprüfen, indem man die kritische Rate durch die in Abb. 5-10 bislang eingetragene Rate ersetzt und den neuen „Leasingkapitalwert" nach Gleichung (4) bestimmt. Dieser muss mit dem des „Kreditkaufkapitalwertes" aus (5) bzw. (8) übereinstimmen (im Beispiel also zu 6.925,70 GE führen). Abb. 5-13 bestätigt die Richtigkeit der Überlegung.[41]

Zeitpunkte t	**0**	**1**	**2**	**3**	**4**
EBITDA		6.000,00	6.000,00	6.000,00	6.000,00
- kritische Leasingraten		-2.668,83	-2.668,83	-2.668,83	-2.668,83
= Cash-flow vor Steuern (=EBIT)	**0,00**	**3.331,17**	**3.331,17**	**3.331,17**	**3.331,17**
- Steuern (auf EBIT bzw. EBT)	40,00%	-1.332,47	-1.332,47	-1.332,47	-1.332,47
= Cash-flow nach Steuern	**0,00**	**1.998,70**	**1.998,70**	**1.998,70**	**1.998,70**
Kalkulationszinssatz (nach Steuern)	6,00%				
Kapitalwert Leasing	**6.925,70**				

Abb. 5-13: Kritische Leasingrate führt zum gleichen Kapitalwert wie die Kreditvariante

Erweiterung des Beispiels

Betrachten wir abschließend den Leasinggeber. Aus dessen Sicht macht die Bestimmung einer kritischen Leasingrate ebenfalls Sinn, die er mindestens vom Leasingnehmer fordern sollte. Wir nehmen an, dass alle bisherigen Beispieldaten zur Kaufvariante nun auch für den Leasinggeber identisch gelten. Aus Gebersicht würde die Leasingrate sein EBITDA p.a. darstellen. Analog zur Kaufvariante beim Unternehmer würde er das Leasingobjekt bilanzieren und abschreiben. Die Leasingrate wäre, reduziert um Abschreibungen, zu versteuern. Zudem erhält er am Ende der Leasinglaufzeit einen Liquidationserlös, von dem er ebenfalls den Differenzbetrag zum Restbuchwert zu versteuern hätte. Leasing ist für den Geber sinnvoll, wenn sein Kapitalwert (KW_{LG}) mindestens den Wert Null aufweist. Damit können wir (8) bzw. (9) direkt auf diesen Fall übertragen. Nehmen wir zudem an, dass der Kapitalwertbeitrag einer ggf. auch vom Leasinggeber durchgeführten Fremdfinanzierung irrelevant ist, folgt unmittelbar:

41 Für s=0 stellt (9) die prinzipielle Situation für einen privaten PKW-Leasingvertrag dar. Falls eine Leasinggesellschaft eine Rate vorgibt, sollte man den kritischen Liquidationserlös bzw. den gerade noch hinnehmbaren Werteverlust ($- I_0 + L_T \cdot q^{-T}$) bestimmen. In der Praxis wären zudem noch Sonderzahlungen am Anfang der Leasingbeziehung sowie Ausgleichszahlungen am Laufzeitende im Falle von Unter- bzw. Überschreitungen bei der vereinbarten Gesamtfahrleistung zu berücksichtigen.

(10) $KW_{LG} = -I_0 + \sum_{t=1}^{T} LR_t \cdot (1-s) \cdot q^{-t} + L_T \cdot (1-s) \cdot q^{-T} + \sum_{t=1}^{T} s \cdot AfA_t \cdot q^{-t} + s \cdot RBW_T \cdot q^{-T} \overset{!}{=} 0$

Wird (10) im letzten Schritt nach der gesuchten laufzeitkonstanten Leasingrate, die der Geber mindestens fordern sollte (LR_{min}), umgestellt, erhalten wir exakt das gleiche Ergebnis wie in Gleichung (9): Die kritische Leasingrate aus Sicht des Leasingnehmers (LR_{krit}), die dieser maximal zu zahlen bereit wäre, ist identisch mit der mindestens zu erhebenden Rate aus Sicht des Leasinggebers:[42]

(11) $LR_{\min} = LR_{krit}$

Unter den getroffenen, für beide Leasingparteien identischen Annahmen, haben Leasinggesellschaften „keine Existenzberechtigung“,[43] da kein Leasingvertrag entstehen könnte, der einer Partei einen „Mehrwert“ beschert: Würde der Leasinggeber seine Ratenforderung über (11) hinaus erhöhen, würde dies zur Ablehnung beim Leasingnehmer führen und umgekehrt. Mehr als die Erwirtschaftung der eigenen Opportunitätskosten (i_s) wäre bei beiden nicht drin.

Warum aber gibt es Leasing in der Praxis? Weil es Abweichungen zwischen den hier festgelegten Annahmen gibt, insbesondere:

- Vorliegen von (finanzierungstheoretischer) Unwissenheit bei einem Vertragspartner,
- Unterschiede bei den realisierbaren Beschaffungskonditionen für Leasinggegenstände (bspw. könnte ein Leasinggeber beim Hersteller aufgrund seines Beschaffungsvolumens höhere Einkaufsrabatte durchsetzen),
- Abweichungen bei den Annahmen zum erzielbaren Liquidationserlös (bspw. könnte ein Leasinggeber aufgrund seiner vielen Leasinggegenstände unter einem höheren „Verwertungsdruck“ stehen als ein Unternehmer im Rahmen seiner Kreditkaufalternative),
- Divergenzen hinsichtlich Abschreibungsverfahren, Zinssatzannahmen zur Finanzierung, zu den Konditionen einer intertemporären Geldanlage bzw. einer Opportunität, Steuerbemessungsgrundlagen und Steuersätzen (bspw. bedingt durch Rechtsformunterschiede zwischen den Parteien).

Zudem könnten sich die Risikopositionen beider Parteien unterscheiden, die zu abweichenden Kalkulationszinssätzen und damit zu unterschiedlichen Kapital- bzw. Entscheidungswerten führen können: So ist beim betrachteten Unternehmer eine EBITDA-Prognose der operativen Investitionswirkungen erforderlich. Diese führt zu unsicheren Zahlungsfolgen, da sie dem operativen Geschäftsrisiko des Unternehmers unterworfen sind. Daher könnte sich im Falle der Risikoaversion zur Bewertung ein anderer, dieses Risiko inkludierender Diskontierungszinssatz anbieten. Hingegen kann ein Fremdkapital- bzw. Leasinggeber auf Basis des Finan-

---

42 Im Beispiel gelingt es dem Leasinggeber folglich nicht, seine geforderte Mindestverzinsung von 6% nach Steuern zu realisieren.

43 Drukarczyk, J. (Finanzierung 2003), S. 467.

zierungsvertrages von einer bevorzugten Erfüllung seiner Ansprüche ausgehen und befindet sich damit prinzipiell in einer „sichereren" Position.

Durch die beschriebenen möglichen Annahmenunterschiede ergeben sich im praktischen Einzelfall Verhandlungsspielräume zwischen Leasinggeber und –nehmer, die zu einem Vorteil für beide Seiten führen können.

5.5 Kreditwürdigkeitsprüfung und Kreditbesicherung

Abschließend sind aus Sicht von Kreditgebern die Ziele und Aufgaben von Kreditwürdigkeitsprüfungen darzustellen sowie auf Formen von Kreditbesicherungsmaßnahmen einzugehen.

Kreditwürdigkeitsprüfung

Bei einer Kreditbeziehung fallen Kreditgewährung und Kreditrückzahlung zeitlich auseinander. Folglich sind die in der Zukunft liegenden Zahlungen der Schuldner an die Geldgeber aus deren Sicht nicht vollkommen sicher; es besteht eine gewisse Unsicherheit, ob und wann in welcher Höhe Gelder zurückgezahlt werden. Folglich ist es für potentielle Kreditgeber wichtig, die Bonität, also die Kreditwürdigkeit des Geld nachfragenden Unternehmens, zu analysieren. Hierzu dient eine sog. Kreditwürdigkeitsprüfung. Sie ist eine Art „finanzielle Inspektion", die bspw. eine Bank vor der erstmaligen Kreditvergabeentscheidung oder als Kontrolle nach erfolgter Kreditgewährung mit dem Kredit suchenden Unternehmen durchführt. Von ihr hängen das (weitere) Kreditvolumen, die Kreditlaufzeiten sowie die gewährten Kreditkonditionen entscheidend ab. Entsprechend umfassen Kreditwürdigkeitsprüfungen die systematische Analyse der persönlichen und sachlichen Verhältnisse des Kreditnehmers, das Hinterfragen von möglichen Kreditsicherheiten sowie die nähere Betrachtung der beabsichtigten Mittelverwendung. Aus diesen Zwecken leiten sich die von einem Darlehensgeber einzufordernden Unterlagen ab. Als wichtige Prüfungsunterlagen gelten insbesondere

- Jahresabschlüsse für eine kennzahlengestützte Bilanzanalyse, bei der ggf. die Einhaltung bestimmter Bilanzrelationen analysiert wird (bspw. Grundsätze zur Fristenkongruenz) und eine Auflistung aller bestehender Schulden erfolgt,
- Grundbucheintragungen zur Prüfung verfügbarer Sicherheiten,
- bestehende Verträge mit Kunden und Lieferanten sowie vor allem
- die künftige Business Planung bzw. die integrierte Finanzplanung als Vorschaurechnung unter Inkludierung der erwarteten finanziellen Konsequenzen, die sich aufgrund der Darlehensaufnahme künftig ergeben werden bzw. sich bei optimaler Umsetzung der geplan-

ten Geschäftstrategien einstellen sollen (ggf. einschließlich detaillierter Investitionsrechnungen).

Zudem wird ein Darlehensgeber seinen Informationsbedarf durch gezielte Anfragen bei sog. Auskunftdateien (bspw. Schufa: Schutzgemeinschaft für allgemeine Kreditsicherung e.V.) sowie durch das Befragen von Kontaktpersonen hinsichtlich Ruf, Managementkompetenz, Charakter und Image des Unternehmens bzw. des Kreditnehmers abdecken.

Um eine zweckgerichtete Verwendung der Finanzmittel sicherzustellen, kann ein Darlehensgeber auch eine regelmäßige Berichterstattung sowie den Nachweis erfolgreich realisierter „Milestones" erwarten. Zudem können sog. **Negativklauseln** (auch: Covenants) vereinbart werden: Hierbei verspricht ein Unternehmen dem Darlehensgeber die Einhaltung bestimmter Bedingungen (bspw. das Unterlassen bestimmter Geschäfte und/oder das Einhalten definierter Kennzahlenrelationen in künftigen Jahresabschlüssen). Im Extremfall erbittet sich ein Kreditgeber sogar eine partielle direkte Mitsprache über die weitere Unternehmenspolitik. Wichtige „Financial Covenants" der Praxis sind bspw. die Relationen aus EBITDA zu den Zinsaufwendungen („Zinsdeckungsgrad") sowie der zum Schuldendienst verfügbare Cashflow im Verhältnis zu den laufenden Zins- und Tilgungszahlungen („Schuldendienstdeckungsgrad"), die auch im Rahmen von Projektfinanzierungen eine Rolle spielen.[44]

Kreditbesicherung

Die Kreditsicherung beinhaltet im wesentlichen eine Hingabe von Vermögenswerten und/oder Rechten zur Sicherstellung des Kreditgebers, um die sich aus dem Kreditgeschäft ergebenden Risikopotentiale so gering wie möglich zu halten. Ziel ist, sich vor Zahlungsunfähigkeit bzw. -unwilligkeit eines Kreditnehmers zu schützen. Denn wenn der Kreditnehmer die Schulden nicht vertragsgemäß zurückzahlen kann, wird der Kredit zumeist gekündigt und die gesamte Kreditsumme fällig gestellt. Bringt der Kreditnehmer die noch offenen Forderungen des Kreditgebers nicht auf, wird der Gläubiger die Verwertung der gestellten Kreditsicherheiten veranlassen. Den Kreditsicherheiten kommt damit die Aufgabe zu, durch Verkauf auf den jeweiligen Sekundärmärkten und/oder durch öffentliche Versteigerung die Rückerlangung des Kreditbetrages für den Gläubiger zu ermöglichen.

Kreditsicherheiten lassen sich in Personal- sowie in Realsicherheiten differenzieren, wobei wir nur die jeweilige Grundidee der einzelnen Sicherungsvarianten skizzieren wollen.[45] Zu den **Personalsicherheiten** zählen insbesondere die Bürgschaft, Garantien sowie Schuldbeitritte bzw. Schuldmitübernahmen.

---

44 Zur Projektfinanzierung vgl. Abschnitt 6.10.

45 Einen detaillierten Überblick zu den Kreditsicherungsformen bieten bspw. Wöhe, G./Bilstein, J./Ernst, D./Häcker, J. (Grundzüge 2009), S. 203-222.

Bürgschaft

Unter einer Bürgschaft versteht man einen Vertrag nach Bürgerlichem Gesetzbuch (BGB), durch den sich ein Bürge verpflichtet, dem Kreditgeber für die Erfüllung der Verbindlichkeit des Kreditnehmers nach dem jeweiligen Stand der Hauptschuld einzustehen. Der Bürge haftet in der Regel mit seinem gesamten Vermögen. Die Bürgschaft ist vom Bestand der Hauptschuld abhängig („akzessorisch"). Besonders in der Praxis ausgeprägt ist die sog. selbstschuldnerische Bürgschaft: Hierbei darf der Kreditgeber bei Zahlungsverzug des Kreditnehmers sofort gegen den Bürgen vorgehen und muss sich nicht erst mit dem zahlungsunfähigen Schuldner auseinandersetzen.

Garantie

Bei der Garantie handelt es sich um einen Vertrag, durch den sich ein Dritter (der Garant) verpflichtet, für einen bestimmten Erfolg (z.B. für die Zins- und Tilgungszahlungen eines Kreditnehmers) einzustehen und insbesondere den Schaden zu übernehmen, der sich aus einem bestimmten unternehmerischen Handeln ergeben kann. Die vereinbarte Garantie ist nicht vom Bestand des speziellen Kreditvertrages abhängig („nicht akzessorisch"), sondern grundsätzlich gegeben und insofern für den Kreditgeber auf Dauer werthaltiger als eine direkt mit einem Kredit verknüpfte Bürgschaft.

Schuldbeitritt bzw. Schuldmitübernahme

Ein Vertrag, mit dem ein Dritter gegenüber dem Kreditgeber die Verpflichtung eingeht, an die Stelle des bisherigen Kreditnehmers zu treten oder zusätzlich zu dem originären Kreditnehmer für dieselbe Verbindlichkeit mit zu haften.

Zu den sog. **Realsicherheiten** werden vornehmlich der Eigentumsvorbehalt, die Sicherungsübereignung, das Abtreten von Forderungen (auch: Zession), die Pfandrechte an beweglichen Sachen (bspw. Waren) und Rechten (bspw. Wertpapiere oder Patente) sowie die Grundpfandrechte (Besicherung auf Basis unbeweglicher Sachen, insb. Immobilien) gezählt.

Eigentumsvorbehalt

Mit einem Eigentumsvorbehalt kann der Verkäufer eines (Vor-)Produktes bei Zahlungsverzug des einkaufenden Unternehmens die Herausgabe der Sache verlangen. Dieser Vorbehalt ist meistens in den Allgemeinen Geschäftsbedingungen festgelegt. Ein praktisch bedeutsames Problem stellt jener Sachverhalt dar, bei dem die beschaffte Ware bereits in einem Endprodukt des Unternehmens verarbeitet worden ist. Dies macht eine Herausgabe nicht mehr möglich. Daher gibt es in der Praxis mehrere Sonderformen zum Eigentumsvorbehalt:

- Verlängerter Eigentumsvorbehalt: Abtretung der Forderungen, die beim Unternehmen aus dem Verkauf des Endproduktes entstehen, also der generierten Umsatzerlose.

- Erweiterter Eigentumsvorbehalt: Das Eigentum am Endprodukt des Unternehmens geht auf den Verkäufer des Vorproduktes über.
- Kontokorrentvorbehalt: Das Eigentum am Vorprodukt geht erst dann auf das einkaufende Unternehmen über, wenn alle Verbindlichkeiten gegenüber dem Lieferanten getilgt sind.

Sicherungsübereignung

Hierbei geht das Eigentum an einer beweglichen Sache (Sicherungsgegenstand) an den Kreditgeber über. Der Sicherungsgegenstand (Fahrzeug, Maschine usw.) verbleibt aber im Unternehmen und steht zur Nutzung weiterhin zur Verfügung, d.h. das Unternehmen bleibt solange Besitzer und darf die „Sachherrschaft" über den gesicherten Gegenstand ausüben bis der Sicherungsfall eintritt. Dies erscheint auch aus Kreditgebersicht sinnvoll, da sonst ggf. die Fortführung der Einkommensquelle „Unternehmen" und damit letztlich auch die Erfüllung der bestehenden Zins- und Tilgungsverpflichtungen aller Voraussicht nach nicht mehr möglich wäre.

Forderungsabtretung (Zession)

Forderungsabtretung beschreibt eine Kreditbesicherung, bei der der Kreditgeber Forderungen oder andere Rechte vom Kreditnehmer (zunächst) treuhänderisch erwirbt. Dabei geht eine Forderung des Kreditnehmers (Zedent) durch Vertrag auf den Kreditgeber (Zessionar) über (lat. cessio: Abtretung). Der Zessionar wird neuer Gläubiger der Forderung. Der Zedent präferiert in der Praxis meistens eine sog. **stille Zession**, da bei dieser der eigene Schuldner (bspw. ein Kunde des Kreditnehmers) nicht über die erfolgte Forderungsabtretung durch den Kreditgeber bzw. Zessionar benachrichtigt wird und damit kein Imageschaden beim Kreditnehmer gegenüber seinen Schuldnern (Kunden) entsteht. Auf dieser Grundlage basiert auch das unter Abschnitt 3.6.2 dargestellte Factoring. Kreditgeber bevorzugen die sog. **Globalzession**, bei der ein Kreditnehmer sämtliche Forderungen an den Kreditgeber abtritt. Dies verhindert, dass der Kreditnehmer dem Zessionar ggf. überwiegend zweifelhafte bzw. vom Ausfall bedrohte Forderungen als Sicherheit anbietet.

Pfandrechte an beweglichen Sachen und Rechten

Ein zur Sicherung einer Forderung (hier: Kredit) bestimmtes dingliches Recht an fremden Gegenständen oder Rechten, das den Kreditgeber berechtigt, sich durch Verwertung (bspw. über eine öffentliche Versteigerung) des pfandbelasteten Gegenstandes im Falle der Uneinbringlichkeit der Forderung zu befriedigen, wird allgemein als Pfandrecht bezeichnet. Damit dieses Recht seine Funktion aus Sicht eines Kreditgebers erfüllt, sollte sich das Pfandrecht auf werthaltige Gegenstände bzw. auf werthaltige Rechte beziehen. Entsprechend werden wiederverkaufsfähige Erzeugnisse bzw. Waren, Edelmetalle und/oder marktgängige Wertpapiere (einschließlich Wechsel) bevorzugt. Besteht das dingliche Recht in einer Immobilie, spricht man von einem sog. Grundpfandrecht, auf das wir abschließend eingehen.

Grundpfandrechte

Sie begründen ein Recht an einem Grundstück bzw. an einer Immobilie oder an einem grundstücksgleichen Recht (Wohnungseigentum, Erbbaurecht), sich aus diesen Sachen bzw. Rechten im Falle einer definitiven Leistungsstörung des Kreditnehmers befriedigen zu können. Hierfür ist ein entsprechender Beleihungswert, der einen „Sicherheitsabschlag“ vom zu schätzenden Immobilienwert inkludiert, zu ermitteln. Grundpfandrechte sind als Hypothek, Grund- oder Rentenschuld in das sog. Grundbuch eingetragene Rechte des Kreditgebers, wodurch er seine Ansprüche dokumentiert und durchsetzen kann. Durch die Grundbucheintragung, die bei den Gemeinden hinterlegt und einsehbar ist, können auch andere potentielle Darlehensgeber sich ein Bild über den Stand der bislang von einem Kreditnehmer an andere Gläubiger gewährten Pfandrechte verschaffen, was im Rahmen einer Kreditwürdigkeitsprüfung regelmäßig zu erwarten ist.

Aus Finanzierungssicht sind Hypothek und Grundschuld identische Kreditsicherheiten, denn in beiden Fällen ist bei Verwertung der Sicherheit an den Gläubiger eine bestimmte Geldsumme einmalig zu zahlen. Rechtlich hängt eine Hypothek von der konkreten Kreditforderung ab (ist damit analog zur Bürgschaft „akzessorisch“). Dagegen ist der Bestand einer Grundschuld nicht an die Existenz einer konkreten Kreditforderung geknüpft und ist damit als Kreditsicherheit flexibler einsetzbar. Entsprechend stellt sie bspw. bei der Aufnahme eines Immobiliendarlehens nach Möglichkeit den Regelfall aus Sicht des Kreditgebers dar.

6. Mezzanine Finance

6.1 Begriff und Merkmale von Mezzanine Finance

Der Begriff „Mezzanine“ kommt ursprünglich aus der Architektur und bezeichnet dort ein in der Renaissance typisches Zwischengeschoss in einem Gebäude (italienisch: „Mezzanino“). Dieses aus der Architektur stammende Sinnbild bedeutet übertragen auf den Bereich der Unternehmensfinanzierung, dass die hier zu behandelnden Finanzierungsformen eine Zwischenstellung zwischen Eigen- und Fremdfinanzierung einnehmen können.[1]

Während „idealtypisches“ Fremdkapital weitgehend risikolos konzipiert ist, können Kreditgeber im Einzelfall bspw. auf die Stellung von Sicherheiten (bewusst) verzichten, was sie näher an die Position eines „idealtypischen“ Eigenkapitalgebers rückt. Dieses „Hinüberwandern“ in eine eigenkapitalähnliche Position wird verstärkt, wenn ein Kreditgeber für den Verzicht auf Sicherheitenstellung eine Gewinnbeteiligung oder sogar Mitspracherechte bei der Unternehmensführung fordert. Allerdings wird ein solcher Kreditgeber auf eine zeitliche Begrenzung der Kapitalüberlassung bestehen. Eine zeitlich begrenzte Nutzung finanzieller Mittel liegt auch beim sog. Venture Capital vor, das meistens als Beteiligungsfinanzierung konzipiert ist, um jungen Pioneerunternehmen, denen aufgrund fehlender Sachsicherheiten der Weg einer klassischen Kreditfinanzierung verbaut ist, das weitere Unternehmenswachstum zu ermöglichen.

Auch im Lebenszyklus einer Finanzierungsform können Veränderungen stattfinden. Wandel- und Optionsanleihen als Sonderformen von Schuldverschreibungen stellen im Emissionszeitpunkt Fremdfinanzierungsformen dar. Durch das Recht auf Wandlung bzw. auf Aktienbezug, kann im Zeitablauf eine Eigenkapitalfinanzierung entstehen. Entsprechend kann man von einer dynamischen Veränderung des Kapitalgeberstatus sprechen.

Beiden kurzen Beispielen ist gemeinsam, dass Kapitalgeber im Rahmen einer Mezzanine Finanzierung (auch: Mezzanine Capital) Renditeerwartungen besitzen, die über denen eines typischen Fremdkapitalgebers liegen.[2] Deshalb ist es für viele dieser Finanzierungsformen kennzeichnend, dass sie neben einer reinen Zinskomponente auch eine Eigenkapital- bzw. Gewinnkomponente (sog. Equity Kicker) beinhalten.

Zusammenfassend können alternativ folgende **Merkmale** als besonders charakteristisch für Formen der Mezzanine Finanzierung gelten:

---

1 Vgl. Müller, O. (Mezzanine 2003), S. 13; Nelles, M./Klusemann, M. (Mezzanine-Capital 2003), S. 6.

2 Vgl. Becker, H.P. (Investition 2008), S. 193; Müller, O. (Mezzanine 2002), S. 229.

- dynamische Veränderung des Kapitalgeberstatus möglich, daher
- fallweise Mitspracherechte,
- teilweise Ergebnisabhängigkeit (Basisverzinsung zzgl. Risikoprämie),
- oftmals fixierte Rückzahlungstermine bzw. zeitlich limitierte Kapitalüberlassung,
- keine bevorzugte Kapitalrückzahlung gegenüber anderen Gläubigern des Unternehmens im Liquidationsfall, aber noch vor dem Residualanspruch der Eigenkapitalgeber liegend.

6.2 Stille Gesellschaft

Ein stiller Gesellschafter beteiligt sich mit seiner Vermögenseinlage am Handelsgewerbe eines anderen, ohne dass dieses Beteiligungsverhältnis nach außen hin erkennbar ist. Dies ist grundsätzlich für alle Rechtsformen möglich. Die vom stillen Gesellschafter gemachte Vermögenseinlage geht in das Vermögen des Unternehmens über und kann zur Unternehmensfinanzierung verwendet werden. Der stille Gesellschafter partizipiert stets am Gewinn des Unternehmens, seine Haftung ist im Innenverhältnis auf die Höhe seiner Einlage beschränkt. Der Umfang der im Gesellschaftsvertrag vereinbarten Mitwirkungs- und Kontrollrechte, die sich individuell gestalten lassen, entscheidet über die Einordnung als typische oder atypische stille Gesellschaft:[3]

- Bei einer **typisch stillen Gesellschaft** ist der stille Gesellschafter lediglich Geldgeber und kein Mitunternehmer. Die Bareinlage wird daher als Verbindlichkeit beim Unternehmen bilanziert, was im Insolvenzfall Vorteile für den stillen Partner haben kann, sofern kein Nachrang gegenüber anderen Gläubigern vereinbart wurde. Die Gewinnbeteiligung erfolgt zumeist durch eine feste Verzinsung des eingelegten Kapitalbetrages[4] sowie ggf. einer gewinnabhängigen Zusatzverzinsung. Eine Verlustbeteiligung kann per Vertrag ausgeschlossen werden. Die Laufzeit der Kapitalüberlassung ist meist begrenzt, der Vertrag enthält aber vielfach eine Verlängerungsoption. Die Rückzahlung des Kapitalbetrages erfolgt zum Nominalwert. Aufgrund des fremdkapitalähnlichen Charakters sind die Zinsen steuerlich abzugsfähig. Üblicherweise werden dem stillen Partner nur Kontrollrechte gewährt.
- Im Falle einer **atypischen stillen Gesellschaft** erhält der stille Finanzpartner die Stellung eines Mitunternehmers, da er, neben gewährten Kontrollrechten, direkten Einfluss auf die laufende Geschäftsführung des Unternehmens ausübt und/oder am Unternehmensvermögen bzw. den offenen sowie stillen Reserven beteiligt ist, d.h. im Falle des Ausscheidens eines solchen Gesellschafters würde er einen Anteil am Unternehmenswert verlangen.

3 Vgl. auch Streit, B./Baar, S./Hirschfeld, A. (Mezzanine-Kapital 2004), S. 905.

4 Der stille Gesellschafter erzielt dann Zinserträge bzw. steuerlich Einkünfte aus Kapitalvermögen.

Der stille Gesellschafter erhält also seinen investierten Kapitalbetrag über den Verkauf seines Geschäftsanteils zurück. Während seiner Beteiligungszeit partizipiert er am laufenden Gewinn und Verlust. Feste Zinszahlungen gibt es aufgrund seiner Mitunternehmerschaft nicht, so dass die gewinnabhängige Vergütung des stillen Partners steuerlich nicht abzugsfähig für das Unternehmen ist.[5] Aufgrund seiner eigenkapitalgeberähnlichen Stellung kann hier die Bilanzierung seiner Beteiligung auf einem gesonderten Eigenkapitalkonto erfolgen.

Der wesentliche Vorteil einer stillen Beteiligung ist ihre große Flexibilität. So ist es möglich, die operativen Gesellschafterrechte des stillen Partners einzuschränken, die Verlustbeteiligung auszuschließen und der Beteiligung damit fremdkapitalähnlichen Charakter zu verleihen. Umgekehrt besteht die Option, ihm weit reichenden Einfluss auf die Unternehmensführung zu gewähren und damit den Eigenkapitalcharakter zu betonen. Art und Umfang der Zinszahlungen sowie der gewinnabhängigen Bestandteile sind frei regelbar, so dass der damit verbundene Liquiditätsabfluss seitens des Unternehmens gesteuert werden kann. Sofern das Motiv der atypisch stillen Gesellschaft in der Realisierung eines sog. „Capital Gain" über den Anteilsverkauf an einen anderen Investor besteht, wird die Liquidität des Unternehmens geschont.

6.3 Gesellschafterdarlehen

Wenn Eigentümer von Kapitalgesellschaften (wie GmbH oder AG) ihren Unternehmen Darlehen gewähren, liegt ein sog. Gesellschafterdarlehen vor. Eigentümer, die eine Eigenkapitalbeteiligung am Unternehmen besitzen, nehmen dann zugleich eine Gläubigerposition ein.[6]

Diese „Doppelrolle" kann für die Eigentümer folgende Vorteile aufweisen:[7]

- Gesellschafterdarlehen stellen Fremdkapital dar, weshalb die Zinsen (analog zu vergleichbaren Darlehen) von den ertragsteuerlichen Bemessungsgrundlagen der Kapitalgesellschaft absetzbar sind.
- Es entstehen keine Kosten im Rahmen der Kreditbeschaffung (bspw. sind keine Kreditwürdigkeitsprüfungen notwendig).

5 Für den stillen Gesellschafter entstehen Einkünfte aus Gewerbebetrieb (falls Beteiligung an einer Personengesellschaft erfolgt) oder Einkünfte aus Kapitalvermögen (falls Gewinnausschüttungen aus einer Kapitalgesellschaft erfolgen).

6 Bspw. kann es bei einer OHG oder einem Einzelkaufmann kein Gesellschafterdarlehen geben, da Unternehmen und Eigentümer zivilrechtlich die gleichen Personen sind. Anders gesagt: Man kann mit sich selbst weder einen Arbeits- noch einen Kreditvertrag machen. Ein Mitunternehmer bzw. Einzelkaufmann bringt also aus seinem Privatbereich stets Eigenkapital in den Unternehmensbereich ein.

7 Vgl. Drukarczyk, J. (Finanzierung 2003), S. 410-416.

- Ggf. entfallen Kreditlimitierungen aus anderen Kreditbeziehungen für das Unternehmen, falls ein anderer Kreditgeber kein Darlehen mehr anbieten würde.
- Aktuelle Liquiditätsengpässe, die ggf. zu einer Insolvenz führen würden, können beseitigt werden.
- Die Vertragsbedingungen lassen sich flexibel gestalten.
- Gesellschafterdarlehen könnten im Insolvenzfall im Vergleich zu einer Eigenkapitalerhöhung eine bessere Position für den Eigentümer bieten.

Eine Aufnahme von Gesellschafterdarlehen kann allerdings bei den übrigen Gläubigern des Unternehmens zu einer erhöhten Risikostellung führen. Dies ist insbesondere dann der Fall, wenn ein Gesellschafterdarlehen zur Abwendung akuter Zahlungsunfähigkeit vom Eigentümer initiiert wird und dabei Sicherheiten durch die Gesellschaft für die Darlehensaufnahme gestellt werden. Kommt es zur Insolvenz, ist die vorhandene Vermögensmasse auf mehr Gläubiger aufzuteilen. Ungesicherte Gläubiger des Unternehmens würden dann mit ihrer Kreditgewährung einem erhöhten Ausfallrisiko unterliegen. Aus diesem Grund wird ein Gesellschafterdarlehen in einem solchen Insolvenzfall wie haftendes Eigenkapital behandelt und tritt damit im Haftungsrang, auch wenn hierfür Sicherheiten gestellt wurden, hinter den übrigen Gläubigern des Unternehmens (richtigerweise) zurück. Damit erscheint es vielfach geboten, Gesellschafterdarlehen als sog. Nachrangdarlehen der (eigenen) Kapitalgesellschaft zu gewähren, auf das im folgenden Abschnitt eingegangen wird.

6.4 Nachrangdarlehen

Unter einem Nachrangdarlehen (auch: nachrangiges Darlehen, Subordinated Debt oder Junior Debt) versteht man ein Darlehen mit Anspruch auf vertraglich fixierten Zins- und Tilgungszahlungen, das allerdings gegenüber klassischen unverbrieften Darlehen oder Schuldverschreibungen mit einem sog. Nachrang ausgestattet ist. Der Nachrang bedeutet, dass der Kreditgeber im Insolvenzfall bei der Befriedigung seiner finanziellen Ansprüche gegenüber anderen Gläubigern des Unternehmens zurücksteht. In der Regel verzichtet der Kreditgeber eines Nachrangdarlehens auf die Stellung von Sicherheiten durch das Unternehmen, um dessen weitere Kreditaufnahmemöglichkeiten nicht zu beeinträchtigen. Für die Risikoübernahme des Kreditgebers hat das Unternehmen eine Risikoprämie in Form höherer Kreditzinssätze zu akzeptieren. Nachrangdarlehen werden in der Bilanz unter der Position Verbindlichkeiten mit einem sog. Nachrangvermerk ausgewiesen, der im Anhang des Jahresabschlusses näher zu erläutern ist.[8]

Neben der oben skizzierten Form sind in der Praxis **zwei weitere Varianten** üblich:

---

8 Vgl. Nelles, M./Klusemann, M. (Mezzanine-Capital 2003), S. 8.

- Eine Sonderform eines Nachrangdarlehens stellt das sog. **partiarische Darlehen** dar, welches neben einer festen Nominalverzinsung für den Darlehensgeber mit einer (i.d.R. limitierten) Gewinnbeteiligung ausgestattet ist. Wird ein solcher Kredit als Schuldverschreibung gewährt, könnte man die Gewinnschuldverschreibung als Nachrangdarlehen interpretieren.[9]
- In Zusammenhang mit Unternehmensverkäufen stellt ein sog. **Verkäuferdarlehen** („Seller's Note") eine weitere Variante für ein Nachrangdarlehen dar. Charakteristisch für ein Verkäuferdarlehen ist, dass der Verkäufer des Unternehmens (also der bisherige Eigentümer) auf eine sofortige Zahlung des gesamten vereinbarten Kaufpreises vom Erwerber verzichtet und in Höhe der noch offenen Kaufpreisforderung dem neuen Eigentümer ein Schuldscheindarlehen mit Nachrangcharakter gewährt. Hierdurch signalisiert der Verkäufer dem neuen Eigentümer, dass dieser ein wettbewerbsfähiges Unternehmen mit nachhaltiger Fähigkeit zur Einkommenserzielung erworben hat, da er auch noch nach dem Eigentumsübergang bereit ist, eine risikobehaftete Finanzierung einzugehen.[10]

6.5 Genussscheine

Genussscheine lassen sich vielfach als Eigenkapitalsurrogat begreifen und können rechtsformunabhängig ausgegeben werden, wobei in der Praxis zumeist Unternehmen in der Rechtsform einer AG auf diese Finanzierungsform zurückgreifen, wovon wir im folgenden ausgehen.

Genussscheine gewähren dem Inhaber gewisse verbriefte Genussrechte (i.d.R. Anspruch auf Gewinnanteile), aber keine Stimmrechte und können aus ökonomischer Sicht zu einer Position führen, die der von Eigenkapitalgebern vergleichbar ist (deshalb auch vielfach die Bezeichnung als „Eigenkapitalsurrogat"). Sie können an der Börse gehandelt werden und zeichnen sich durch eine große Gestaltungsbreite aus. Die Ausgabe von Genussscheinen erfordert aufgrund des Gewinneinflusses eine ¾-Mehrheit auf der Hauptversammlung. Die Aktionäre haben ein Bezugsrecht auf ihren Erwerb.

Eine gesetzliche Definition oder Regelung besteht nicht, was eine präzise Darstellung erschwert. Vielmehr kommt es auf die individuelle Vertragsgestaltung an. Aus Sicht eines potentiellen Kapitalgebers bedeutet dies, die konkreten Genussscheinbedingungen genau zu studieren, bevor er investiert. Die fehlende gesetzliche Standardisierung hat aber den Vorteil,

---

9 Zur Gewinnschuldverschreibung bzw. Gewinnanleihe vgl. Abschnitt 6.8. Gewährt eine Bank für ein Investitionsprojekt einen Kredit mit geringerem Zinssatz, bei gleichzeitiger Option auf eine spätere Gewinnbeteiligung am Projekt, wird von „Participating Mortgage-Finanzierung" gesprochen. Vgl. Schulte, K.-W. (Immobilienökonomie 2000), S. 462.

10 Vgl. Betsch, O./Groh, A./Lohmann, L. (Finance 2000), S. 304.

dass Vertragsgestaltungen entstehen können, die den spezifischen Erfordernissen des Genussscheinausgebers (hier: der AG) besser gerecht werden.

Reflektieren wir noch einmal die idealtypischen Merkmale von Eigenkapital,[11] so begründet es grundsätzlich einen „Restbetragsanspruch" an den Zahlungsströmen des Unternehmens im Fortführungs- als auch im Zerschlagungsfall. Das für Banken relevante Kreditwesengesetz (KWG) zählt in § 10 V KWG Bedingungen auf, nach denen Genussrechtskapital dem haftenden Eigenkapital von Banken zugerechnet werden darf. Einige davon lauten:[12]

- Teilnahme am Verlust in voller Höhe,
- Rückforderung des Kapitals im Insolvenzfall durch die Genussscheininhaber erst nach Befriedigung der Gläubiger,
- Überlassungsdauer des Kapitals mindestens 5 Jahre,
- Rückzahlungsanspruch der Genussscheininhaber erst in 2 Jahren oder später.

Man erkennt, dass diese Bedingungen sehr ähnlich den typischen Merkmalen von Eigenkapital sind, insb. wenn man die Auflistung des KWG um eine ergebnisabhängige Vergütung des Genussrechtskapitals ergänzt. „Ergebnis" kann dabei sein: Jahresüberschuss, Bilanzgewinn, Umsatz usw. Wichtig ist zudem, dass das Genussscheinkapital am Verlust teilnimmt (buchmäßige Reduktion) und die Befriedigung von Gläubigern im Liquidationsfall Vorrang hat.
In der Finanzierungspraxis sind drei **Genusscheintypen** üblich:[13]

- Festverzinsliche Scheine mit Verlustbeteiligung,
- Scheine mit Mindestausschüttung und dividendenabhängigem Bonus,
- Scheine mit vollkommen dividendenabhängiger Ausschüttung.

Aus steuerrechtlicher Sicht zählen Genussscheine ggf. zum Fremdkapital. Entsprechend wäre die Verzinsung für bzw. Zahlung der AG an Genussscheininhaber von der steuerlichen Bemessungsgrundlage abziehbar (Voraussetzung: keine Beteiligung am Liquidationserlös des Unternehmens). Nun sind die Vorteile aus Sicht der emittierenden AG offensichtlich:

- Das Unternehmen gewinnt neue Risikokapitalgeber (ergebnisabhängige Verzinsung und Verlustteilnahme) ohne Stimmrecht und
- hat ggf. den Vorteil einer Abzugsfähigkeit der gewährten Verzinsung von der Körperschaft- und (teilweise) von der Gewerbeertragsteuer; hingegen sind Aktiendividenden aus bereits versteuertem Bilanzgewinn zu zahlen (keine steuerliche Abzugsfähigkeit).

---

11 Vgl. hierzu nochmals Abschnitt 4.1.

12 Vgl. Drukarczyk, J. (Finanzierung 2003), S. 310.

13 Vgl. Gräfer, H./Schiller, B./Rösner, S. (Finanzierung 2010), S. 169.

6.6 Wandelanleihen

Wandelanleihen (sog. Convertible Bonds) stellen Schuldverschreibungen dar, die neben einer regelmäßigen Verzinsung mit der Möglichkeit ausgestattet sind, diese nach einer bestimmten Sperrfrist in Aktien der emittierenden Gesellschaft umzutauschen. Damit steht diese Finanzierungsform lediglich Aktiengesellschaften offen. Machen die Wandelobligationäre von ihrem Wandlungsrecht Gebrauch, erfolgt ein Wechsel von einer Fremd- hin zu einer Eigenkapitalfinanzierung.
Die Emission einer Wandelanleihe ist aus Sicht des emittierenden Unternehmens sinnvoll, falls[14]

- ein aktuell hohes Zinsniveau auf den Kapitalmärkten herrscht und/oder
- der Aktienkurs des Unternehmens aktuell relativ niedrig erscheint.

Durch die Ausstattung der Wandelanleihe mit einem Umtauschrecht auf Aktien kann das Unternehmen eine geringere Nominalverzinsung gegenüber klassischen Anleihen anbieten, da die Wandelmöglichkeit für die Anleger eine zusätzliche Ertragschance aus dem später möglichen Aktienbezug beinhaltet. Es ist zu erwarten, dass Anleger bei künftigen Kurssteigerungen am Aktienmarkt verstärkt von ihrem Wandlungsrecht Gebrauch machen werden.

Sind die Aktien des Unternehmens aktuell aufgrund einer geringen Nachfrage niedrig bewertet, wird eine ordentliche Kapitalerhöhung durch Ausgabe junger Aktien schwer am Aktienmarkt realisierbar sein. Die Vorschaltung einer Wandelanleihe erlaubt dann zunächst eine Versorgung mit benötigten Finanzmitteln und zum Emissionszeitpunkt ggf. auch die Festlegung eines über dem aktuellen Börsenkurs liegen Ausgabekurses für die Aktien, auf deren Bezug Wandelobligationäre später einen Anspruch haben.

Zudem bedeutet die (teilweise) Umwandlung von einer Gläubiger- in eine Anteilseignerposition, dass das Unternehmen im Zeitpunkt der Endfälligkeit der Anleihe durch die geringeren Rückzahlungsverpflichtungen seine Liquidität schont, da gewandelte Beträge nicht zurückzuzahlen sind.

Durch das Sonderrecht der späteren Umtauschmöglichkeit in Aktien werden die Rechte bisheriger Aktionäre des Unternehmens berührt (Veränderung der Beteiligungsquoten, der Dividendenanteile und der Anteile am Liquidationserlös im Falle der Auflösung einer Aktiengesellschaft). Deshalb darf die Emission einer Wandelanleihe nur mit Zustimmung der Hauptversammlung (3/4-Mehrheit) erfolgen. Den Altaktionären ist, analog zur ordentlichen Kapitalerhöhung, ein Bezugsrecht auf die Wandelanleihen einzuräumen. Das Umtauschrecht

14 Vgl. Wöhe, G./Bilstein, J./Ernst, D./Häcker, J. (Grundzüge 2009), S. 293.

der Obligationäre wird durch eine bedingte Kapitalerhöhung gesichert. Entsprechend erfolgt eine Eigenkapitalerhöhung nur insoweit, als die Gläubiger von ihrem Wandlungsrecht Gebrauch machen.[15]

Gegenüber einer klassischen Obligation[16] unterscheiden sich Wandelanleihen im Wesentlichen durch die Bezugs- und Wandlungsbedingungen. Im Einzelnen handelt es sich hierbei um

- die Festlegung eines Bezugsverhältnisses für die Altaktionäre,
- die Fixierung von Wandlungsfrist, eines Wandlungsverhältnisses und eines Wandlungspreises sowie
- Regelungen im Zusammenhang mit Kapitalerhöhungen.

Bezugsrecht für die Altaktionäre

Da Altaktionäre ein Bezugsrecht auf die Wandelanleihe haben, ist für diese ein Bezugsverhältnis festzulegen. Es ergibt sich aus dem Verhältnis Grundkapital zum Anleihenennwert bzw. aus der Aktienanzahl zur Anzahl der Teilschuldverschreibungen. Analog zur Aktienemission kann das Bezugsrecht an der Börse gehandelt werden und erlaubt damit Altaktionären über ihren Anteil hinaus den Erwerb weiterer Teilschuldverschreibungen. Da der Aktiennennwert in vielen Fällen vom Nennwert einer Teilschuldverschreibung abweichen dürfte, empfiehlt sich die Bestimmung des mengenmäßigen Bezugsverhältnisses, wie folgendes Beispiel verdeutlicht.

Beispiel

Eine AG hat ein Grundkapital von 180 Mio. GE, das in Nennwertaktien zu jeweils 50 GE pro Aktie unterteilt ist. Folglich verfügen die Aktionäre über insgesamt 3,6 Mio. Aktien. Emittiert wird eine Wandelanleihe mit einem Nennwert von insgesamt 30 Mio. GE, zerlegt in Teilschuldverschreibungen zu je 100 GE Nennwert, was zu 300.000 Teilschuldverschreibungen führt. Hieraus ergibt sich ein mengenmäßiges Bezugsverhältnis von 3,6 Mio. Aktien zu 0,3 Mio. Obligationen bzw. von 12:1. Damit berechtigt der Besitz von 12 Aktien (Summe Nennwert: 12 x 50 GE/Aktie = 600 GE) zum Kauf einer Teilschuldverschreibung (Nennwert: 100 GE). Das wertmäßige Bezugsverhältnis ist damit 6:1 (180 Mio. GE Grundkapital zu 30 Mio. Nennwert der Anleihe). Da der Nennwert einer Aktie nur der Hälfte des Nennwertes einer Wandelanleihe entspricht, muss die Aktienanzahl aus Sicht eines Aktionärs, der zunächst das wertmäßige Bezugsverhältnis bestimmt hat, verdoppelt werden.

---

15 Zur ordentlichen Kapitalerhöhung vgl. Abschnitt 4.2.2. Zur bedingten Kapitalerhöhung vgl. Abschnitt 4.2.3.

16 Zu klassischen Schuldverschreibungen vgl. Abschnitt 5.3.1.

Wandlungsfrist, -verhältnis und –preis für die Obligationäre

Die **Wandlungs- bzw. Umtauschfrist** definiert den Zeitraum, in dem das Wandlungsrecht (Tausch in Aktien der Gesellschaft) ausgeübt werden darf (aber nicht ausgeübt werden muss). Die Frist erstreckt sich meistens über mehrere Jahre.

Das **Wandlungsverhältnis** informiert darüber, wie viele Teilschuldverschreibungen für den Bezug einer (neuen) Aktie aus der bedingten Kapitalerhöhung einzutauschen sind. Bspw. bedeutet ein Wandlungsverhältnis von 3:1, dass für 3 Teilschuldverschreibungen eine Aktie bezogen werden kann. Über das Wandlungsverhältnis wird der Umfang der Grundkapitalerhöhung sowie die Zuführung in die Kapitalrücklage beeinflusst.

Mit dem **Wandlungspreis** ist derjenige Preis fixiert, zu dem in eine Aktie gewandelt werden kann. Er ist eine Folge des Wandlungsverhältnisses sowie der ggf. zu leistenden Zuzahlungen. Die Zuzahlungen haben aus Sicht der emittierenden Gesellschaft insbesondere die Funktion, den Zeitpunkt der Wandlung durch die Obligationäre zu beeinflussen: Bspw. verzögern hohe Zuzahlungen zu Beginn der Wandlungsfrist meistens den Zeitpunkt der Ausübung des Wandlungsrechts.[17] Werden keine Zuzahlungen vereinbart, entsteht durch den Wandlungsvorgang kein weiterer Liquiditätszufluss für das Unternehmen.

Beispiel

Die Klausur AG emittiert eine Wandelanleihe mit einer Laufzeit von 8 Jahren zum Nennwert von 400 Mio. GE. Der Emissionskurs beträgt 99%, so dass sich ein Emissionserlös von 396 Mio. GE ergibt. Die Wandelanleihe ist in 400.000 Teilschuldverschreibungen im Nennwert von je 1.000 GE zerlegt. Eine Teilschuldverschreibung wird mit 2% p.a. verzinst und bei Endfälligkeit zurückgezahlt, falls nicht vorher durch den Anleiheinhaber gewandelt wurde. Die Wandlungsfrist betrage 8 Jahre. Für eine Teilschuldverschreibung erhält er 50 Stückaktien. Zuzahlungen seien nicht vereinbart. Der Wandlungspreis entspricht demnach 20 GE/Aktie, das Wandlungsverhältnis beträgt 1:50.[18] Im Falle von Zuzahlungen wären diese zum Wandlungspreis noch zu addieren.

Aus Sicht eines am Erwerb von Wandelanleihen interessierten Anlegers kann das Wandlungsrecht in Aktien ein wichtiges Investitionsmotiv darstellen, wie die Fortführung des Beispiels verdeutlichen soll.

---

17 Zu den Gestaltungsmöglichkeiten von Zuzahlungen vgl. Wöhe, G./Bilstein, J./Ernst, D./Häcker, J. (Grundzüge 2009), S. 296.

18 Das Wandlungsverhältnis kann im Einzelfall auch umgekehrt angegeben sein, indem man die Anzahl an erforderlichen Anleihen für den Bezug einer jungen Aktie festlegt.

Fortführung des Beispiels

Ein Anleger, der über einen Geldbetrag von 1.000,-- GE verfügt, kann eine bereits emittierte Wandelanleihe an der Börse zum aktuellen Anleihekurs erwerben. Neben der (geringen) festen Verzinsung erwirbt er ein Recht auf Umtausch in Aktien bzw. auf Aktienbezug. Unterstellen wir einen Kurs der Anleihe von 100%, so kann er eine Teilschuldverschreibung für 1.000,-- GE erwerben und diese dann in 50 Aktien zu einem Wandlungspreis von 20 GE/Aktie umtauschen.

Angenommen, der Anleger will primär Aktien der Gesellschaft erwerben. Der Börsenkurs einer Aktie sei 30 GE/Aktie. Erwirbt der Anleger die Wandelanleihe und tauscht diese in Aktien, erhält er folglich einen aktuellen Aktienwert von 1.500,-- GE bzw. einen Gewinn von 500,-- GE, falls er die eingetauschten Aktien sofort an der Börse verkauft.

Da davon auszugehen ist, dass auch andere Kapitalmarktteilnehmer diese Gewinnmöglichkeit erkennen, werden sie ebenfalls die betrachtete Anleihe verstärkt nachfragen. Durch die Nachfrage wird sich der Anleihekurs voraussichtlich auf das Niveau des damit korrespondierenden Aktienwertes, der sich durch das Wandlungsrecht ergibt, hinbewegen. Dies könnte man als eine durch den Aktienkurs determinierte Kursuntergrenze der Anleihe bezeichnen.

Angenommen, der Aktienkurs beträgt aktuell lediglich 10 GE/Aktie. Nun würde für den Anleger ein Umtausch in Aktien zu keinem finanziellen Vorteil führen. Entsprechend würde die Nachfrage nach der Anleihe sinken. Eine Kursuntergrenze bei deutlich sinkendem Aktienkurs dürften Wandelanleihen aber durch ihre feste Basisverzinsung finden: Sie würden sich mindestens auf einem Kursniveau (K_{min}) stabilisieren, dass dem Niveau vergleichbar verzinster Schuldverschreibungen ohne Sonderrechte entspricht. Abb. 6-1 veranschaulicht den Kursverlauf einer Teilschuldverschreibung in Abhängigkeit des Aktienkurses schematisch.

Angenommen, der Marktzinssatz für vergleichbare Anleihen ohne Wandlungsrechte sei 4% p.a., so würde sich mit den Beispieldaten folgende Kursuntergrenze (K_{min}) für die Anleihe (direkt nach der Emission) ergeben:

(1) $K_{\min} = 0{,}02 \cdot 1.000 \cdot RBF[0{,}04;8] + 1.000 \cdot (1{,}04)^{-8} \approx 865{,}34$ GE bzw. 86,534%[19]

[19] Würde man den geringen Aktienkurs von 10 GE/Aktie ansetzen, wäre der Aktiengegenwert im Wandlungsfalle lediglich 500,-- GE, was einen (theoretischen) Kurs der Anleihe von nur 50% implizieren würde.

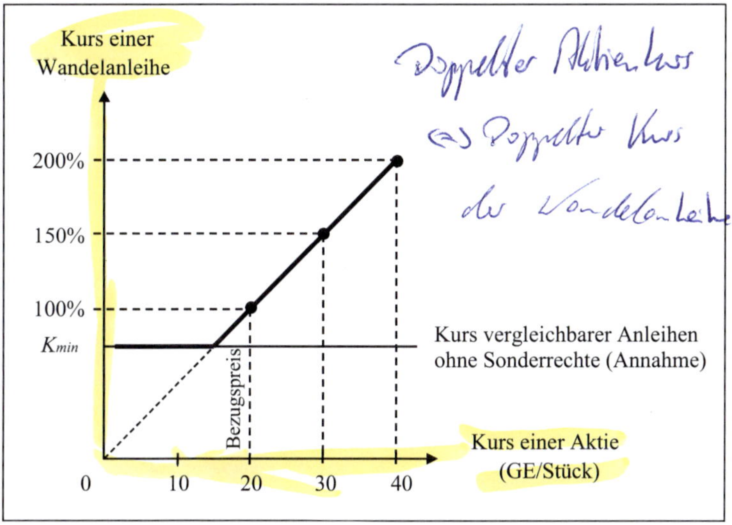

Abb. 6-1: Schematischer Kursverlauf der Wandelanleihe im Beispiel[20]

Regelungen in Zusammenhang mit Kapitalerhöhungen

Da Anleger in Wandelanleihen relativ günstige Bezugsmöglichkeiten von Aktien erwarten, würden sie Maßnahmen der Aktiengesellschaft, die den Aktienkurs ungünstig beeinflussen, ablehnend gegenüber stehen und wirksame Regelungen in den Anleihebedingungen begrüßen. Beschließt eine Aktiengesellschaft während der Laufzeit der Wandelanleihe bspw. eine Kapitalerhöhung aus Gesellschaftsmitteln, erfolgt eine Umstrukturierung des Eigenkapitals zugunsten des Grundkapitals. Die Aktienanzahl steigt bei unverändertem Börsenwert der Gesellschaft. Es ergibt sich als Folge ein neuer Mischkurs, der unter dem Aktienkurs vor dieser Kapitalerhöhung liegt.[21] Angenommen, der neue Aktienkurs würde hierdurch auf 20 GE/Aktie gegenüber 30 GE/Aktie in der Ausgangslage sinken. Der indirekte Erwerb von Aktien über den Kauf einer Wandelanleihe zu 100% würde für den Anleger keinen Vorteil mehr beinhalten. Entsprechend würden Anleger bei den Anleihebedingungen auf Regelungen bestehen, die sie vor derartigen Nachteilen schützen. Im Beispiel müsste das Wandlungsverhältnis von 1:50 auf 1:75 angepasst werden, damit der Anleger durch die Wandlung erneut einen Aktiengegenwert von 1.500,-- GE (= 75 Aktien x Mischkurs von 20 GE/Aktie) erhält.[22] Der-

---

[20] Da in der verbleibenden Restlaufzeit der Anleihe positive Aktienkursentwicklungen möglich sind, werden die tatsächlichen Anleihekurse vielfach über dem dargestellten Verlauf liegen: Investoren sind für die Chance auf steigende Aktienkurse bzw. lohnende Wandlung bereit, eine „Zeitprämie" zu bezahlen.

[21] Zur Kapitalerhöhung aus Gesellschaftsmitteln vgl. nochmals Abschnitt 4.2.3.

[22] Entsprechend schreibt das Aktiengesetz vor, dass das bedingte Kapital entsprechend dem Verhältnis der Grundkapitalerhöhung anzupassen ist. Vgl. § 218 AktG.

artige Regelungen, die die Rechte von Wandelobligationären bei Kapitalerhöhungen der Aktiengesellschaft schützen sollen, werden als sog. **Verwässerungsschutzklauseln** bezeichnet.

Initiiert das Unternehmen während der Laufzeit der Wandelanleihe eine ordentliche Kapitalerhöhung, so entsteht bei einem Emissionskurs der jungen Aktien unterhalb des aktuellen Börsenkurses ebenfalls ein niedrigerer Mischkurs und damit erneut ein Verwässerungseffekt der Obligationärsrechte. Dem kann dadurch begegnet werden, indem der originäre Wandlungspreis nachträglich reduziert wird.

In der aktuellen Finanzierungspraxis hat sich neben der oben skizzierten Wandelanleihe die Sonderform einer „**Zwangswandelanleihe**“ (sog. Mandatory Convertible) etabliert, die ebenenfalls von der Hauptversammlung zu genehmigen ist. Hierbei wird definitiv festgelegt, dass ein Wandelobligationär von seiner Gläubiger- in eine Beteiligungsposition spätestens bei Fälligkeit der Anleihe wechseln muss. Ein Recht auf Rückzahlung des geliehenen Kapitalbetrages besteht folglich nicht. Eine Zwangswandelanleihe stellt deshalb den Vorläufer einer späteren Eigenkapitalerhöhung dar. Aus Sicht eines Anlegers ergibt sich eine Rückzahlungsmöglichkeit des investierten Kapitals deshalb nur über den späteren Verkauf der jungen Aktien an der Börse.[23]

6.7 Optionsanleihen

Optionsanleihen (Stock Warrant Bonds) stellen Schuldverschreibungen dar, die neben einer regelmäßigen Verzinsung mit der Möglichkeit für die Anleiheinhaber ausgestattet sind, nach einer bestimmten Sperrfrist zusätzlich Aktien des emittierenden Unternehmens zu einem festen Preis zu erwerben. Folglich ist diese Finanzierungsform nur für Aktiengesellschaften realisierbar. Machen Inhaber von Optionsanleihen von diesem sog. Optionsrecht Gebrauch, erhält das Unternehmen zusätzliche Finanzmittel von den Optionsobligationären, die rechtlich als Eigenkapital verbrieft sind. In einem solchen Fall werden bisherige Gläubiger zugleich Anteilseigner am Unternehmen. Das bedeutet, dass die Schuldverschreibung (im Vergleich zu einer Wandelanleihe) weiterhin bestehen bleibt, so dass neben der Fremd- ergänzend eine Eigenkapitalfinanzierung für das Unternehmen gegen Ausgabe neuer Aktien stattfindet.

Das Ausmaß der zusätzlichen Eigenkapitalfinanzierung hängt davon ab, inwieweit die Obligationäre ihr Optionsrecht ausüben. Das Recht auf Aktienbezug zu einem vorab festgelegten Bezugspreis stellt für die Anleiheinhaber lediglich eine Möglichkeit (Option), aber keine bindende Verpflichtung dar.

23 Eine weitere Variante von Wandelanleihen stellen sog. Umtauschanleihen dar, auf die in Abschnitt 6.8 kurz eingegangen wird.

Durch das Sonderrecht der späteren Bezugsmöglichkeit von Aktien werden die Rechte bisheriger Aktionäre des Unternehmens berührt (Veränderung der Beteiligungsquoten, der Dividendenanteile sowie der Anteile am Liquidationserlös einer Aktiengesellschaft). Deshalb darf die Emission einer Optionsanleihe (analog zur Wandelanleihe) nur mit Zustimmung der Hauptversammlung (3/4-Mehrheit) erfolgen. Den Altaktionären ist auch hier ein Bezugsrecht auf die Optionsanleihe einzuräumen. Die Bestimmung des sog. Bezugsverhältnisses erfolgt analog zu den Ausführungen in Abschnitt 6.6 zur Wandelanleihe. Üben die Obligationäre ihr Optionsrecht aus, werden zusätzlich junge Aktien im Rahmen einer bedingten Kapitalerhöhung emittiert.

Eine Optionsanleihe bzw. jede derartige Teilschuldverschreibung weist **zwei** wesentliche **Bestandteile** auf:

- die Schuldverschreibung selbst, in der die Anleihelaufzeit sowie die zumeist feste Nominalverzinsung während der Laufzeit geregelt ist sowie
- den sog. Optionsschein (warrant), der das Recht auf Aktienbezug zu einem zum Emissionszeitpunkt bereits fixierten Preis, dem sog. Bezugs-, Basis- oder Ausübungspreis, garantiert.

Beide Bestandteile können nach der Emission sowie nach Ablauf der festgelegten Sperrfrist an der Börse zusammen oder jeweils getrennt gehandelt werden, wodurch drei verschiedene **Börsennotierungen** entstehen:[24]

- die Optionsanleihe mit Optionsschein (Notierung „cum"),
- die Optionsanleihe ohne Optionsschein (Notierung „ex") sowie
- der Optionsschein allein.

Damit ist es einem Anleger möglich, bspw. allein den Optionsschein zu verkaufen. Dies ist bei den ansonst recht ähnlich konzipierten Wandelanleihen nicht möglich.
Bei der **Emission der Anleihe** sind

- das **Bezugsverhältnis für die Altaktionäre**, mit denen sie ihr Recht auf Erwerb der Optionsanleihe wahrnehmen können,[25]
- das **Bezugsverhältnis für die Anleiheinhaber** (auch: Optionsverhältnis), das sie über die Anzahl der erwerbbaren Aktien je Optionsschein bzw. je Teilschuldverschreibung informiert,
- der **Bezugspreis**, zu dem die Obligationäre die Aktien erwerben dürfen (aber nicht müssen) sowie

---

24 Vgl. Becker, H.P. (Investition 2008), S. 199; Wöhe, G./Bilstein, J./Ernst, D./Häcker, J. (Grundzüge 2009), S. 308.

25 Vgl. analog Abschnitt 6.6 zum Bezugsrecht einer Wandelanleihe für Altaktionäre.

- die **Options- bzw. Ausübungsfrist**, innerhalb der das Optionsrecht (Erwerb der Aktien zum festgelegten Bezugspreis) ausgeübt werden kann,

festzulegen.

Das Bezugsverhältnis der Anleiheinhaber (Optionsverhältnis) ergibt sich aus der Relation von Schuldverschreibung zu jungen Aktien. Folglich lässt sich hiermit das Niveau der möglichen Grundkapitalerhöhung determinieren. Das gesamte Niveau an Eigenkapitalerhöhung entsteht letztlich durch den fixierten Bezugspreis für die jungen Aktien, die ein Obligationär unter Berücksichtigung des Optionsverhältnisses in der Optionsfrist erwerben kann.

Beispiel

Die Klausur AG emittiert eine 10jährige Optionsanleihe zum Nennwert von 400 Mio. GE und zu einem Emissionskurs von 110%. Der Nominalzinssatz beträgt 2% p.a. Das Volumen der Anleihe ist in Teilschuldverschreibungen im Nennwert von jeweils 1.000 GE gestückelt. Die Anleihe wird am Laufzeitende komplett zurückgezahlt.

Der Emissionserlös aus der Anleihe beträgt damit 440 Mio. GE. Hiervon sind 400 Mio. GE als Fremdkapital zu bilanzieren und 40 Mio. GE in die Kapitalrücklage einzustellen.

Bezogen auf den Nennwert der Anleihe existieren 400.000 Teilschuldverschreibungen. Jede Teilschuldverschreibung ist mit einem Optionsschein ausgestattet, der zum Bezug von 5 Aktien im Nennwert von 1 GE/Aktie der AG berechtigt. Das (mengenmäßige) Optionsverhältnis für die Obligationäre beträgt damit 1:5.[26] Die Bezugsfrist sei 10 Jahre, d.h. eine Sperrfrist für die Optionsausübung sei nicht vereinbart. Der Bezugspreis je Aktie beträgt 20 GE/Aktie. Insgesamt können damit 2 Mio. Aktien erworben werden, was auch dem maximalen Umfang der bedingten Kapitalerhöhung entsprechen würde.

Machen alle Obligationäre von ihrem Bezugs- bzw. Optionsrecht Gebrauch, fließen dem Unternehmen zusätzliche Finanzmittel in Höhe von 40 Mio. GE zu, von denen 2 Mio. GE das Grundkapital und 38 Mio. GE die Kapitalrücklage erhöhen.

Bei Fälligkeit der Anleihe wird die Verbindlichkeit zum Nennwert, also in Höhe von 400 Mio. GE, vom Unternehmen getilgt: Die Obligationäre erhalten ihr geliehenes Fremdkapital zurück. Während der Laufzeit zahlt das Unternehmen die Nominalzinsen von 2% auf den Anleihenennwert.

Aus Sicht der emittierenden Gesellschaft bietet eine Optionsanleihe den Vorteil, sich zu einem deutlich geringeren Nominalzinssatz zu finanzieren als im Rahmen einer klassischen Schuldverschreibung: Da die Anleihe zusätzlich das Recht auf Aktienbezug enthält, kann eine Verzinsung unterhalb des Zinsniveaus üblicher Obligationen realisiert werden. Aus Sicht der

26 Analog zum Wandlungsverhältnis kann das Optionsverhältnis auch genau umgekehrt definiert sein.

Anleger stellt die Ausstattung der Anleihe mit einem Optionsschein ein wesentliches Investitionsmotiv dar, aus dem sich folgender Vorteil ergeben kann: Da der Optionsschein von der Anleihe getrennt gehandelt wird, kann ein Obligationär

- durch Verkauf oder
- durch Ausübung des Optionsrechts

eine zusätzliche Verzinsung bzw. einen zusätzlichen Gewinn erzielen. Diese zusätzliche Gewinnmöglichkeit ist umso attraktiver, wenn Investoren von steigenden Aktienkursen der betrachteten AG ausgehen, da dies den Börsenkurs des Optionsscheins steigen lässt. Entsprechend kann das Management der AG die Nachfrage nach Optionsanleihen mit Erfolg versprechenden Geschäftsprognosen aktiv anregen.

Betrachten wir den Optionsschein, so setzt sich sein Preis aus zwei wichtigen Wertkomponenten zusammen, dem sog. inneren Wert sowie einem sog. Zeitwert:[27]

- Der **innere Wert** ergibt sich aus der Differenz zwischen dem aktuellen Börsenkurs der Aktie und dem im Schein fixierten Bezugspreis für diese Aktie. Steigt der Börsenkurs der Aktie, erhöht sich der innere Wert des Optionsscheins im gleichen Ausmaß, da der Bezugspreis fest steht.
- Der **Zeitwert** verkörpert die Chance des Optionsscheininhabers, dass sich der Aktienkurs und damit auch der innere Wert in der verbleibenden Optionsfrist (Restlaufzeit des Optionsscheins) noch weiter erhöht. Am Ende der Optionsfrist ist der Zeitwert Null, da die zeitliche Frist auf Aktienbezug abgelaufen ist.

Fortsetzung des Beispiels[28]

Ein Inhaber einer Optionsanleihe im Nennwert von 1.000,-- GE besitzt das Recht, 5 Aktien im Nennwert von 1 GE/Aktie zum Bezugspreis von 20 GE/Aktie zu beziehen.

Der mit der Teilschuldverschreibung verbundene Optionsschein wird getrennt an der Börse gehandelt. Der aktuelle Aktienkurs des Unternehmens beträgt 30 GE/Aktie bzw. 150,-- GE für 5 Aktien. Folglich ist der innere Wert des Optionsscheins (30 – 20 GE/Aktie =) 10 GE/Aktie x 5 Aktien = 50 GE/Schein. Nehmen wir an, der Zeitwert betrage 5 GE/Schein, dann wird der Optionsschein an der Börse einen aktuellen Kurs von 55 GE/Schein einnehmen. Der Inhaber kann nun zu diesem Preis sein Optionsrecht verkaufen und zusätzlich zur Anleihenverzinsung einen Gewinn erzielen.

---

27 Vgl. zu den Wert- bzw. Preisbestandteilen von Optionen näher Abschnitt 8.3.

28 Das folgende Beispiel ist stark vereinfacht. Einen tieferen Einblick zu Optionen gibt Abschnitt 8.3. Zu weiteren Details in Zusammenhang mit Optionsanleihen vgl. Wöhe, G./Bilstein, J./Ernst, D./Häcker, J. (Grundzüge 2009), S. 307-312.

Allerdings hat der Inhaber alternativ die Möglichkeit, mit dem Optionsschein sein Recht auf Aktienbezug auszuüben. Er besitzt mit seiner einen Teilschuldverschreibung das Recht, 5 Aktien für 20 GE/Aktie im Rahmen der bedingten Kapitalerhöhung zu erwerben. Dies bedeutet für ihn einen Kapitaleinsatz von 100,-- GE (ohne Transaktionskosten). Der aktuelle Kurs der Aktie betrage 30 GE/Aktie. Nun könnte der Anleiheinhaber seinen Gewinn erhöhen, indem er die zum Bezugspreis von der Gesellschaft erworbenen Aktien an der Börse verkauft. Er erzielt einen Gewinn von 10 GE/Aktie bzw. von insgesamt 50,-- GE. Weiterhin erhält er die Nominalverzinsung aus seiner Anleihe.

Betrachten wir abschließend noch mal den Verkauf des Optionsscheins. Das Kaufmotiv des Scheinkäufers ist darin zu sehen, dass er in der verbleibenden Optionsfrist mit weiteren Kurssteigerungen der Aktie rechnet. Der Optionsscheinkäufer hat ein Recht zum Aktienkauf erworben. Entsprechend spricht man von einer Kaufoption auf Aktien. Die geleistete Zahlung an den Verkäufer stellt den Optionspreis bzw. die Optionsprämie dar, um in den Besitz des Rechts zu gelangen. Im Beispiel beträgt sie aus Sicht des Käufers 55 GE/Schein, die er an den Verkäufer zu zahlen hat. Angenommen, der Aktienkurs steigt innerhalb der Optionsfrist um +10 GE/Aktie weiter auf 40 GE/Aktie.

Hätte der Käufer des Optionsscheins 5 Aktien direkt an der Börse zu 30 GE/Aktie erworben, hätte er einen Kursanstieg bzw. relativen Wertzuwachs bei Verkauf der Aktien zu 40 GE/Aktie in Höhe von 50/150 = +33,33% erzielt.

Da der Kurs einer Aktie um 10 GE/Aktie gestiegen ist, ist der Optionsschein in seinem inneren Wert um 10 GE/Aktie x 5 Aktien, also ebenfalls um 50 GE/Schein gestiegen. Bei unverändertem Zeitwert würde der Optionsschein nun einen Wert von 105 GE/Schein haben. Dies ist ein relativer Wertzuwachs von 50/55 = rd. +90,91%, den der neue Optionsscheininhaber bei Verkauf des Scheins an der Börse realisieren kann. Da der Optionsschein analog zum direkten Aktienkauf den gleichen Wertzuwachs (50 GE) bei geringerem Kapitaleinsatz (55 statt 150 GE) erzielen kann, spricht man diesbezüglich von einem **Hebeleffekt** des Optionsscheins. Auf diesen Effekt kommen wir in Abschnitt 8.3 im Rahmen von Aktienoptionen nochmals zurück.

6.8 Gewinn- und Umtauschanleihen

In diesem Abschnitt werden Gewinn- sowie Umtauschanleihen behandelt. Angesichts der relativ geringen Verbreitung werden beide Anleiheformen gemeinsam kurz dargestellt.

Gewinnanleihen

Gewinnanleihen stellen Schuldverschreibungen dar, bei denen

- neben einer relativ geringen regelmäßigen Mindestverzinsung zusätzlich ein Gewinnanspruch („Equity Kicker“ oder „Zusatzzins“) in einem bestimmten Verhältnis zur Dividendenzahlung besteht oder
- ausschließlich eine gewinnabhängige Verzinsung erfolgt, die für die Obligationäre in der Regel nach oben hin begrenzt ist.

Durch die Gewinnbeteiligung der Obligationäre werden die Rechte bisheriger Aktionäre des Unternehmens berührt (Veränderung der Dividendenanteile). Deshalb darf die Emission einer Gewinnanleihe, analog zur Wandelanleihe, nur mit Zustimmung der Hauptversammlung (3/4-Mehrheit) erfolgen. Den Altaktionären ist auch hier ein Bezugsrecht auf die Schuldverschreibung einzuräumen.
Aus Sicht der Anleiheinhaber besteht das Risiko, in Verlustjahren keine bzw. nur eine relativ geringe Entlohnung für die Kapitalüberlassung zu erhalten. Insbesondere bei ausschließlich gewinnabhängiger Verzinsung unterliegen Anleger verstärkt dem „window dressing“ des Unternehmens. Bspw. können Gewinnthesaurierungen den Aktienkurs und damit die finanzielle Situation der Eigenkapitalgeber verbessern. Gewinnobligationäre haben hiervon in der Regel keinen Vorteil.[29]

Umtauschanleihen

Umtauschanleihen (sog. Exchangeable Bonds) stellen Schuldverschreibungen dar, die neben einer regelmäßigen Verzinsung mit der Möglichkeit ausgestattet sind, diese nach einer bestimmten Sperrfrist in Aktien eines anderen Unternehmens umzutauschen. Das die Umtauschanleihe emittierende Unternehmen ist also nicht mit dem Unternehmen, an dem sich der Obligationär später beteiligen kann, identisch. Aufgrund der hohen Affinität zur Wandelanleihe gelten für Umtauschanleihen vergleichbare Emissionsbedingungen.

In der Regel werden Umtauschanleihen von einer Aktiengesellschaft emittiert und mit einem Umtausch- bzw. Wandelrecht in Aktien einer Tochtergesellschaft des Emittenten versehen.[30]

29 Vgl. Wöhe, G./Bilstein, J./Ernst, D./Häcker, J. (Grundzüge 2009), S. 313.
30 Vgl. Becker, H.P. (Investition 2008), S. 204.

Macht der Gläubiger von der Umtauschmöglichkeit Gebrauch, erhält er Aktien der Tochtergesellschaft bzw. eines anderen Unternehmens.

Eine Umtauschanleihe bietet damit der emittierenden Gesellschaft („Mutter“) die Möglichkeit, ihre Beteiligung an dem Tochterunternehmen zu reduzieren. Durch die Vorschaltung einer Umtauschanleihe können aus Sicht der Muttergesellschaft mehrere geeignete Investoren für die Anteile an der Tochtergesellschaft gefunden werden und es kann ggf. ein höherer Umtauschpreis für die Aktien erzielt werden als bei direktem Verkauf der Beteiligung an der Tochter.

6.9 Venture Capital

Der Begriff „Venture Capital“ wird in Deutschland meistens mit Wagnis- oder Risikokapital umschrieben, aber auch manchmal als Private Equity[31] bezeichnet. Hier soll unter Venture Capital eine spezielle **Finanzierungsform für junge innovative** bzw. wachstumsfähige **nicht börsennotierte Unternehmen** (sog. Start-up-Unternehmen) verstanden werden, bei der risikotragendes Kapital in Kombination mit spezifischer Managementunterstützung durch die Kapitalgeber (sog. Venture Capital-Geber oder Venture Capitalists) befristet bereitgestellt wird.

Zu den wichtigsten **Merkmalen** von Venture Capital zählen:[32]

- Risikotragendes Kapital durch zeitlich befristete Bereitstellung von Finanzmitteln in Form von Eigenkapital, nachrangig haftendem bzw. ungesichertem Fremdkapital und/oder einer Kombination im Sinne einer Mezzanine Finanzierung, auf das in besonderem Maße im Verlust- oder Insolvenzfall zurückgegriffen wird.
- In der Regel keine aktive Geschäftsführung, aber unterstützende Beratung und umfangreiche Informationspflichten des mit Venture Capital finanzierten jungen Unternehmens.
- Um das Risiko zu begrenzen und die Motivation der Unternehmensgründer nicht zu reduzieren werden vielfach nur Minderheitsbeteiligungen durch die Kapitalgeber eingegangen.
- Start-up-Unternehmen als primäre Zielgruppe, die insbesondere dadurch gekennzeichnet sind, dass sie sich noch nicht in oder erst am Beginn einer erwarteten Wachstums- bzw. Gewinnphase befinden und entsprechend Finanzmittel zur Realisierung der Wachstumserwartungen benötigen (vgl. auch Abb. 6-2).

31 Zur Abgrenzung zwischen Private Equity und Venture Capital vgl. Rudolph, B./Fischer, C. (Private Equity 2000), S. 49-56.

32 Vgl. auch näher Achleitner, A.-K./Nathusius, E. (Venture Valuation 2004), S. 8-10.

- Aufgrund fehlender aktueller Gewinne und weiterem Investitionsbedarf der jungen Unternehmen verzichten die Kapitalgeber meistens auf eine regelmäßige jährliche Vergütung, weshalb die Kapitalgeber ihren Gewinn überwiegend aus dem Verkauf des Kapitalanteils zu realisieren versuchen (sog. Capital Gain) und dabei eine relativ hohe Renditeerwartung haben.

Die folgenden Ausführungen konzentrieren sich auf eine Versorgung des innovativen Unternehmens mit Eigen- bzw. Beteiligungskapital, was den bisherigen Regelfall in der Finanzierungspraxis darstellt.

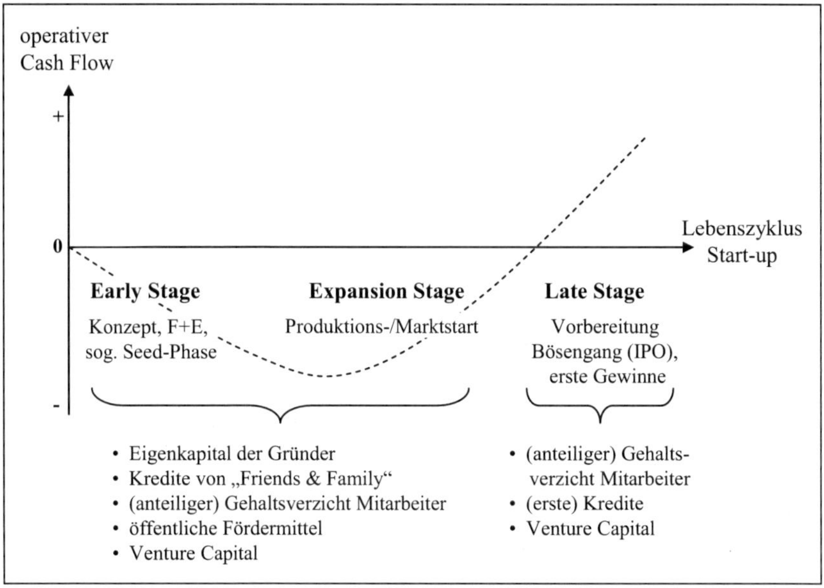

Abb. 6-2: Phasen und Finanzierungsalternativen eines Start-up-Unternehmens[33]

Die o.g. Merkmale reflektieren die **Problemlage**, die sich für viele junge wachstumsorientierte Unternehmen ergibt: Personen mit innovativen Ideen (Erfinder) formieren sich zu einem Unternehmen (bspw. im Rechtskleid einer Personengesellschaft) und versuchen ein neues Produkt (Innovation bzw. Weltneuheit) zu etablieren, um damit ihre Einkommensziele zu realisieren. Vielfach fehlt es den Unternehmensgründern an betriebswirtschaftlichem Know-how (Erstellung Jahresabschluss, Marketingkonzept, Mitarbeiterführung, Organisationsgestaltung usw.) sowie an finanziellen Ressourcen zur erfolgreichen Umsetzung ihrer In-

33 Vgl. auch ähnliche Abbildungen bei Achleitner, A.-K./Nathusius, E. (Venture Valuation 2004), S. 10; Schmeisser, W. (Venture Capital 2000), S. 189; Peemöller, V.H./Geiger, T./Barchet, H. (Bewertung 2001), S. 335.

novationen. Aus Sicht potentieller Kapitalgeber stellt sich das Problem, dass der Prozess von der Invention (Erfindung) zur Innovation (marktfähiges Produkt) oftmals forschungsintensiv und das Ergebnis damit nicht sicher vorhersehbar ist. Ein Venture Capital-Geber muss deshalb eine hohe Risikobereitschaft besitzen und ggf. über mehrere Jahre auf sichere Erträge seiner Geldanlage verzichten können. Da das wichtigste „Asset" vieler junger Unternehmen ihre qualifizierten Mitarbeiter darstellen, ist der Anteil an Sachanlagevermögen, das sich für eine Kreditbesicherung eignen würde, in solchen Unternehmen eher gering bzw. kaum vorhanden, was eine klassische Kreditfinanzierung unmöglich macht. Zum anderen sind die Finanzierungsmöglichkeiten mit Eigenkapital aus dem privaten Umfeld der Unternehmensgründer bei nicht börsennotierten Unternehmen begrenzt. In einer solchen Problemlage stellt eine Finanzierung mit Venture Capital eine Finanzierungsalternative für junge wachstumsorientierte Unternehmen dar, wenn die Kapitalgeber von überdurchschnittlichen Gewinnaussichten des „Start-ups" überzeugt werden können.[34] Für junge Unternehmen ohne realistische Wachstumsperspektiven und überzeugendem Managementkonzept bleibt die Finanzierungsquelle „Venture Capital" verschlossen.[35]

Die **Einsatzfelder** für Venture Capital sind allerdings nicht auf die Gründungsphase (Early Stage) beschränkt, sondern können auch in Expansionsphasen eines innovativen Unternehmens relevant werden und zudem auch als sog. Bridge-Finanzierung einen Börsengang (Going Public) vorbereiten. Ein weiteres Einsatzgebiet von Venture Capital kann im Rahmen eines sog. Management-Buy-Out (MBO) bzw. Management-Buy-In (MBI) entstehen, wenn bisherige angestellte Manager des jungen Unternehmens bzw. fremde Manager Geschäftsanteile am Unternehmen erwerben wollen. Auch in Zusammenhang mit Sanierungsvorgängen als sog. Turnaround-Finanzierung oder zur Auszahlung von Altgesellschaftern, die das Unternehmen verlassen wollen (sog. Replacement-Capital), lässt sich Venture Capital nutzen.

Die wichtigsten Kapitalgeber sind sog. Venture Capital-Gesellschaften (auch: Kapitalbeteiligungsgesellschaften oder Private Equity-Fondsgesellschaften) aus dem erwerbswirtschaftlichen (z.B. 3i) und öffentlichen (z.B. KfW) Bereich, die vielfach Tochterunternehmen von Banken darstellen. Zusätzlich treten auch Pensionsfonds, Versicherungen, Industrieunternehmen (sog. Corporate Venture Capital) sowie vermögende Privatpersonen mit Managementerfahrung und ideellen Motiven (sog. Business Angels[36]) als weitere Finanzierungspartner auf.

---

34 Als zentrales „Überzeugungs- bzw. Marketinginstrument" gegenüber Venture Capitalists fungiert der sog. Business Plan, der ausführlich sowohl die Geschäftsstrategie des Start-up als auch die geplante Erfolgs- und Liquiditätslage beschreibt. Zum Inhalt eines Business Plans vgl. bspw. Ernst, H.-J./Hanikaz, M. (Businessplanung 2005), S. 137-157.

35 Empirischen Studien zufolge erfüllen nur 1% bis 2% aller eingereichten Business Pläne junger Unternehmen die Bedingungen, die Venture Capitalists an eine Eigenkapitalüberlassung knüpfen. Vgl. Gruber, M./Harhoff, D./Tausend, C. (Entwicklung 2003), S. 42.

36 Zu Business Angels vgl. näher Nittka, I. (Business Angels 2000), S. 254-262.

Entsprechend lässt sich eine direkte sowie eine indirekte Finanzierung unterscheiden:

- Bei einer **direkten Finanzierung** erfolgt eine unmittelbare Kapitalvergabe vom Kapitalgeber an das junge Unternehmen (sog. informeller Markt). Neben Familienmitgliedern und Freunden („Friends and Family") sind hierzu auch die Business Angels[37] sowie die Corporate Venture Capital-Finanzierungen zu zählen.
- Bei einer **indirekten Finanzierung** (sog. formeller Markt) tritt zwischen Kapitalgeber und jungen Unternehmen eine Venture Capital-Gesellschaft als Intermediär, die professionell in junge innovative Unternehmensfinanzierungen investiert. Im Falle einer erwerbswirtschaftlichen Venture Capital-Gesellschaft soll eine möglichst hohe Kapitalrendite durch Wertzuwachs ihrer Unternehmensanteile realisiert werden (sog. Capital Gain). Da das Erfolgsrisiko relativ hoch ist, beteiligen sich diese Gesellschaften stets an mehreren Start-up-Unternehmen (Risikodiversifikation) nach verschiedenen Investitionskriterien (u.a. fachliche und persönliche Merkmale der Unternehmensgründer, Business Plan, Kapitalvolumen, Wachstumschancen, Branche, Region und Lebenszyklus der jungen Unternehmen). In der Regel wird ein gegebener Kapitalbedarf nicht in einer Summe, sondern in Teilbeträgen (Tranchen) gedeckt, wobei jede Teilzahlung vom Eintritt festgelegter Bedingungen (Erreichen von Meilensteinen, Einhalten von speziellen Erfolgskennzahlen usw.) abhängig gemacht wird. Auch eine Deckung des Kapitalbedarfs durch mehrere Venture Capital-Gesellschaften gleichzeitig ist möglich (sog. Co-Venturing).

Venture Capital ist zumeist als eine risikobehaftete Kapitalüberlassung auf Zeit konzipiert, um Finanzierungsengpässe beim weiteren Unternehmenswachstum zu beseitigen. Insbesondere erwerbswirtschaftliche Venture Capital-Gesellschaften suchen den Capital Gain durch einen termingerechten Ausstieg (Exit), durch den das Kapitalbeteiligungsverhältnis an dem innovativen Unternehmen beendet wird. Allerdings können sich einmal geplante Ausstiegszeitpunkte verschieben, bspw. aufgrund von Verzögerungen wichtiger Forschungsergebnisse, ungünstiger Branchensituation oder schwacher Börsenverfassung. Aufgrund der sehr hohen Risiken einer Eigenkapitalbeteiligung definiert der Venture Capitalist in Abhängigkeit der Lebenszyklusphase, in der sich das junge Unternehmen derzeit befindet, entsprechende Verzinsungsansprüche an seine Beteiligung (vgl. Abb. 6-3), die er über seinen Ausstieg zu realisieren hofft.

---

37 Alternativ wird auch der Begriff „Inkubator" verwendet. Vgl. Hammer, H. (Unternehmen 2001), S. 152; Achleitner, A.-K./Engel, R. (Inkubatoren 2001), S. 76-82; Engelmann, A. (Inkubationsprinzip 2000), S. 329.

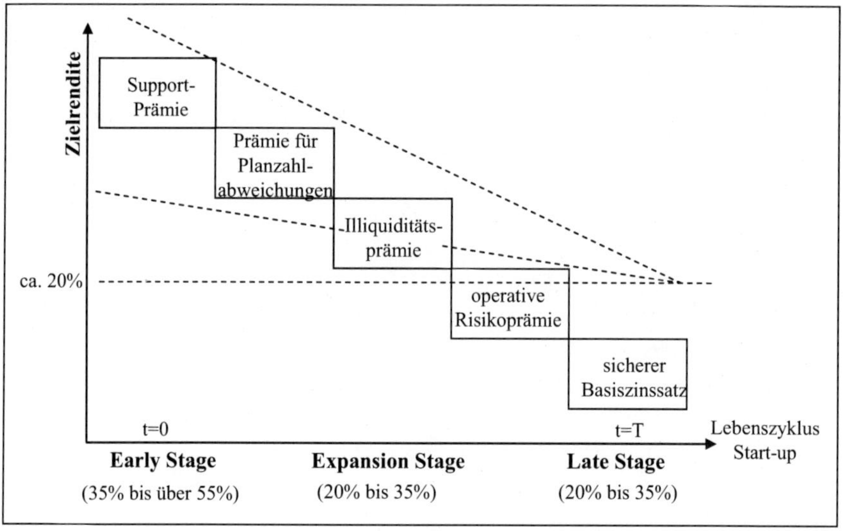

Abb. 6-3: Renditeerwartungen von erwerbswirtschaftlichen Venture Capitalists[38]

Indem er den Verkaufserlös für seine Beteiligung zum Exit-Termin abschätzt und mit den in Abb. 6-3 dargestellten Zinssätzen, zu interpretieren als risikoadjustierte Opportunitätskostensätze, auf den Anfangszeitpunkt seines Beteiligungsverhältnisses diskontiert, wird sein maximales Beteiligungsvolumen definiert, das abschließend bspw. in einen (jungen) Aktienanteil für den Investor umzurechnen wäre.[39]

Entsprechend Abb. 6-3 werden, ausgehend von einem sicheren Basiszinssatz (bspw. Umlaufrendite öffentlicher Anleihen), mehrere Risikozuschläge erhoben:

- Zuschlag für die Mitübernahme der operativen Risiken, die im Geschäftsmodell des Start-ups gesehen werden,
- Prämie für die fehlende Handelbarkeit der Beteiligungsanteile zum Beteiligungszeitpunkt (sog. Illiquiditätsprämie oder auch Fungibilitätszuschlag),
- Prämie für die Gefahr, dass die im Business Plan festgelegten Etappenziele nicht (ganz) termingerecht erreicht werden („Planzahlabweichungen“) sowie
- Vergütung für die bereitgestellten Beratungsleistungen („Supportprämie“).

---

38 Zu den (Nach-Steuer-)Diskontierungszinssätzen im internationalen Vergleich vgl. bspw. Achleitner, A.-K./Nathusius, E. (Venture Valuation 2004), S. 168.

39 Zu dieser sog. Venture Capital Methode vgl. das folgende vereinfachte Beispiel.

Da sämtliche Vergütungsansprüche bzw. Risiken im Diskontierungszinssatz als Zielrendite inkludiert sind, legt der Venture Capitalist die Angaben im Business Plan des Start-ups gedanklich als sog. „Best Case" der Bewertung zugrunde.

Beispiel für eine Beteiligungsbewertung aus Sicht eines Venture Capitalist

Ein Start-up-Unternehmen will in fünf Jahren (t=T) ein EBT[40] von 2 Mio. GE erzielen (sog. Best Case). Bis zu diesem Zeitpunkt werden keine Gewinnausschüttungen an die Gesellschafter möglich sein. Die Unternehmensgründer, die aktuell (t=0) 1,5 Mio. (Stück-)Aktien am Unternehmen halten, benötigen zum weiteren Wachstum sofort neue Finanzmittel in Höhe von 1 Mio. GE, damit das EBT-Ziel in fünf Jahren realisiert werden kann. Ein Venture Capitalist V ist zu einer entsprechenden fünfjährigen Beteiligungsfinanzierung bereit. Aus Sicht von V ist zu klären, welcher Beteiligungsanteil (hier: Anzahl an neuen Aktien) in t=0 für die bereitgestellten Geldmittel (1 Mio. GE) zu fordern ist. Unter Einsatz der sog. Venture Capital Methode[41] identifiziert V aus einer Datenbank aktuelle EBT-Multiplikatoren von vergleichbaren börsennotierten Unternehmen (Peer Group). Als Median wird ein Multiplikator in Höhe von 20 ermittelt bzw. festgelegt. Dies bedeutet, dass bei der Peer Group auf eine erwirtschaftete „Geldeinheit EBT" 20 „Geldeinheiten Aktien- bzw. Eigenkapitalwert" entfallen.[42] Da das Start-up sich noch in der sog. Early Stage befindet, legt V eine Zielrendite von 60% p.a. fest. Durch Einsatz der Multiplikatortechnik wird der in fünf Jahren (t=T) erwartete sog. Future Value für die Eigenkapitalposition geschätzt, indem das Ziel-EBT des Start-ups (2 Mio. GE) mit dem aktuellen Multiplikator der Peer Group (20) multipliziert wird (40 Mio. GE). Der Future Value stellt den in t=T erwarteten Erlös für die Anteilseigner dar, falls sie ihre Unternehmensanteile verkaufen wollten. Durch Diskontierung dieses Future Values mit der geforderten Zielrendite auf t=0 erhält man einen aktuellen Eigentümerwert von circa 3,8 Mio. GE, der nur erzielt wird, wenn V die benötigten Geldmittel sofort investiert (sog. Post-Money-Bewertung). Für die Mittelbereitstellung verlangt V in t=0 einen Eigentumsanteil am Start-up. Dieser Anteil ergibt sich, indem das Investitionsvolumen von V (1 Mio. GE) ins Verhältnis zum aktuellen Eigentümerwert (3,8 Mio. GE) gesetzt wird. Danach sollte V einen Beteiligungsanteil von knapp (1/3,8 =) 26,32% am Start-up erhalten. Wenn V sich beteiligt, repräsentieren die bereits bestehenden 1,5 Mio. Aktien der Gründer nur noch einen Beteiligungsanteil von circa (100% - 26,32% =) 73,68%. Im Wege eines Dreisatzes wird die gesuchte Anzahl an neuen Aktien (x), die einen Anteil am gesamten Eigenkapital nach Beteiligungsfinanzierung von 26,32% ausmachen, bestimmt:

---

40 EBT steht für Earnings Before Taxes (Jahresüberschuss vor Abzug von Ertragsteuern).

41 Zur aus der Beteiligungspraxis stammenden Venture Capital Methode vgl. im einzelnen Achleitner, A.-K./Nathusius, E. (Venture Valuation 2004), S. 145-171.

42 Zur Grundidee des Multiplikatorverfahrens vgl. nochmals Abschnitt 4.3 zum Going Public.

$$(1)\quad x = \frac{1.500.000 \cdot 0{,}2632}{1 - 0{,}2632} \approx 535.714 \text{ Stück}$$

Der Venture Capital-Geber V sollte also gut 535.700 Aktien für seine Beteiligungsfinanzierung in t=0 verlangen.

Die vier wichtigsten **Ausstiegsmöglichkeiten** für eine erwerbswirtschaftliche Venture Capital-Gesellschaft sind

- der Rückkauf durch die übrigen Gesellschafter des innovativen Unternehmens (Buy-back),
- der Verkauf an strategisch motivierte Investoren (Trade-Sale),
- der Weiterverkauf an eine neue Venture Capital-Gesellschaft (Secondary Purchase) sowie
- der Beteiligungsverkauf in Form eines Börsengangs des innovativen Unternehmens (Going Public bzw. Initial Public Offering, kurz: IPO).

Im Rahmen eines **Buy-back** erwerben die Altgesellschafter (Unternehmensgründer) die Kapitalanteile, die bislang der Venture Capital-Geber gehalten hat (sog. Share Deal). Dadurch erlangen die Gründer wieder die vollständige Kontrolle über ihr Unternehmen zurück und sind von externen Gesellschaftern unabhängig. Nachteilig ist allerdings der mit dem Buy-back verbundene Abfluss an Liquidität bei den Gründern, die einen Kaufpreis an die ehemaligen Eigenkapitalgeber zu entrichten haben. Um den Verkaufspreis für die Anteile der Venture Capital-Gesellschaft festzulegen, ist eine Bewertung des innovativen Unternehmens erforderlich (sog. Unternehmensbewertung). Abweichende Preisvorstellungen zwischen Alt- und Venture Capital-Gesellschaftern können zu Konflikten führen.

Ein **Verkauf an strategisch motivierte Investoren** liegt vor, wenn die Eigenkapitalbeteiligung bspw. an einen an den Produkten des innovativen Unternehmens interessierten Industriekonzern veräußert wird. Hierbei kann es sich auch um Konkurrenten, Zulieferer oder Abnehmer handeln. Strategische Investoren haben nicht nur ein finanzielles Interesse entsprechend der kapitalmäßigen Beteiligung; meistens soll mit dem Anteilskauf gezielt Einfluss auf die Unternehmenspolitik des innovativen Unternehmens ausgeübt werden, so dass die Unabhängigkeit in der Geschäftsführung vielfach verloren geht.

Eine Verlängerung der Venture Capital-Finanzierung liegt beim **Secondary Purchase** vor, da hier im Kern nur ein Austausch der Venture Capital-Gesellschaft bzw. der Anteilsverkauf an einen anderen Finanzinvestor (ggf. mit anderen Vertragsinhalten) erfolgt.
Eine sehr populäre Ausstiegsvariante ist das **Going Public** durch Aktienemission an der Börse.[43] Dies verbessert insbesondere bei künftigem Kapitalbedarf im Lebenszyklus des innova-

43 Zum Going Public vgl. näher den Abschnitt 4.3.

tiven Unternehmens die Versorgungsmöglichkeiten mit Eigenkapital. Zudem können die Anteile des bisherigen Venture Capital-Gebers einem breiten Börsenpublikum nach der Emission bzw. nach Ablauf einer vorgeschriebenen Haltedauer (sog. Lock-up-Period) zum Verkauf angeboten werden. Dieses Vorgehen entspricht vielfach der Interessenlage eines Venture Capital-Gebers, um einen hohen Veräußerungserlös (Capital Gain) erzielen zu können und wird manchmal auch von den Unternehmensgründern sowie ihren Mitarbeitern, die oftmals bevorzugt bei der Erstemission Aktien des innovativen Unternehmens erhalten, als privates Ziel verfolgt. Insbesondere aus Mitarbeitersicht wird dadurch ein finanzieller Ausgleich für den zwischenzeitlich ggf. vereinbarten teilweisen Gehaltsverzicht in den ersten Lebensphasen eines „Start-ups" gegenüber einer Angestelltentätigkeit bei einem bereits etablierten Unternehmen geschaffen.[44]

6.10 Projektfinanzierung

Im Rahmen der Projektfinanzierung geht es um die Ausstattung eines geplanten (Groß-) Projektes mit Finanzmitteln, für dessen Realisierung eine eigenständige Projektgesellschaft gegründet wird. Insofern könnte man von einer speziellen Art der „Finanzierungsorganisation" sprechen: Es wird eine sich selbst tragende Wirtschaftseinheit (Projekt) geschaffen, die mit Eigen- und/oder Fremdkapital über die geplante Projektlaufzeit ausgestattet wird. Populäre Beispiele für Projektfinanzierungen sind der Messeturm in Frankfurt oder Euro Disney Land in Frankreich. Die finanziellen Größenordnungen solcher Projekte übersteigen meist die Finanzkraft eines einzelnen Unternehmens, so dass mehrere Eigenkapital- als auch mehrere Fremdkapitalgeber zwecks Risikostreuung an der Finanzierung beteiligt sind, was ihre Einordnung als Mezzanine Finance erklärt. Eine Projektfinanzierung ist insbesondere durch folgende **Merkmale** gekennzeichnet (vgl. auch Abb. 6-4):

- Gründung einer rechtlich selbständigen Projektgesellschaft,
- Ausstattung der Projektgesellschaft mit Finanzmitteln durch mehrere Kapitalgeber,
- als Kapitalnehmer fungiert ausschließlich die Projektgesellschaft und die Haftung ist auf das Vermögen dieser Gesellschaft beschränkt,
- Fremdkapital- und Eigenkapitalgeber werden ausschließlich aus den erzielten Rückflüssen des Projektes befriedigt (Zins- und Tilgungszahlungen an die Kreditgeber sowie Gewinnausschüttungen für die Eigenkapitalgeber),
- durch mehrere beteiligte Unternehmen wird das Projektrisiko gezielt verteilt (sog. „Risk Sharing").

---

44 Vgl. zum Einsatz von Stock Option-Plänen als Gehaltsbestandteil Schiffer, K.J./Schubert, M. von (Venture-Capital-Finanzierung 2000), S. 737-738 sowie Küting, K. (Möglichkeiten 2000), S. 677.

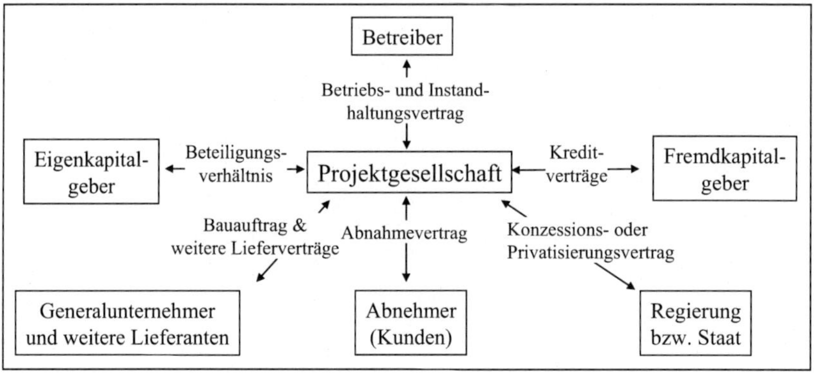

Abb. 6-4: Möglicher Aufbau einer Projektfinanzierung[45]

Wie der Abb. 6-4 zu entnehmen ist, übernimmt die Projektgesellschaft auch die Aufgaben der Vertragsgestaltung mit dem künftigen Eigentümer des Projektes (Abnehmer bzw. Kunde aus Sicht der Gesellschaft) sowie mit dem späteren operativen Betreiber (bspw. eine Center Management Gesellschaft, falls das Projekt in der Realisierung eines Einkaufszentrums wie der Europa Passage in Hamburg besteht). Zudem sind Aufträge zur Realisierung des Projektes mit anderen Unternehmen zu vergeben und ggf. Konzessionen bzw. Privatisierungen im Falle der Nutzung bzw. des Erwerbs von öffentlichem Eigentum (bspw. Grundstücke) zu vereinbaren.

Die Eigenkapitalgeber werden auch als **Projektsponsoren** bezeichnet, die für die Betriebsfähigkeit des Projektes verantwortlich sind. Aus Sicht der Sponsoren ist zudem die Realisierung einer gewissen **„Bilanzneutralität"** entscheidend für die Wahl einer Projektfinanzierung: Durch die Gründung einer Projektgesellschaft nimmt diese das erforderliche Fremdkapital auf, das zur Realisierung der Projektfinanzierung zusätzlich benötigt wird. Dadurch wird das Fremdkapital bei der Projektgesellschaft ausgewiesen und nicht unmittelbar in den Bilanzen der Sponsoren, was deren Kreditwürdigkeit nicht negativ tangiert (sofern keine Konsolidierungspflichten im Rahmen eines Konzernabschlusses bestehen). Diese „Bilanzneutralität" wird auch als „Off balance sheet financing" bezeichnet.

Die potentiellen Kreditgeber (i.w. Banken und Versicherungen) orientieren sich bei ihrer Kreditvergabeentscheidung vornehmlich an den erwarteten Cash-flows aus dem Projekt (sog. **Cash-flow related lending**) und nicht so sehr an der Existenz bestehender Sicherheiten und

45 Vgl. in ähnlicher Form auch Wöhe, G./Bilstein, J./Ernst, D./Häcker, J. (Grundzüge 2009), S. 268.

Bonitäten des künftigen Schuldners (Projektgesellschaft).[46] Damit steht der Ertragswert des gesamten Projektes bzw. der Ertragswert aus Sicht der Gesamtkapitalgeber (Barwert aller künftigen Cash-flows vor Abzug von Zins- und Tilgungszahlungen) als Indikator für wirtschaftliche Lebensfähigkeit des Projektes im Mittelpunkt der Finanzierungsentscheidung, der durch Verfahren der dynamischen Investitionsrechnung bzw. der Unternehmensbewertung abgeschätzt wird.[47] Folglich ist aus Sicht der Kreditgeber die Frage nach der „Schuldendienstfähigkeit" des Projektes von höchster Bedeutung. So sind bspw. im Bereich von Immobilienprojekten die Kennzahlen „Net Present Value Coverage Ratio"[48] (*NPVCR*) sowie „Debt Service Coverage Ratio" (*DSCR*) praxisrelevante Orientierungsgrößen für ein Engagement seitens der Kreditgeber:

$$(1)\ NPVCR = \frac{Projektertragswert}{Kreditbestand}$$

$$(2)\ DSCR = \frac{Cash-flow\ vor\ Zins\ und\ Tilgung}{Zins\ und\ Tilgung}$$

Derartige Kennzahlen werden jährlich neu ermittelt und meistens mit einzuhaltenden Vorgabewerten bzw. Sollgrößen im Sinne einer „mitlaufenden Kontrolle" verglichen.

Liegt die erste Kennzahl (1) über Eins, so ist dies ein Indiz für ausreichende Schuldendienstfähigkeit über den (verbleibenden) Lebenszyklus des Projektes. Um die laufende Schuldendienstfähigkeit eines jeden Wirtschaftsjahres besser einschätzen zu können, wird die zweite Kennzahl (2) herangezogen. Der dabei zum Ansatz kommende Cash-flow kann zudem vor oder nach Abzug von erforderlichen Investitionen bestimmt werden. Keinesfalls sollten bereits Gewinnausschüttungen berücksichtigt werden, da die Befriedigung der Fremdkapitalgeber bevorzugt erfolgt. Aufgrund des „Cash-flow related lending" werden die geforderten Fremdkapitalzinsen (deutlich) über denen klassischer Darlehen liegen.

Mit einem Großprojekt sind eine Reihe von **Risiken** verbunden, denen durch geeignete Maßnahmen zu begegnen ist. Abb. 6-5 verdeutlicht dies am Beispiel eines Immobilienprojektes. Entsprechend ist es ein wichtiges Ziel einer Projektfinanzierung, eine gezielte **Risikostreuung** zwischen den beteiligten Akteuren eines Projektes zu arrangieren, wobei neben den Finanzierungsaspekten auch Risiken hinsichtlich der technischen Projektrealisierung portioniert werden, bspw. durch

46 Analog zu Abschnitt 2.5 liegt damit der Fall einer „antizipierten Liquidität" vor.

47 Um die vielfältigen Finanzierungseinflüsse möglichst realitätsnah abzubilden, eignet sich die Methodik der sog. Vollständigen Finanzplanung (VOFI), da diese nicht, insbesondere im Vergleich zur Kapitalwertmethode, an die Verwendung eines einheitlichen Kalkulationszinssatzes gebunden ist. Zur VOFI-Methode vgl. bspw. Kesten, R. (Immobilieninvestitionen 2001), S. 159 ff.

48 Gleichbedeutend mit NPVCR ist die Kennzahl Loan-Life-Cover Ratio (LLCR). Vgl. hierzu Jöhnk, T. (Projektfinanzierung 2011), S. 1113.

- Beauftragung von Lieferanten, die das Projekt physisch errichten (bspw. Bauunternehmen, Rohstofflieferanten usw.),
- Einschalten von Versicherungsgesellschaften, die bestimmte wirtschaftliche oder auch politische Risiken gegen Prämienzahlungen abdecken,
- Einsatz von speziellen Beratungsunternehmen für technische, rechtliche, kulturelle und/oder finanzielle Spezialaspekte.

Wichtige Risikoformen	**Beispiele für Absicherungen**
Fertigstellungsrisiko	Fertigstellungsgarantie durch Generalunternehmen
Überschreitung Investitionsbudget	Nachschusspflicht der Projektträger, Festpreisgarantien, Bankgarantien
Risiken in der Verfahrens- bzw. Herstellungstechnik	Einsatz erprobter Verfahren bzw. Herstellungsmethoden, Baugarantien
Risiken im Realisierungsprozess	Betriebsunterbrechungsversicherung
Absatzmarktrisiken	Abschluss langfristiger Mietverträge und ausgewogene Mieterstruktur
Zinsänderungsrisiko	Zinsobergrenzenvereinbarungen (Caps)
Zuliefererrisiko	Langfristige Lieferverträge
Wechselkursrisiko	Kurssicherungsmaßnahmen, Abwälzung auf jeweilige Regierung, Vertragsklauseln
Politisches Risiko	Regierungsvereinbarungen, Ausfallbürgschaften des Staates, Beteiligung des Gastlandes am Projekt
Höhere Gewalt	Staatliche Versicherung

Abb. 6-5: Risiken einer Immobilienprojektfinanzierung[49]

49 Vgl. Schulte, K.-W. (Immobilienökonomie 2000), S. 468-469.

7. Kurzfristige Fremdfinanzierung

7.1 Überblick über wichtige kurzfristige Finanzierungsformen

Die kurzfristigen Beschaffungsalternativen von Fremdmitteln zeigt Abb. 7-1 Eine Interpretation als reine Außenfinanzierungsmaßnahmen erscheint aus mindestens zwei Gründen problematisch:

- Im Einzelfall ist eine strikte Zuordnung nicht zweifelsfrei möglich. Bspw. kann man einen Geldzufluss aus Kundenanzahlungen ggf. der Innenfinanzierung zuordnen, da diese Mittel durch die laufenden operativen Leistungserstellungsprozesse im Unternehmen generiert werden. Werden diese Gelder im zweiten Schritt an einem Verlassen aus dem Unternehmensbereich gehindert, liegt nach meinem Verständnis eine Innenfinanzierung vor. Da der zweite Schritt aber nicht durch die Kundenanzahlung an sich, sondern nur durch zusätzlich zu ergreifende Gestaltungsmaßnahmen im Unternehmen (bspw. Gewinnthesaurierung oder Veränderung von Abschreibungsverfahren) erfolgt, ist es üblich, Kundenanzahlungen hier einzuordnen.
- Beim Betrachten von Abb. 7-1 wird erkennbar, dass nicht immer ein direkter Geldzugang für das Unternehmen mit jeder Finanzierungsform verbunden ist, sondern der Anknüpfungspunkt der Finanzierung die vorhandene Kreditwürdigkeit des Unternehmens selbst bzw. die eines Finanzpartners (bspw. die Hausbank des Unternehmens) darstellt, durch die kurzfristig Spielräume für das möglichst reibungsfreie Weiterbetreiben der Geschäftstätigkeiten eines Unternehmens geschaffen werden. So setzt das sofortige Verfügen über Lieferungen und Leistungen (bspw. Waren oder Dienste) vielfach eine gewisse Bonität voraus, um erst zeitlich verzögert eine Bezahlung vornehmen zu dürfen.

In der Literatur wird zudem vielfach das Instrument des Factoring bzw. dessen verbriefte Variante (Asset Backed Securities) der kurzfristigen Fremdfinanzierung zugeordnet.[1] Aus Sicht eines am Geldzufluss interessierten Unternehmens werden jedoch Vermögensumschichtungen getätigt, die meines Erachtens besser der Innenfinanzierung zuzuordnen sind und im Unternehmen keine neuen bzw. unmittelbaren Kreditbeziehungen begründen.[2]

---

1 Vgl. Wöhe, G./Bilstein, J./Ernst, D./Häcker, J. (Grundzüge 2009), S. 337-347; Drukarczyk, J. (Finanzierung 2003), S. 479.

2 Vgl. nochmals die Abschnitte 3.6.2 und 3.6.3.

<table>
<tr><th colspan="2">Nichtbanken als Finanzierungspartner</th><th colspan="2">Banken als Finanzierungspartner</th></tr>
<tr><td>Unternehmen gilt als kreditwürdig bzw. nutzt die Usancen am Beschaffungsmarkt</td><td colspan="2">Unternehmen erhält Einzahlungen</td><td>Unternehmen nutzt die Kreditwürdigkeit der Bank („Kreditleihe“)</td></tr>
<tr><td>• Lieferantenkredit
• Einrichtungskredit</td><td>• Kundenanzahlungen</td><td>• Kontokorrentkredit
• Lombardkredit
• Diskontkredit</td><td>• Akzeptkredit
• Avalkredit</td></tr>
<tr><td></td><td colspan="2">• Commercial-Paper-Programme
• Euronotes</td><td></td></tr>
</table>

Abb. 7-1: Überblick über die wichtigsten kurzfristigen Fremdfinanzierungsformen

7.2 Lieferanten- und Einrichtungskredit

Die wichtigste kurzfristige Kreditform von Nichtbanken stellt der **Lieferantenkredit** dar. Mittels Vereinbarung eines Eigentumsvorbehaltes[3] liefert ein anderes Unternehmen für die Durchführung der operativen Leistungserstellungsprozesse an das betrachtete Unternehmen Güter (bspw. Rohstoffe oder Handelswaren) und gewährt dabei ein Zahlungsziel (bspw. von 30 Tagen). Der Kredit besteht damit nicht in der Hingabe von Geld, sondern in der Kaufpreisstundung. Innerhalb des gewährten Zahlungsziels besitzt das abnehmende Unternehmen die Möglichkeit, die Güter über den Leistungserstellungsprozess zu verwerten und Umsatzeinzahlungen mit seinen Kunden zu generieren. Freilich gewähren viele Lieferanten ein sog. Skonto, durch das die finanzierungsbedingten Handelsusancen auf den jeweiligen Beschaffungsmärkten erkennbar werden. Durch das Skonto hat das Unternehmen die Möglichkeit, im Falle einer schnellen Bezahlung (bspw. innerhalb von 10 Tagen) den Anschaffungswert der Güter zu reduzieren und damit einen geringeren Geldabfluss im Unternehmen auszulösen. Üblich sind Skontosätze zwischen 2% und 3% des originären Rechnungsendbetrages. Zahlt das Unternehmen erst nach Ablauf der gesetzten Skontofrist (also bspw. erst nach Ablauf von 10 Tagen seit Empfang der Güter), ist das Recht auf Skontoabzug verfallen.[4] Aus Lieferantensicht stellt das Gewähren von Skonto vielfach ein absatzpolitisches Instrument dar, das man im Marketing der sog. Preis- oder Konditionenpolitik zuordnet. Es schafft einen Anreiz,

3 Zum Eigentumsvorbehalt vgl. Abschnitt 5.5.

4 Allerdings ziehen sich auch dann einige Unternehmen Skontobeträge beim Bezahlen der Waren ab, wenn die Skontofrist überschritten und/oder das gesamte Zahlungsziel nicht eingehalten wurde, da sie über eine entsprechende Marktmacht gegenüber dem Zulieferer verfügen.

den Empfänger der Güter zum schnellen Bezahlen anzuregen und unterstützt die Kundenbindung. Aus Sicht des Kredit nehmenden Unternehmens ist die formlose Kreditgewährung hervorzuheben, sofern es aus Lieferantensicht potentiell kreditwürdig erscheint. Ansonsten würde ein Lieferant auf sofortige Bezahlung bestehen.

Da das Ausnutzen von Skonto den Anschaffungswert der beschafften Güter mindert, liegen „versteckte Zinskosten" (Opportunitätskosten) vor, wenn das Unternehmen von der Skontomöglichkeit keinen Gebrauch macht. Diese Zinskosten sind im Einzelfall nicht unerheblich und können auf Jahresbasis zu einem sehr hohen effektiven Kreditzinssatz führen, wie das folgende Beispiel verdeutlicht.

Beispiel

Ein Unternehmen hat Waren mit einem Anschaffungswert von 100.000,-- GE beschafft. Der Lieferant gewährt ein Zahlungsziel von 30 Tagen (1 Monat) sowie ein Skonto von 3%, wobei die Skontofrist 10 Tage beträgt. Das Unternehmen vergleicht zwei Alternativen: Ausnutzen der Skontochance am 10. Tag („So früh zahlen wie nötig, um den Kaufpreis noch mindern zu dürfen!") sowie Verzicht auf die Skontochance („So spät zahlen wie möglich!"), was zur Begleichung der Lieferantenverbindlichkeit am 30. Tag führen würde. Die Differenz von 20 Tagen kann man als „zinspflichtige Zeit" interpretieren. Abb. 7-2 stellt den Sachverhalt grafisch dar.

Wird der Skontosatz durch die zinspflichtige Zeit dividiert und (vereinfacht) mit 360 Tagen eines Jahres multipliziert, erhält man näherungsweise den effektiven Kreditzinssatz auf Jahresbasis, der mit den Beispieldaten 54% p.a. beträgt. Zu einer exakteren Berechnung, bei der zunächst die Effektivverzinsung in Tagen (i_{Tag}) bestimmt und das gewonnene Ergebnis abschließend in einen konformen Jahreszinssatz (i_{Jahr}) transformiert wird, gelangt man mit folgenden Gleichungen:

$$(1)\ 97.000 \cdot (1 + i_{Tag})^{20} \overset{!}{=} 100.000 \text{ und damit } i_{Tag} = \left[\frac{100.000}{97.000}\right]^{1/20} - 1 \approx 0{,}00152412$$

$$(2)\ i_{Jahr} = (1 + i_{Tag})^{360} - 1 \approx 0{,}73025 \text{ bzw. rund } 73\% \text{ p.a.}$$

Mittels (1) wird der effektive Tageszinssatz für die zinspflichtige Zeit bestimmt, indem der am 10. Tag aufzubringende (um Skonto geminderte) Auszahlungsbetrag an den Lieferanten mit dem gesuchten Zinsfaktor bis zum 30. Tag aufgezinst und mit dem ungekürzten Rückzahlungsbetrag gleichgesetzt wird. Im Beispiel erhält man eine Tagesverzinsung von circa 0,152% pro Tag. Dieser Wert wird nun in (2) eingesetzt, um einen belastungsäquivalenten Jahreszinssatz zu generieren. Man erhält hier einen „Horrorzinssatz" von gut 73% p.a.

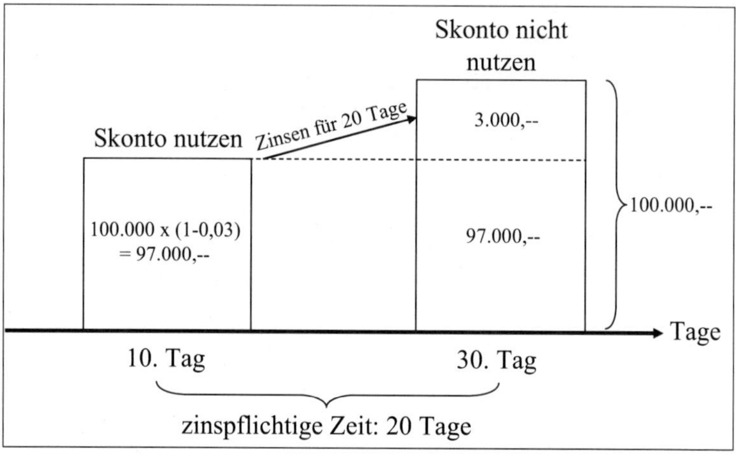

Abb. 7-2: Zinskosten bei Nichtnutzung von Skonto im Beispiel

Alternativ könnte man in einem ersten Schritt einen 20-Tage-Zinssatz bestimmen und diesen entsprechend (2) erneut in einen konformen Jahreszinssatz umrechnen. Für diesen 20-Tage-Zinssatz gilt:

$$(3)\ i_{20-Tage} = \frac{3.000}{97.000} \approx 0{,}03092784$$

Entsprechend (3) wird der Skontobetrag einfach ins Verhältnis zum Zahlungsbetrag nach Abzug von Skonto gesetzt. Jetzt wenden wir erneut die Formel zur Berechnung des äquivalenten Jahreszinssatzes an und beachten, dass 20 Zinstage 18 mal in ein Kreditjahr mit 360 Tagen passen und sind fertig. Analog zu (2) erzielen wir ein identisches Ergebnis:

$$(4)\ i_{Jahr} = (1 + i_{20-Tage})^{360/20} - 1 = (1 + 0{,}03092784)^{18} - 1 \approx 0{,}73025$$

Allerdings ist in den bisherigen Zinssatzberechnungen auf Jahresbasis die stillschweigende Annahme enthalten, dass sich die Kreditaufnahme kontinuierlich innerhalb eines Jahres wiederholt. Bei (vereinfacht) 360 Tagen eines Jahres und einer zinspflichtigen Zeit von jeweils 20 Tagen wird also unterstellt, dass sich der Beschaffungsvorgang (360 : 20 =) 18 mal im Jahr ereignet, wie man auch am Exponenten von (4) erkennen kann. Sollte dies eine unrealistische Annahme sein, wäre die Zinssatzberechnung zu modifizieren. Nehmen wir abweichend an, dass es sich um eine einmalige Lieferung am Jahresanfang handelt, die sich im betrachteten Jahr nicht wiederholt, könnte eine modifizierte Effektivverzinsung bestimmt werden, bei der man hypothetisch annimmt, dass der Ende Januar zu leistende Rückzahlungsbetrag von 100.000,-- GE bis zum Jahresende vom Lieferanten reinvestiert werden könnte in eine (knapp) einjährige Geldanlage in Form eines Kredites. Sollte dieser Kredit bspw. am Jahresende zu einem Rückzahlungswert einschließlich Zinsen von 110.000,-- GE führen, würde die Zinssatzberechnung auf Jahresbasis zu folgendem Ergebnis führen:

$$(5)\ 97.000 \cdot (1+i_{Jahr})^1 \overset{!}{=} 110.000 \text{ bzw. } i_{Jahr} = \frac{110.000}{97.000} - 1 \approx 0{,}13402 \text{ bzw. } 13{,}40\% \text{ p.a.}$$

Alternativ kann man sich den Vorschlag auch aus Sicht des Unternehmens erklären: Im ersten Monat wird ein teurer Lieferantenkredit genutzt, der ab Februar bis zum Jahresende in ein günstigeres Kreditverhältnis mit dem Lieferanten umgewandelt wird, bei dem nochmals 10.000,-- GE Zinsen zu zahlen sind. Entsprechend (5) führen diese expliziten Reinvestitionsannahmen zu einem deutlich reduzierten Kreditzinssatz auf Jahresbasis, der für einmalige Lieferantenkreditbeziehungen vielfach zu einem realistischeren Konditionenvergleich führen dürfte.

Neben dem recht ausführlich beschriebenen Lieferantenkredit gibt es diesen manchmal auch in der Sonderform eines sog. **Einrichtungskredites**. Diese kurzfristige Kreditart stellt bspw. für Gaststättenbetreiber oder Tankstellenunternehmer eine übliche Finanzierungsform dar, bei denen Brauerei- oder Mineralölgesellschaften die Unternehmensgründung unterstützen, indem sie bspw. Zapf- und Kühlanlagen zur Verfügung stellen und mit der Rückzahlung warten, bis dies die operativen Rückflüsse der Betreiber erlauben.[5]

7.3 Kundenanzahlung

Im Unterschied zum Lieferantenkredit tritt bei einer Kundenanzahlung der Kunde des Unternehmens als Kreditgeber auf. Entgegen dem Lieferantenkredit, für den eine Kaufpreisstundung charakteristisch ist, erzielt das Unternehmen hier einen Geldzufluss bevor es für den Kunden eine Gegenleistung erbracht hat. Folglich finanziert der Kunde den Leistungserstellungsprozess im Unternehmen (zumindest teilweise) vor. Derartige Vereinbarungen werden insb. bei Auftragsfertigungen, die sich über mehrere Monate erstrecken (bspw. Großmaschinenbau oder Bauprojekte), getroffen.[6] Kundenanzahlungen findet man auch im privaten Bereich, bspw. bei der Buchung von Flugreisen. Aus Unternehmenssicht stellen Anzahlungen, neben dem Finanzeffekt, eine Schutzvereinbarung für den Fall dar, dass der Auftraggeber später das Produkt nicht mehr abnehmen will oder eine anderweitige Verwertung nur mit erheblichem Disagio möglich ist. Allerdings unterliegt der Kunde dem Risiko, dass der Produzent nicht liefert, so dass vielfach Konventionalstrafen vereinbart werden, deren Zahlungen durch eine Garantie seitens der Hausbanken der beteiligten Geschäftspartner sichergestellt

5 Vgl. Drukarczyk, J. (Finanzierung 2003), S. 480.

6 Alternativ werden auch laufende Abschlagszahlungen in Abhängigkeit des Baufortschritts vereinbart, was aus Kundensicht vorteilhaft erscheint, da er zumindest teilweise eine Gegenleistung erhält.

sind.[7] Je nach Usancen des Marktes lassen sich aus Kundensicht im Einzelfall Preisnachlässe erzielen, um den entstehenden Opportunitätskosten im Falle einer Kundenvorauszahlung entgegenzuwirken. Entsprechend lassen sich die Zinssatzüberlegungen aus Abschnitt 7.2 spiegelbildlich auf die Situation eines Kunden übertragen, sofern er über eine Wahlmöglichkeit zwischen Anzahlung und Zahlung bei Auslieferung des Produktes besitzt. Hierzu ein kurzes Beispiel, bei dem wir vereinfacht eine Periode mit zwei möglichen Zahlungszeitpunkten betrachten.

Beispiel

Ein Kunde hat die Wahl, einem Unternehmen für ein zu lieferndes Produkt sofort (t=0) eine Anzahlung über 8.000,-- GE zu leisten und dafür am Periodenende (t=1), dem Auslieferungszeitpunkt, noch einen Restbetrag von 90.000,-- GE zu überweisen. Falls der Kunde erst bei Auslieferung zahlen möchte, hat er 100.000,-- GE aufzubringen. Die zeitpunktbezogenen Differenzen der Zahlungsströme beider Handlungsalternativen stellen aus Kundensicht eine Differenzinvestition dar:[8] Der Anzahlung in t=0 steht eine Minderauszahlung (Ersparnis) von 10.000,-- in t=1 gegenüber. Könnte der Kunde anstelle einer Anzahlung die 8.000,-- GE eine Periode lang zu 10% alternativ anlegen, würde er zur Begleichung der dann um 10.000,-- GE höheren Kaufpreiszahlung in t=1 über einen Betrag von 8.800,-- GE verfügen. Da dieser Betrag für die zusätzliche Kaufpreisforderung in t=1 nicht ausreicht, ist die sofortige Anzahlung in t=0 die relativ vorteilhaftere Variante. Erst bei einer Verzinsung von 25% könnte die Mehrauszahlung in t=1 aus dem Endwert der temporären Geldanlage komplett finanziert werden, die durch Anzahlungsverzicht in t=0 möglich würde.

7.4 Kontokorrentkredit

Unter einem Kontokorrent versteht man einen Kredit (lat. conto corrente: Konto in laufender Rechnung), der vom Kreditnehmer bis zu einem vertraglich festgelegten Maximalbetrag (Kreditlinie) laufend in Anspruch genommen werden darf (auch: Dispositionskredit). Er dient vornehmlich zur Überbrückung temporärer finanzieller Spitzenbelastungen. Obwohl er für kurzfristige Liquiditätsengpässe konzipiert ist, bilden sich meistens gewisse „Bodensätze" an Kreditinanspruchnahmen, die ihn faktisch vielfach zu einem eher langfristigen Kredit werden lassen.

---

7 Zum Begriff der Garantie vgl. Abschnitt 5.5.

8 Zur Differenzinvestition, mit der sich relative Vorteilhaftigkeiten identifizieren lassen, vgl. Götze, U. (Investitionsrechnung 2008), S. 73-74; Kesten, R. (Investitionsrechnung 2011), S. 88-89.

Einer der wichtigsten Vorteile aus Kreditnehmersicht ist die Vergrößerung der Dispositionsfreiheit, da der Kredit an keine speziellen Bedingungen geknüpft ist. Er trägt damit zur Sicherung der jederzeitigen Zahlungsfähigkeit bzw. zur Erhaltung einer Liquiditätsreserve bis zur gewährten Kreditlinie bei. Diese Reserve ermöglicht vielfach die Ausnutzung von Skonti, da die Inkaufnahme von relativ hohen Sollzinsen beim Kontokorrent meistens vorteilhafter erscheint als der Verzicht auf Skontoabzug, dessen Belastungswirkungen wir bei den Lieferantenkrediten in Abschnitt 7.2 diskutiert haben. Zudem werden i.d.R. keine gesonderten Sicherheiten verlangt.

Aus Sicht der Kredit gebenden Bank ergibt sich ein detaillierter Einblick in die aktuellen Zahlungsstrukturen des Unternehmens aufgrund der laufenden Ein- und Auszahlungen, die auf dem Geschäftskonto abgebildet werden. Zudem liegen die Zinssätze (Geldmarktzinssatz wie EURIBOR zuzüglich 5% bis 8% p.a.) oftmals im zweistelligen Bereich und erhöhen sich nochmals bei geduldeter Überziehung der gewährten Kreditlinie, was seine Vergabe aus Bankensicht attraktiv macht, zumal der bereits erwähnte „Bodensatz" seiner Inanspruchnahme ein dauerhaft hohes Zinsaufkommen garantiert.

7.5 Lombardkredit

Ein Lombardkredit stellt einen Kredit dar, der über einen festen Betrag lautet, in einer Summe zur Verfügung gestellt wird und durch Verpfändung (Lombardierung) von beweglichen Sachen und Rechten gesichert ist. Daher liegt eine sog. „verliehene Liquidität" vor.[9] Als Pfandobjekte dienen insbesondere Edelmetalle (Edelmetalllombard), Wertpapiere (Effektenlombard), Wechsel (Wechsellombard) oder Waren (Warenlombard), die als relativ wertbeständig und schnell verwertbar aus Sicht des Kreditgebers gelten. Idealerweise sollten die Pfandobjekte an einer Börse gehandelt werden, um die Wertentwicklung laufend beobachten zu können.

Beliehen wird nicht der ganze Wert des Sicherungsgutes sondern nur ein gewisser Prozentsatz (zwischen 50% für Waren und 80% für festverzinsliche Wertpapiere). Die Pfandobjekte sind dem Kreditgeber zu überlassen, der diese ggf. mangels Räumlichkeiten in einem Lagerhaus bzw. bei einer Spedition verwahren lässt. Im Falle eines Effektenlombards entfällt die gesonderte Einlagerung, da Wertpapiere ohnehin bei den Banken gehalten werden. Eine weitere Variante besteht in der Sicherungsübereignung von Vermögensgegenständen, da dabei die Nutzung der Gegenstände beim Kreditnehmer weiter möglich ist.[10] Die Kreditkosten liegen auf ähnlichem Niveau wie bei einem Kontokorrent.

---

9 Vgl. Abschnitt 2.5.

10 Zur Sicherungsübereignung vgl. Abschnitt 5.5.

Während Nichtbanken eher auf einen Kontokorrent- als auf einen Lombardkredit zurückgreifen, stellt insbesondere der Effektenlombard für Banken eine öfters genutzte kurzfristige Refinanzierungsquelle dar, indem sie sich Wertpapierbestände bei der Europäischen Zentralbank beleihen lassen.[11]

7.6 Diskontkredit

Ein Unternehmen, das über Forderungen gegenüber seinen Kunden verfügt, kann diese Forderungen durch einen Wechsel, den der Schuldner akzeptiert, verbriefen: Durch die Ausstellung eines Wechsels gibt der Kunde ein verbindliches Zahlungsversprechen gegenüber dem Unternehmen oder alternativ gegenüber einer anderen Person ab. Bestätigt der Kunde mit seiner Unterschrift auf dem Wechsel sein Zahlungsversprechen, wird der Wechsel als Akzept bezeichnet.[12]

Ein solcher Wechsel kann dann unter bestimmten Bedingungen bei Banken zur Diskontierung eingereicht werden: Die noch nicht fällige Kundenforderung geht quasi vom Unternehmen auf die Bank (in Abb. 7-3 als A bezeichnet) über, die den Forderungsbetrag mit einem Abschlag (Diskont) bevorschusst. Allerdings bleibt das Unternehmen der Bank gegenüber weiter verpflichtet, bis der Kunde gezahlt hat. Damit gewährt die Bank dem den Wechsel einreichenden Unternehmen einen Geldkredit über die Restlaufzeit der Kundenforderung. Durch den Diskont vom Forderungsbetrag zahlt das Unternehmen die Zinsen bereits zu Beginn der Kreditbeziehung, so dass man den Abschlag analog zu Darlehensverträgen als Disagio bezeichnen kann. Bei der Berechnung der effektiven Kreditkosten handelt es sich um eine Zahlungsstruktur mit lediglich zwei Zeitpunkten (diskontierter Forderungsbetrag am Anfang als Einzahlung und Weitergabe der Kundeneinzahlung an die Bank als Auszahlung für das Unternehmen), so dass die Berechnung formal mit der von Darlehen mit Endwerttilgung bzw. von Zero-Bonds übereinstimmt.[13]

Der einer Bank nun vorliegende Wechsel kann zudem ihrerseits genutzt werden, um sich bei einer Zentralbank zu refinanzieren, sofern die von der Zentralbank festgelegten Kriterien erfüllt werden (u.a. Wechsellaufzeit zwischen 1 und 6 Monaten und gewisse Bonität von Wechseln aus einem Handels- oder Warengeschäft).[14] In diesem Fall würde nun die Zentralbank den Wechsel besitzen und ihn am Ende der Forderungsrestlaufzeit der im Wechsel festgeleg-

---

11 Vgl. Wöhe, G./Bilstein, J./Ernst, D./Häcker, J. (Grundzüge 2009), S. 354.

12 Zum Begriff und den Formen des Wechsels vgl. näher Perridon, L./Steiner, M./Rathgeber, A. (Finanzwirtschaft 2009), S. 426-429; Wöhe, G./Bilstein, J./Ernst, D./Häcker, J. (Grundzüge 2009), S. 355-356.

13 Vgl. diesbezüglich nochmals die Abschnitte 5.2.3. sowie 5.3.2.1.

14 Vgl. näher Perridon, L./Steiner, M./Rathgeber, A. (Finanzwirtschaft 2009), S. 430.

ten Zahlstelle (in Abb. 7-3 als B bezeichnet) vorlegen und eine Einzahlung verlangen. Die Zahlstelle wiederum legt den Wechsel abschließend dem sog. Bezogenen (also dem Kunden des Unternehmens) vor, der nun sein Zahlungsversprechen erfüllt. Die in Abb. 7-3 enthaltene Nummerierung soll den zeitlichen Ablauf des beschriebenen Sachverhalts verdeutlichen.

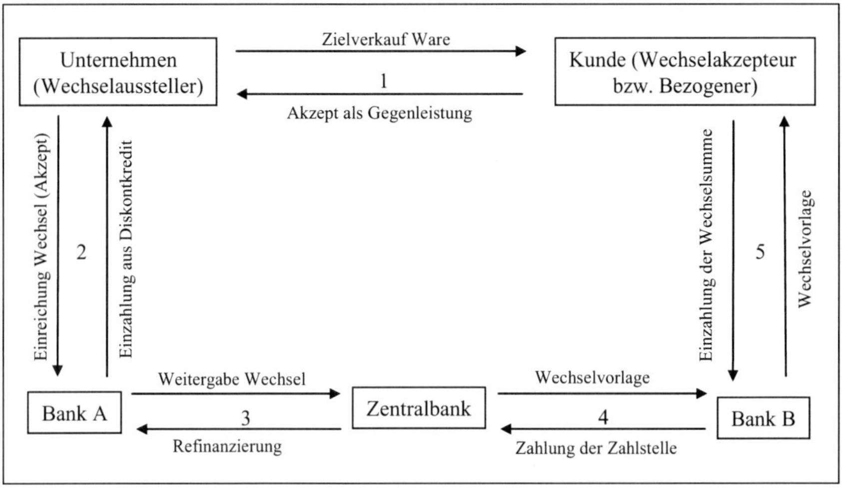

Abb. 7-3: Möglicher Ablauf eines Diskontkredites

7.7 Akzeptkredit

Eine zweite Kreditform, bei der ebenfalls das Instrument „Wechsel" genutzt wird, stellt der sog. Akzeptkredit dar. Dieser wird von einer Bank gewährt, indem sie innerhalb einer fixierten Kreditlinie vom Kredit nehmenden Unternehmen (also von ihrem Bankkunden) ausgestellte, auf sie gezogene Wechsel akzeptiert und sich dadurch verpflichtet, dem Wechselinhaber (zumeist der Gläubiger des Kreditnehmers) den Wechselbetrag bei Fälligkeit auszuzahlen. Damit die Bank aber erst gar nicht in die Zahlungspflicht kommt, verpflichtet sich das Unternehmen, den auf dem Wechsel angegebenen Betrag einige Tage vor Fälligkeit zu erfüllen. Dies kann dadurch geschehen, dass das Unternehmen seinem Gläubiger (bspw. einem Lieferanten) den geschuldeten Betrag oder alternativ seiner Bank überweist, die den Betrag dann als Bezogener an den Lieferanten bei Fälligkeit weiterleiten würde.

Durch das Akzept bieten sich dem Unternehmen neue Möglichkeiten: Es kann den Wechsel einerseits nutzen, um ihn analog Abschnitt 7.6 diskontieren zu lassen oder um ihn an einen Lieferanten bzw. einen aktuellen Gläubiger weiterzugeben. Letzterem stehen dann die gleichen Möglichkeiten zur Weiterverwendung offen.

Durch das Akzept stellt die Bank keine Finanzmittel zur Verfügung, sondern erhöht durch eigene Unterschrift das Verwertungs- bzw. Liquiditätspotential des Wechsels, da dieser nun eine ähnlich flexible Eintauschfähigkeit wie Bargeld aufweist. Die Bank leiht in diesem Fall kein Geld, sondern stellt ihre eigene Kreditwürdigkeit in den Dienst des Unternehmens (sog. Kreditleihe). Für diese Dienstleistung verlangt die Bank eine sog. Akzeptprovision. Durch die mit der Akzeptierung verbundenen Risiken steht diese Kreditleihe nur erstklassigen Kreditnehmern zur Verfügung.

7.8 Avalkredit

Eine weitere Form von Kreditleihe stellt der sog. Avalkredit dar. Hierbei übernimmt eine Bank eine Bürgschaft oder Garantie für ihren Kunden und ermöglicht ihm damit die Aufnahme eines Geldkredites bei Dritten.[15] Aus Sicht der Garantie gebenden Bank liegt zunächst eine sog. Eventualverbindlichkeit vor, die dann zu einer echten Verbindlichkeit für sie wird, wenn ihr Kunde seinen Verpflichtungen aus seinem eigentlichen Geldkredit nicht mehr nachkommt.

Für ihre Dienstleistung fordert die Bank von ihrem Kunden bis zu 3% Avalprovision vom Bürgschafts- bzw. Garantiebetrag.[16] Aus Sicht eines Kredit nehmenden Unternehmens besteht der entscheidende Vorteil darin, dass es selbst keine Stellung von Sicherheiten für die beabsichtigte Aufnahme des Geldkredites bei einem anderen Gläubiger vorzunehmen hat und aus dem Avalkredit selbst keine laufenden Zahlungsverpflichtungen resultieren. Aval-, aber auch Akzeptkredite werden vielfach zur Sicherung von Exportgeschäften eingesetzt.[17]

7.9 Commercial-Paper-Programme und Euro-Notes

Commercial-Paper stellen unbesicherte Inhaberschuldverschreibungen mit einer Laufzeit zwischen sieben Tagen und zwei Jahren dar, durch die ein Unternehmen seinen kurz- bis mittelfristigen Geldbedarf decken kann. Da diese Anleihen ähnlich einem Schuldscheindarlehen[18] revolvierend begeben werden können, spricht man von einem Commercial-Paper-Programm, das durch eine Rahmenvereinbarung zwischen dem Unternehmen (Emittent) und den beteiligten Banken (Arrangeure) geschlossen wird. Durch die Vereinbarung wird der

---

15 Zur Bürgschaft und Garantie vgl. Abschnitt 5.5.

16 Vgl. Perridon, L./Steiner, M./Rathgeber, A. (Finanzwirtschaft 2009), S. 437-438.

17 Zu kurzfristigen Instrumenten im Rahmen von Exportgeschäften vgl. näher Wöhe, G./Bilstein, J./Ernst, D./Häcker, J. (Grundzüge 2009), S. 361-365; Zantow, R. (Finanzwirtschaft 2007), S. 306-310.

18 Zum Schuldscheindarlehen vgl. nochmals Abschnitt 5.2.5.

Emittent berechtigt, aber nicht verpflichtet, jederzeit im Rahmen des gewährten Platzierungsvolumens Teilschuldverschreibungen (Notes) zu begeben. Da die Notes über einen längeren Zeitraum permanent emittiert werden können, ergeben sich zumeist mehrere Emissionstranchen, so dass man auch von einer Daueremissionsmöglichkeit sprechen kann.[19] Neben dem Verzicht auf eine Besicherung der Notes gewähren die Arrangeure keine Platzierungsgarantie. Die Banken versprechen lediglich ein gewisses Bemühen im Rahmen der ihnen zur Verfügung stehenden Kontakte zu potentiellen Anlegern. Für die Vermittlungsbemühungen erhalten arrangierende Banken eine Provision. Folglich ist der Emissionserfolg von der allgemeinen Lage bzw. aktuellen Anlegerstimmung am Kapitalmarkt abhängig, was die praxisnahe Bezeichnung als „Schönwetter-Papiere“[20] geprägt hat.

Obwohl Commercial-Papers Wertpapiere darstellen, werden sie vielfach nicht an der Börse gehandelt, sondern gezielt über die Arrangeure einem begrenzten Anlegerkreis angeboten (sog. Privatplatzierung). Entsprechend besteht für ein Unternehmen keine besondere Publizitätspflicht über das Eingehen einer neuen kurzfristigen Kreditbeziehung. Als Programmvolumen hat sich eine Untergrenze zwischen 50 und 100 Mio. EUR am Markt etabliert. Der Nennwert einer Tranche beträgt i.d.R. 2,5 Mio. EUR, wobei auf eine Teilschuldverschreibung vielfach ein Mindestnennbetrag von 100.000,-- EUR entfällt, was den Anlegerkreis vornehmlich auf große internationale Kapitalsammelstellen (Investmentfonds, Pensionskassen, Versicherungen) und interessierte Industrieunternehmen einschränkt.[21]

Aufgrund der fehlenden Sicherheitenstellung ist der Emittentenkreis auf „erste Adressen“ mit bester Bonität begrenzt, wobei es keine grundsätzlichen Einschränkungen bei der Rechtsform eines Emittenten gibt. Entscheidend ist vielmehr das Kreditrating. Anstelle von Sicherheiten wird aber i.d.R. eine sog. Negativerklärung abgegeben, mit der sich ein Unternehmen verpflichtet, keine weiteren Sicherheiten für Dritte zu stellen. Im Falle eines Verstoßes gegen diese Erklärung werden die Bedingungen der Rahmenvereinbarung verschärft oder gar aufgekündigt.

Insgesamt lässt sich festhalten, dass Commercial-Paper-Programme bezüglich ihrer flexiblen Inanspruchnahme eine hohe Affinität zu Kontokorrentkrediten aufweisen. Durch die Kreditverbriefung (Securitization) lassen sich im Gegensatz zum Kontokorrent mehrere bzw. verschiedene Geldgeber für ein Unternehmen finden. Zudem sind, als weiterer Unterschied, bei den einzelnen Tranchen die Laufzeiten fest, aber unternehmensspezifisch, vorgegeben. Die Kreditbeträge sind erheblich höher und die zu gewährende Anlegerverzinsung, die sich an den Geldmarktzinssätzen (EURIBOR oder LIBOR) orientiert, liegt deutlich unter den Zinssätzen klassischer Dispositionskredite. Analog zu Zero-Bonds werden Commercial-Paper als

---

19 Vgl. Wöhe, G./Bilstein, J./Ernst, D./Häcker, J. (Grundzüge 2009), S. 367.

20 Wöhe, G./Bilstein, J./Ernst, D./Häcker, J. (Grundzüge 2009), S. 367.

21 Vgl. Becker, H.P. (Investition 2008), S. 177.

Abzinsungspapiere emittiert, so dass die Zinsen im Rückzahlungsbetrag bei Fälligkeit der Notes inkludiert sind.

Beispiel

Ein Unternehmen emittiert ein Commercial-Paper im Nenn- bzw. Rückzahlungsbetrag von 100 Mio. GE mit einer festen Laufzeit (t=T) von 90 Tagen. Als Zinssatz wird zum Emissionszeitpunkt der EURIBOR zuzüglich eines bonitätsbedingten Zuschlags von 0,5% p.a. vereinbart. Am Tag der Emission (t=0) weist der EURIBOR einen Satz von 4,5% p.a. auf. Entsprechend findet zur Bestimmung des Emissionspreises (P_0) eine unterjährige Diskontierung des Nennwertes statt:

$$(1)\ P_0 = \frac{100.000.000}{(1+0{,}05)^{90/360}} \approx 98.787.654{,}74 \text{ GE}$$

In der Differenz aus Rückzahlungs- und Auszahlungsbetrag (gut 1,21 Mio. GE) ist die Anlegerverzinsung von 5% p.a. enthalten, wobei wir (vereinfacht) mit 360 Tagen für ein Anlegerjahr gerechnet haben. Der Nenner von (1) beinhaltet den zum Diskontieren erforderlichen Quartalszinssatz (knapp 1,23%), der mit dem gegebenen Jahreszinssatz (5%) belastungsäquivalent ist.

Von den Commercial-Papers zu unterscheiden sind die sog. **Euro-Notes**, bei denen allerdings die Banken eine Platzierungsgarantie gegenüber dem Kredit nehmenden Unternehmen abgeben: Sollten sich keine Kapitalgeber finden lassen, verpflichten sich die Banken, die Geldmarktpapiere zu einem vereinbarten Zinssatz selbst zu übernehmen oder alternative Kredite bereitzustellen. Für dieses sog. Platzierungsrisiko verlangen die Banken eine Risikoprämie. Als Geldmarktpapiere haben Euro-Notes eine begrenzte Laufzeit von bis zu 6 Monaten, die großen international bekannten Unternehmen, unabhängig ihrer Rechtsform, offen stehen. Analog zu Commercial-Papers werden sie i.d.R. nicht an der Börse gehandelt.[22]

22 Vgl. Drukarczyk, J. (Finanzierung 2003), S. 484-485.

8. Finanzierungsderivate

8.1 Merkmale und Ziele derivativer Finanzinstrumente

Finanzierungsderivate, die auch als sog. Finanzinnovationen bezeichnet werden, zeichnen sich im Wesentlichen dadurch aus, dass ihr Preis bzw. ihre Wertentwicklung mittel- oder unmittelbar vom Preis eines zugrunde liegenden Basiswertes (sog. Underlyer, Underlying oder Basisgut) abhängt.[1] Entsprechend steigt oder sinkt der Derivatepreis, wenn sich der Preis des Basiswertes verändert.

Mögliche Basiswerte sind Aktien, Aktienindizes (bspw. DAX), Devisen (fremde Währungen), Zinstitel (Anleihen), Zinsindizes (bspw. REX), Edelmetalle (bspw. Gold) sowie Waren (bspw. landwirtschaftliche Erzeugnisse wie Weizen oder Bodenschätze wie Öl).

Abb. 8-1 gibt einen Überblick über die Grundformen von Finanzierungsderivaten.

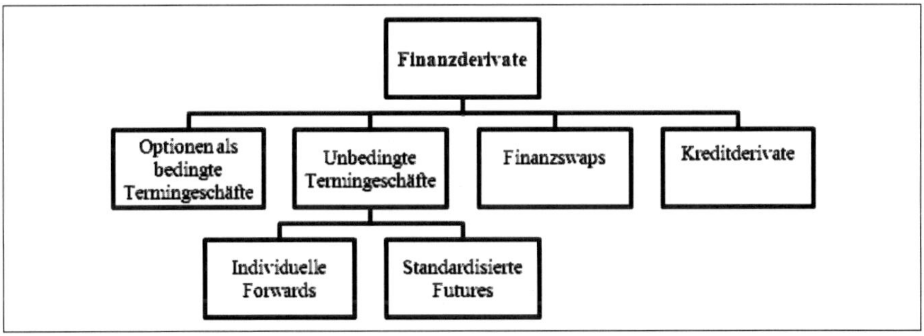

Abb. 8-1: Grundformen von Finanzierungsderivaten

Termingeschäfte sind dadurch charakterisiert, dass Vertragspartner bereits heute definitiv vereinbaren, welches Finanzinstrument in der Zukunft der eine Vertragspartner zu liefern und welchen Preis der andere Partner dafür zu zahlen hat. Insofern kann man sagen, dass bereits heute alle entscheidenden Vertragsparameter bzw. alle Rechte und Pflichten zwischen Käufer und Verkäufer eines Derivats feststehen.

Sind beide Vertragspartner (also Käufer und Verkäufer des Derivats) zur Leistungserfüllung aus dem Termingeschäft verpflichtet, spricht man von einem sog. **unbedingten Termingeschäft**: In einem bereits heute abgeschlossenen Vertrag werden die Bedingungen der künfti-

1 Derivativ kann man mit „abgeleitet" übersetzen.

gen Vertragserfüllung fest in einer Weise vereinbart, dass aus dem Recht des einen Vertragspartners analog die Verpflichtung des anderen Partners resultiert. Dieses **symmetrische Vertragsverhältnis** hat zur Folge, dass finanzielle Vorteile des einen zulasten des anderen Vertragspartners gehen.

Beispiel für ein unbedingtes Termingeschäft

Am 01.01. vereinbart ein Industrieunternehmen mit einer Bank als unbedingtes Termingeschäft: In sechs Monaten verkauft das Unternehmen an die Bank 1 Mio. USD (Recht des Unternehmens) und bekommt im Gegenzug am 30.06. von der Bank 1,2 Mio. EUR (Verpflichtung der Bank). Damit wissen beide Seiten bereits heute, was Ende Juni jeweils an den anderen Partner zu leisten ist. Am 30.06. hat nun das Unternehmen die Verpflichtung, der Bank 1 Mio. USD zu liefern, was aus Bankensicht einem Rechtsanspruch auf USD-Belieferung gleichkommt. Insgesamt liegt damit ein symmetrisches Rechte-Pflichten-Verhältnis zwischen den beiden Vertragspartnern vor. Der Gegenwert der an die Bank zu liefernden 1 Mio. USD betrage aufgrund von zwischenzeitlich eingetretenen Wechselkursänderungen am 30.06. 1,5 Mio. EUR. Das deutsche Unternehmen muss nun 1 Mio. USD an die Bank liefern und erhält den vereinbarten Gegenwert von 1,2 Mio. EUR. Ohne das unbedingte Termingeschäft hätte das Unternehmen einen um 0,3 Mio. EUR höheren Erlös aus dem direkten Umtausch der USD am Devisenmarkt erzielt. Aus Sicht der Bank ist dagegen ein Gewinn von 0,3 Mio. EUR entstanden: Für die 1 Mio. USD mussten nur 1,2 Mio. EUR hingegeben werden, obwohl die Dollar aktuell einen Marktwert von 1,5 Mio. EUR haben, den die Bank nun durch Veräußerung am Devisenmarkt realisieren kann. Würde sich der Gegenwert für 1 Mio. USD per 30.06. auf bspw. 1 Mio. EUR reduzieren, hätte das Unternehmen einen Vorteil erzielt. Dank des unbedingten Devisentermingeschäftes kann es unabhängig von der künftigen Wechselkursentwicklung stets mit einem Gegenwert von 1,2 Mio. EUR kalkulieren, was die Planbarkeit von Ex- und Importaktivitäten mit anderen Währungsräumen erheblich verbessert.

Ein Devisentermingeschäft wird individuell zwischen zwei Vertragsseiten gestaltet, weshalb die Einbettung in einen organisierten Börsenhandel nicht möglich ist. Für diese außerbörsliche Abwicklung hat sich die Bezeichnung „Over The Counter" (OTC) bzw. OTC-Geschäft eingebürgert.

Als Oberbegriff für alle unbedingten und außerbörslichen Termingeschäfte hat sich der Ausdruck **Forward** etabliert. In Abschnitt 8.2.1 und 8.2.2 wird auf Devisentermingeschäfte und sog. Forward Rate Agreements näher eingegangen.

Von den Forwards abzugrenzen sind die sog. **Futures** bzw. Financial Futures, die ebenfalls zur Gruppe der unbedingten Termingeschäfte gehören, aber als standardisierte Derivate im

Rahmen eines Börsenhandels bereits seit 1848 in den USA organisiert sind. Diese werden in Abschnitt 8.2.3 anhand von zwei Beispielen (Bund-Future sowie DAX-Future) vorgestellt.

Ist dagegen lediglich der Derivateverkäufer zur Leistungserfüllung verpflichtet, liegt ein sog. **bedingtes Termingeschäft** vor. Letzteres bedeutet aus Sicht des Derivatekäufers, dass dieser über ein Recht gegenüber dem Verkäufer verfügt, Vertragserfüllung zu verlangen falls er von seinem Recht Gebrauch macht. Wenn man ein Recht, aber keine Verpflichtung hat, etwas zu tun, spricht man von einer **Option**: Der Optionskäufer besitzt ein Wahlrecht, einen Basiswert zu bereits heute fixierten Bedingungen künftig zu erwerben oder zu veräußern. Entsprechend existieren aus Käufersicht sog. Kaufoptionen und sog. Verkaufsoptionen, die von einem Optionsverkäufer angeboten werden können. Für den Optionsverkäufer resultiert aus seiner eingegangenen Leistungsverpflichtung, dass er ggf. den Basiswert an den Optionskäufer liefern oder von ihm erwerben muss. Ob der Verkäufer der Option zu reagieren hat, hängt stets vom Verhalten des Optionskäufers ab, weshalb man ihn auch als sog. „Stillhalter“ bezeichnet: Der Verkäufer kann nach Abschluss eines Optionsvertrages nur abwarten, aber nicht selbst bzw. unabhängig von einer Aktion des Käufers agieren.

Beispiel für ein bedingtes Termingeschäft

Ein deutsches Unternehmen erwartet in drei Monaten den Eingang eines Umsatzerlöses aus einem Exportgeschäft in Höhe von 1 Mio. USD. Es erwirbt von seiner Bank das Recht, Devisen in drei Monaten zum heute aktuellen Wechselkurs (bspw. 1,20 EUR/USD) an diese zu verkaufen. Für dieses Verkaufsrecht muss das Unternehmen an die Bank eine sog. Optionsprämie zahlen (Kauf einer Verkaufsoption). Angenommen, der Wechselkurs steigt von heute 1,20 EUR/USD auf 1,50 EUR/USD in drei Monaten, so wird das Unternehmen das Recht auf Devisenverkauf an die Bank zu 1,20 EUR/USD nicht ausüben; denn ein Erlös in Höhe von 1,5 Mio. EUR durch Umtausch der erhaltenen 1 Mio. USD über den Devisen(kassa)markt ist größer als einer bei Ausübung der Verkaufsoption (1,2 Mio. EUR). Sinkt allerdings der Wechselkurs im Zeitablauf von heute 1,20 EUR/USD auf künftig 1,00 EUR/USD, ist die Ausübung der Verkaufsoption gegenüber der Bank sinnvoll: Ein Umtausch der erhaltenen 1 Mio. USD würde am Devisenmarkt nur zu einem Gegenwert in Höhe von 1 Mio. EUR führen; dagegen wäre die Bank als Optionsverkäufer verpflichtet, dem Unternehmen 1,2 Mio. EUR als Gegenleistung für die 1 Mio. USD zu zahlen. In dem letzteren Fall zeigt sich, dass die an die Bank heute zu entrichtende Optionsprämie vergleichbar ist mit einer Versicherungsprämie gegen negative Wechselkursentwicklungen aus Sicht des Exporteurs. Im Beispiel kann dieser nicht mehr als die gezahlte Prämie verlieren.

In Abschnitt 8.3.1 werden Optionen am Beispiel von Aktien als Basiswerte näher erläutert. In Abschnitt 8.3.2 wird auf weitere Optionsarten (Devisen-, Index- und Zinsoptionen) kurz eingegangen.

Unter einem **Finanzswap** versteht man den wechselseitigen Austausch von Zahlungsströmen zwischen zwei Vertragspartnern (to swap = tauschen), durch die insbesondere komparative Kostenvorteile genutzt werden, die sich vornehmlich durch unterschiedliche Bonitätseinschätzungen und abweichende Marktzugangsmöglichkeiten der beteiligten Swappartner ergeben. Analog zum Beispiel eines Devisentermingeschäftes handelt es sich bei Finanzswaps um unbedingte Derivategeschäfte mit symmetrischem Rechte-Pflichten-Verhältnis. Allerdings liegt kein Termingeschäft vor. Zu den Finanzswaps zählen Zins-, Währungs- und Kreditswaps.[2] Ihnen allen ist gemeinsam, dass sie außerbörsliche Derivate darstellen, die individuell zwischen den Vertragspartnern vereinbart werden können. Die in der Praxis wichtigste Swapform ist die des Zinsswaps, bei denen es zum Tausch von Zinszahlungen kommt.

Beispiel für einen Zinsswap

Ein Unternehmen hat 10 Mio. GE noch für zwei Jahre zu einem variablen Zinssatz (bspw. EURIBOR) angelegt.[3] Um künftig erwartete Zinssatzschwankungen auszuschließen, wird mit einer Bank ein zweijähriger Swapvertrag über 10 Mio. GE abgeschlossen, bei dem sich die Bank zur Zahlung fester Zinsen in Höhe von 4% p.a. verpflichtet. Im Gegenzug leistet das Unternehmen die Zinszahlungen aus der EURIBOR-Geldanlage an die Bank weiter. Aus Sicht des Unternehmens werden variable in feste Zinszahlungen getauscht (sog. Kuponswap). Ist der EURIBOR-Zinssatz anfangs bei 3% p.a., so erzielt das Unternehmen einen Gewinn aus dem Swap. Steigt der EURIBOR allerdings auf bspw. 6% p.a., dreht sich der anfängliche Vorteil fester Zinsen in einen finanziellen Nachteil für das Unternehmen um. Bei der Bank ist es entsprechend umgekehrt; ihre Bereitschaft zu diesem Finanzswap wird deshalb in der Erwartung künftig steigender Zinsen liegen.

In Abschnitt 8.4 werden weitere Beispiele für Finanzswaps vorgestellt: Abschnitt 8.4.1 verdeutlicht am Zinsswap insbesondere das Erzielen komparativer Kostenvorteile. Abschnitt 8.4.2 zeigt die Funktionsweise von Währungsswaps.

Kreditderivate dienen der Weitergabe von Ausfallrisiken aus originären Kreditbeziehungen an Dritte. Hat bspw. eine Bank Finanzforderungen, bei denen sie Ausfälle erwartet, so kann sie im Falle eines Schadensereignisses (Credit Event) eine Ausgleichszahlung vom Derivatekontraktpartner verlangen. Hierfür hat sie vorab Prämien zu entrichten. Diese versicherungsähnliche Situation kann durch das Instrument Credit Default Swap realisiert werden, welches in den letzten Jahren eine erhebliche Bedeutung in der Kreditpraxis erlangt hat. In Abschnitt 8.5 wird es, gemeinsam mit den Instrumenten Credit Linked Note sowie Total Return Swap, näher erörtert.

---

2 Vgl. Becker, H.P. (Investition 2008), S. 245.

3 Es könnte sich hierbei bspw. um einen Floater handeln. Vgl. zu Floating Rate Notes Abschnitt 5.3.2.2.

Wie die einleitenden Beispiele bereits vermuten lassen, sind Finanzierungsderivate flexibel einsetzbare Instrumente, die folgenden **Zwecken** dienen können:[4]

- **Hedging**: Absicherung bestehender oder geplanter Vermögensgegenstände (bspw. Wertpapierdepots) gegen Marktrisiken.
- **Spekulation**: Gewinnerzielung aufgrund abweichender Markterwartungen und Realisation eines relativ großen Wertzuwachs des Derivates im Vergleich zu seinem Basiswert (bspw. Wertsteigerung einer Aktienoption im Vergleich zur Kursveränderung der der Option zugrunde liegenden Aktie).
- **Arbitrage**: Ausnutzen von Preisunterschieden zwischen verschiedenen Märkten und Produkten zu einem Zeitpunkt (bspw. Differenzen zwischen dem Markt des Basiswertes und dem Markt des damit korrespondierenden Derivates oder Konditionenvorteile durch Kooperation mit einem anderen Finanzpartner).

Aus Sicht von Unternehmen des Nicht-Finanzsektors hat das Hedging eine praktisch hohe Bedeutung. Der Vorteil von Derivaten besteht u.a. darin, dass ein Unternehmen bspw. seine Aktien gegen Kurssenkungen absichern oder seine variabel verzinsten Obligationen vor befürchteten Zinssatzsenkungen schützen kann, ohne die Wertpapiere verkaufen zu müssen. Das Unternehmen kann sich also ggf. umfangreiche Vermögensumschichtungen in der Bilanz sowie die damit verbundenen Transaktionskosten (teilweise) ersparen, weshalb man in Zusammenhang mit Finanzierungsderivaten vielfach auch von „bilanzunwirksamen Geschäften“ spricht.

8.2 Unbedingte Termingeschäfte

8.2.1 Devisentermingeschäfte

Mit einem Devisentermingeschäft verfolgt ein Unternehmen die Strategie, sich gegen mögliche Wechselkursrisiken abzusichern, die bspw. im Rahmen von Ex- und Importaktivitäten mit anderen Währungsräumen entstehen können. Als Basiswert fungiert damit die zugrunde liegende fremde Währung (bspw. USD) bzw. der entsprechende Wechselkurs (bspw. EUR/USD). Betrachtet man einen deutschen Exporteur (erster Fall), der nach einem Zielverkauf von Waren einen sinkenden Wechselkurs erwartet, so wird er demnächst vom US-Kunden Devisen (USD) erhalten, die er dann zu einem bereits heute vereinbarten Terminkurs an den Kontraktpartner (bspw. seine Hausbank) verkauft. Umgekehrt könnte ein deutscher Importeur (zweiter Fall) agieren, der heute Waren auf einer Messe in den USA erwirbt. Muss der Importeur unmittelbar nach erfolgter Warenanlieferung den ausländischen Lieferanten in

4 Vgl. Hull, J.C. (Optionen 2006), S. 32-39; Gräfer, H./Schiller, B./Rösner, S. (Finanzierung 2010), S. 204-205.

USD bezahlen, hat er USD zu beschaffen. Die Beschaffungskonditionen kann er bereits heute per terminlicher Verpflichtung definitiv festlegen. Im ersten bzw. zweiten Fall wäre seine Hausbank zur Übernahme bzw. zur Abgabe der Devisen zum fixierten Terminkurs verpflichtet. Umgekehrt verpflichtet sich aber auch der deutsche Exporteur bzw. Importeur die Devisen per Termin zu liefern bzw. abzunehmen.

Beispiel aus Sicht eines deutschen Exporteurs

Anfang eines Jahres (t=0) hat ein deutsches Industrieunternehmen einen Zielverkauf in die USA getätigt. Der Nettoumsatz beträgt 1 Mio. USD. Im Vertrag wurde ein Zahlungsziel von sechs Monaten (t=1) vereinbart. Der Abnehmer in den USA wird den Vertrag termingerecht erfüllen und in USD die offene Rechnung gegenüber dem deutschen Exportunternehmen begleichen. Der Wechselkurs in Preisnotierung notiert am Jahresanfang 1,25 EUR/USD.[5] Der Exporteur rechnet bis Ende Juni des Jahres mit einem fallenden Wechselkurs, bspw. auf 1 EUR/USD (Aufwertung des EUR bzw. Abwertung des USD). Daher wird in t=0 folgendes Termingeschäft abgeschlossen: Verkauf von 1 Mio. USD per Termin (t=1) zum Kurs von 1,25 Mio. EUR. Dieser Abschluss wird für den Exporteur folgende Auswirkungen haben, sofern die in Abb. 8-2 angenommenen Wechselkursszenarien eintreten würden.

Wechselkurse in 6 Monaten	**1 EUR/USD**	**1,25 EUR/USD**	**1,50 EUR/USD**
Einzahlung mit Devisentermingeschäft (USD-Verkauf an die Bank)	1,25 Mio. EUR	1,25 Mio. EUR	1,25 Mio. EUR
Einzahlung ohne Devisentermingeschäft (USD-Verkauf am Devisenmarkt)	1,00 Mio. EUR	1,25 Mio. EUR	1,50 Mio. EUR
Vorteil/Nachteil aus Termingeschäft	**+0,25 Mio. EUR**	**+/- 0 Mio. EUR**	**-0,25 Mio. EUR**

Abb. 8-2: Devisentermingeschäft aus Sicht eines deutschen Exporteurs

Sollte am Erfüllungstag der EUR gegenüber dem USD tatsächlich gestiegen sein, hat der Exporteur dank des Termingeschäfts einen finanziellen Vorteil erzielt. Im Falle einer Abwertung des EUR gegenüber dem USD wäre der Verzicht auf dieses Sicherungsgeschäft sinnvoller gewesen. Der Vor- bzw. Nachteil des betrachteten Exporteurs führt spiegelbildlich stets zu einem Nach- bzw. Vorteil aus Sicht der beteiligten Hausbank:

- Falls der Wechselkurs in t=1 1 EUR/USD beträgt, wäre die Bank gegenüber dem Exporteur zur Abnahme der Devisen zum Kurs von 1,25 EUR/USD verpflichtet. Ein sofortiger

5 In der aktuellen Tagespresse wird der Wechselkurs des EUR zum USD in Mengennotierung angegeben. Dieser entspricht dem Kehrwert des Wechselkurses in Preisnotierung (also 1/1,25=0,80) und hat die Dimension USD/EUR („Wie viel Mengen an USD entsprechen einem EUR?“).

Verkauf der USD am Devisenmarkt würde einen Verlust von 0,25 Mio. EUR bedeuten. Freilich kann die Bank auf einen Weiterverkauf am Markt verzichten und bspw. eine für sie günstigere Wechselkursentwicklung abwarten, so dass zunächst lediglich „bilanzielle“, nicht aber „zahlungswirksame“ Verluste vorliegen würden.

- Falls der Wechselkurs in t=1 bei 1,50 EUR/USD liegt, erhält die Bank vom Exporteur 1 Mio. USD zum Preis von 1,25 Mio. EUR. Nun kann die Bank durch sofortigen Verkauf am Devisenmarkt einen Gewinn realisieren.

Beispiel aus Sicht eines deutschen Importeurs

Anfang eines Jahres (t=0) hat ein deutsches Unternehmen auf einer Messe in den USA Waren eingekauft, die in drei Monaten (t=1) geliefert und bezahlt werden sollen. Der Warenwert sei zum Vertragszeitpunkt in den USA 1 Mio. USD. Der Wechselkurs am Tag des Messebesuchs liegt bei 1,25 EUR/USD (Preisnotierung) bzw. bei 0,80 USD/EUR (Mengennotierung). Der Importeur überlegt den Abschluss eines unbedingten Devisentermingeschäftes und legt dabei die in Abb. 8-3 angenommen Wechselkursszenarien zugrunde. Sofern er ein Termingeschäft vereinbaren würde, verpflichtet er sich zum Kauf von 1 Mio. USD per Termin (t=1) zum Kurs von 1,25 Mio. EUR.

Wechselkurse in drei Monaten	**1 EUR/USD**	**1,25 EUR/USD**	**1,50 EUR/USD**
Auszahlung mit Devisentermingeschäft (USD-Kauf von der Bank)	1,25 Mio. EUR	1,25 Mio. EUR	1,25 Mio. EUR
Auszahlung ohne Devisentermingeschäft (USD-Kauf über den Devisenmarkt)	1,00 Mio. EUR	1,25 Mio. EUR	1,50 Mio. EUR
Vorteil/Nachteil aus Termingeschäft	**-0,25 Mio. EUR**	**+/- 0 Mio. EUR**	**+0,25 Mio. EUR**

Abb. 8-3: Devisentermingeschäft aus Sicht eines deutschen Importeurs

Wird der USD gegenüber dem EUR aufgewertet, hat sich aus Importeurssicht der Abschluss des Termingeschäftes als richtig erwiesen, da er ansonsten 1,50 Mio. EUR zur Begleichung der USD-Verbindlichkeit hätte aufwenden müssen. Im Falle einer EUR-Aufwertung hat man, ex-post betrachtet, auf eine noch günstigere Devisenbeschaffung über den Markt verzichtet. Entsprechend umgekehrt würde sich der Sachverhalt aus Sicht der beteiligten Hausbank darstellen.

8.2.2 Forward Rate Agreements

Unter einem Forward Rate Agreement (FRA) versteht man ein Termingeschäft auf einen Zinssatz. Zwei Parteien legen zum heutigen Zeitpunkt (t=0)

- einen Zinssatz (den sog. FRA-Satz) fest,
- der nach einer bestimmten Vorlaufperiode (von t=0 bis t=1)
- für die Dauer einer bestimmten Referenz- bzw. FRA-Periode (von t=1 bis t=2), in der der FRA-Satz garantiert wird,
- für einen im voraus festgelegten Nominalbetrag gilt.

Die Länge der Referenzperiode wird meist gemeinsam mit dem FRA-Satz angegeben und in Monaten ausgedrückt. So zeigt bspw. die Angabe „FRA-Satz 6x12“, ausgehend von t=0, an, dass die Referenzperiode in sechs Monaten beginnt und nach zwölf Monaten endet.[6] Forward Rate Agreements haben in der Regel eine maximale Gesamtlaufzeit von bis zu zwei Jahren.[7] Bevorzugt werden aber vielfach Laufzeiten innerhalb eines Kalenderjahres. Abb. 8-4 verdeutlicht die zeitliche Struktur.

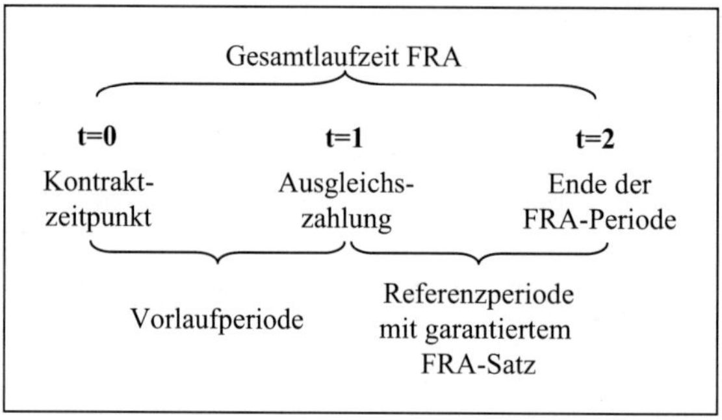

Abb. 8-4: Zeitliche Struktur eines Forward Rate Agreements (FRA)

Bei der Festlegung des FRA-Satzes orientiert man sich an einem Referenzzinssatz am Markt (bspw. EURIBOR oder LIBOR). Liegt am Ende der Vorlaufperiode (t=1) der dann geltende Referenzzinssatz über oder unter dem zuvor vereinbarten FRA-Satz, werden Zinsausgleichszahlungen fällig, die dem Barwert der Zinsdifferenzen über die vereinbarte FRA-Periode entsprechen. Sollte der Referenzzinssatz über dem FRA-Satz liegen, leistet der Verkäufer des FRA (bspw. eine Bank) die Ausgleichszahlung an den FRA-Käufer (bspw. ein Industrieunternehmen); ansonsten zahlt der Käufer an den Verkäufer des Agreements.

6 Vgl. Gräfer, H./Schiller, B./Rösner, S. (Finanzierung 2010), S. 230.

7 Vgl. Becker, H.P. (Investition 2008), S. 261.

Beispiel

Ein Unternehmen benötigt in sechs Monaten (t=1) einen Kredit über 10 Mio. GE für eine sechsmonatige Laufzeit (t=2). Da mit kurzfristig steigenden Zinsen gerechnet wird, möchte sich das Unternehmen bereits heute (t=0) absichern und damit das aktuell günstig erscheinende Zinsniveau „einfrieren". Daher kauft das Unternehmen ein Forward Rate Agreement „6 Monate gegen 12 Monate" (kurz: „FRA-Satz 6x12"). Als Festzinssatz wird der 6-Monats-EURIBOR (aktuell 4% p.a.) zuzüglich eines Aufschlages von 0,25% p.a. mit einem FRA-Verkäufer (bspw. Hausbank) vereinbart. Der FRA-Satz (i_{FRA}) beträgt damit 4,25% p.a. Am sog. Fixingtag (t=1), zu dem die Ausgleichszahlung berechnet wird, beträgt der EURIBOR ($i_{EURIBOR}$) für sechs Folgemonate 5% p.a.. Damit erhält das Unternehmen für die Referenzperiode (RP) von 6 Monaten (180 Tagen) vom FRA-Verkäufer die Zinssatzdifferenz von 0,75% p.a. in t=1 erstattet bzw. die Verteuerung der in t=1 bestehenden Kreditkonditionen ausgeglichen. Die Ausgleichszahlung in t=1 (A_1) stellt einen Barwert der Zinsdifferenz, bezogen auf das nominale Kontraktvolumen (K_0) von 10 Mio. GE, dar. Formal:

$$(1)\quad A_1 = \frac{(i_{EURIBOR} - i_{FRA}) \cdot K_0 \cdot \frac{RP}{360}}{(1 + i_{EURIBOR} \cdot \frac{RP}{360})} = \frac{+0{,}0075 \cdot 10.000.000 \cdot 0{,}5}{1{,}025} \approx 36.585{,}36 \text{ GE}$$

Entsprechend (1) würde das Unternehmen eine Zahlung zu Beginn der Referenzperiode in Höhe von rund 36.585,-- GE von seiner Bank erhalten. Nimmt das Unternehmen nun wie geplant in t=1 einen kurzfristigen Kredit über sechs Monate zum EURIBOR zuzüglich eines Aufschlags von 0,25% p.a. auf, hat es in t=2 5,25% Zinsen für die Kreditdauer zu zahlen (mit den Beispieldaten: 262.500,--) und damit 50.000,-- GE mehr als bei einem EURIBOR-Niveau zum Kontraktzeitpunkt (t=0). Die in t=1 erhaltene Ausgleichzahlung kann das Unternehmen ebenfalls zum neuen EURIBOR (5%) bis t=2 anlegen und verfügt dann über einen Betrag von 37.500,-- GE, mit dem es den aus der Kreditaufnahme resultierenden höheren Zinsaufwand teilweise kompensieren kann. Hätte das Unternehmen keinen Zuschlag beim Abschluss des FRA-Vertrages hinnehmen müssen, würden sich der höhere kreditbedingte Zinsaufwand sowie der Betrag aus der halbjährigen Anlage der Ausgleichszahlung genau entsprechen. Sollte jedoch der EURIBOR entgegen den Erwartungen des Unternehmens gesunken sein, wäre es selbst zu einer Ausgleichszahlung an die Bank verpflichtet gewesen (unbedingtes Termingeschäft). Allerdings hätte es bei der in t=1 erfolgten Kreditaufnahme vom dann günstigeren Kreditzinssatz profitiert.

Neben der Absicherung künftig steigender Kreditzinsen kann ein FRA auch zur Absicherung von Geldanlagebeträgen gegen fallende Zinsen genutzt werden. So könnte bspw. ein Anleger, dem in naher Zukunft ein Geldbetrag aus einer fälligen Anlage zufließt, die Konditionen für eine ggf. geplante Reinvestition bereits im Voraus festlegen und sich so vor künftig sinkenden

Zinserträgen schützen. Da Forward Rate Agreements als außerbörsliche Geschäfte abgeschlossen werden, lassen sie sich flexibel auf die individuellen Erwartungen der Parteien zuschneiden. Als nachteilig kann sich die bereits heute vorgenommene Fixierung eines Zinsniveaus herausstellen, da besondere Gewinnchancen (bewusst) ausgeschlossen sind.

8.2.3 Financial Futures

Als unbedingte Termingeschäfte haben Futurekontrakte ihre Wurzeln im Handel mit landwirtschaftlichen Produkten und dienen dort vornehmlich der Absicherung von Preisrisiken: Bspw. kann ein Landwirt bereits im Februar eines Jahres eine bestimmte Weizenmenge zu einem festen Preis per Liefer- und Zahlungstermin im Juni des betrachteten Jahres an einen Abnehmer (bspw. Brothersteller) verkaufen. Dieses Termingeschäft sichert dem Landwirt bereits vor seiner Ernte einen Abnehmer zu einem gesicherten Verkaufspreis. Andererseits sichert sich der Weizenkäufer gegen ggf. bis zum Sommer steigende Preise ab, die sich bspw. als Folge eines witterungsbedingten Ernteverlustes ergeben könnten. Derartige Kontrakte werden seit 1848 an der Warenterminbörse in Chicago standardisiert gehandelt. Mittlerweile erstrecken sich die Vertragsgegenstände auch auf finanzielle Vermögenswerte (insb. Aktienindizes, Staatsanleihen und Währungen), so dass man diesbezüglich von „Financial Futures“ spricht. In Deutschland erfolgt der organisierte Handel mit Finanzterminkontrakten an der sog. EUREX. Im Rahmen eines Financial Futures verpflichten sich zwei Vertragsparteien

- eine bestimmte Menge (Kontraktgröße)
- eines zugrunde liegenden Vertragsgegenstandes (Basiswert bzw. Underlyer)
- zu einem im voraus fixierten Preis (Zukunfts- bzw. Futurepreis)
- an einem festgelegten späteren Zeitpunkt (Termin bzw. Liefertag)
- abzunehmen (Käufer des Futures) oder zu liefern (Verkäufer des Futures).[8]

Die Wirkungsweise von Financial Futures sei anhand von zwei standardisierten Konditionen verdeutlicht: Zum einen anhand des sog. Bund-Futures sowie zum anderen anhand des sog. DAX-Futures. Abb. 8-5 stellt einige wichtige Kontraktmerkmale dar.[9]

Wie Abb. 8-5 zu entnehmen ist, kauft oder verkauft man entweder eine Staatsanleihe oder ein Aktienportfolio per Termin. Im Kontraktzeitpunkt selbst entsteht kein Kaufpreis für den Future an sich, da er auf aktuellen Marktkonditionen (Anleihekursen bzw. Indexständen) abgeschlossen wird.[10] Allerdings kann ein solcher Terminvertrag zu einem Handelsobjekt werden,

---

8 Vgl. Becker, H.P. (Investition 2008), S. 264.

9 Vgl. Zantow, R. (Finanzwirtschaft 2007), S. 347; Becker, H.P. (Investition 2008), S. 265 und S. 269; Schmidt, M. (Finanzinstrumente 2006), S. 106 und S. 135.

10 Es entstehen lediglich Börsengebühren.

wenn eine der Vertragsparteien vorzeitig eine nicht mehr marktgerechte Kauf- oder Verkaufspflicht weitergibt und dafür einen Preis verlangt.

Future-Arten	Bund-Future	DAX-Future
Basiswert	(synthetische) Bundesanleihe mit 6% p.a. Nominalzinssatz und 10 Jahre Restlaufzeit	Deutscher Aktienindex (DAX)
Kontraktgröße	100.000,-- EUR	25,-- EUR/Indexpunkt x Indexstand
Preisnotierung	in % vom Nominalwert	in Indexpunkten
Preisintervall	minimale Variation des Handelskurses (sog. Tickgröße) 0,01% von 100.000,-- bzw. 10,-- EUR	minimale Variation des Handelskurses (sog. Tickgröße) 0,5 Indexpunkte bzw. 12,50 EUR
Laufzeit	maximal 9 Monate	maximal 9 Monate

Abb. 8-5: Standardisierte Konditionen für einen Bund- und DAX-Future an der EUREX

Beispiel zum Bund-Future

Ein Bund-Future basiert auf einer idealtypischen bzw. synthetischen Bundesanleihe mit standardisiertem Zinssatz (6% p.a.) und gegebener Restlaufzeit (10 Jahre). Während echte Bundesanleihen mit zunehmender Entfernung von ihrem Emissionstermin eine abnehmende Laufzeit aufweisen, bleibt die Restlaufzeit der synthetischen Anleihe stets konstant. Entsprechend muss der Kurs dieser Anleihe aus aktuell bekannten Marktpreisen vergleichbarer Bundesanleihen rekonstruiert werden. Würde am Liefertag tatsächlich eine physische Belieferung ausgelöst, muss auf eine ähnliche Anleihe ausgewichen werden, für die ein besonderer Abrechnungspreis unter Einsatz sog. Konvertierungsfaktoren zu bestimmen wäre. In den meisten Fällen kommt es allerdings zu keiner Lieferung, da der ursprüngliche Futurekontrakt durch ein Gegengeschäft neutralisiert wird (sog. Glattstellungstransaktion): Ein früherer Kauf (Verkauf) per Termin wird durch einen gleich hohen Verkauf (Kauf) per gleichem Termin aufgehoben bzw. storniert. Der Unterschied zwischen dem ursprünglich vereinbarten Terminkurs und dem Kurs, der zum Glattstellungszeitpunkt gilt, führt zu einem Gewinn oder zu einem Verlust. Dadurch wird ein „physical settlement" zu einem „cash settlement".[11]

Unterstellen wir ein Unternehmen, das in t=0 über eine Bundesanleihe im Nominalwert von 1 Mio. EUR verfügt und diese in zwei Monaten (t=1) verkaufen möchte. In t=0 ist der Anleihekurs 110%. Der Futurepreis der synthetischen Anleihe sei 109,50%. Das Unternehmen rechnet mit sinkenden Kursen, was gleichbedeutend ist mit einem Anstieg des allgemeinen Zinsniveaus: Wenn das Marktzinsniveau ansteigt, muss der Kurs bestehender Anleihen am Obligationenmarkt sinken, da sich die künftigen Zinszahlungen klassischer Anleihen nicht

11 Vgl. Zantow, R. (Finanzwirtschaft 2007), S. 347. Zu bedenken ist auch, dass sich die Kontraktpartner aufgrund des Börsenhandels laufend ändern können, was das sog. Glattstellen begünstigt.

ändern.[12] Um dem erwarteten Kursverlust entgegenzuwirken, muss das Unternehmen per Termin (t=1) Bund-Futures verkaufen. Da ein Future eine Kontraktgröße von 100.000,-- EUR aufweist, verspricht das Unternehmen per t=1 die Lieferung von zehn Kontrakten an den Futurepartner. Die Anzahl an zu erwerbenden Futurekontrakten, die erforderlich ist, um eine Anleihe abzusichern, wird **Hedge-Ratio** genannt.[13] In t=1 seien die Kurse der Anleihen tatsächlich gesunken: Die Bundesanleihe sei von 110% auf 109% gefallen und analog der Bund-Future auf 108,60%. Damit ergibt sich für das Unternehmen in t=1 folgende Situation:

- Kursverlust der Bundesanleihe: 1% bzw. Reduktion des Depotwertes bei Verkauf: 10.000,-- EUR.
- Kursverlust beim Future: 0,9% bzw. Durchführung der sog. Glattstellungstransaktion: Da das Unternehmen zehn Kontrakte für 109,50% verkauft hat, kauft es zehn Kontrakte preiswerter zu 108,60% wieder zurück und erzielt einen Gewinn von 9.000,-- EUR.

Damit hat das Unternehmen den Verlust aus dem originären Verkauf seiner Bundesanleihe weitgehend kompensieren können (Hedging).[14] Im Beispiel hatte das Unternehmen in t=0 auf sinkende Anleihe- und damit auch auf sinkende Futurepreise gesetzt. Dies wird auch als **Short Future** bezeichnet und drückt, ähnlich zu Optionskontrakten, die Verkäuferposition aus.[15]

Um in t=0 zehn Vereinbarungen über einen Bund-Future verkaufen zu können, ist ein Futurekäufer erforderlich, der von einer gegenläufigen Kurs- bzw. Zinserwartung ausgeht: Der Käufer eines Bund-Futures setzt auf künftig steigende Kurse und Futurepreise bzw. auf ein Absinken des allgemeinen Zinsniveaus (sog. **Long Future**). Betrachten wir als Futurekäufer einen Spekulanten, der lediglich eine Wette auf steigende Anleihekurse eingehen möchte, so hätte sich seine Erwartung im Beispiel nicht erfüllt. Entweder muss er zum Futurepreis von 109,50% die Bund-Futures abnehmen (falls die Lieferung des Basiswertes vom Futureverkäufer erfolgen würde, wovon im Beispiel nicht ausgegangen wird) oder sich glattstellen, indem er zehn Kontrakte zu 108,60% verkauft. Die Glattstellung bzw. das Gegengeschäft führt stellvertretend zum Ende der Erfüllungspflicht aus dem Future. Da es aber eine Differenz zwischen Futurepreis und aktuellem Bund-Future-Kurs in t=1 gibt, erleidet der Spekulant aus der Glattstellung spiegelbildlich zum oben betrachteten Unternehmen einen Verlust in identischer Höhe (ohne Beachtung von Transaktionskosten).

---

12 Vgl. hierzu nochmals die Ausführungen in Abschnitt 5.3.1.

13 Zu einer weiteren Berechnung der Kontraktanzahl bzw. des Hedge-Ratios vgl. Becker, H.P. (Investition 2008), S. 268-269.

14 Hätten sich die Erwartungen des Unternehmens nicht bestätigt (Fall steigender Kurse), wäre spiegelbildlich ein Verlust aus dem Futuregeschäft entstanden. Dafür hätte das Unternehmen aber einen Kursanstieg bei seiner Bundesanleihe erzielt und damit den Futureverlust kompensiert.

15 Zu Optionskontrakten vgl. Abschnitt 8.3.

Beispiel zum DAX-Future

Als Basiswert für einen DAX-Future fungiert der Deutsche Aktienindex (DAX). Da der DAX keine physische Größe, sondern einen Aktienkorb darstellt, ist, abweichend zum Bund-Future, eine Lieferung per Termin prinzipiell ausgeschlossen (reines „cash settlement“). Am Liefertag würde zwischen den Futureparteien lediglich ein Gewinn-Verlust-Ausgleich erfolgen.

Betrachten wir ein Unternehmen, das aktuell (t=0) über ein Aktienportfolio verfügt, das sich aus Aktien, die im DAX notiert sind, zusammensetzt. Der DAX habe einen aktuellen Indexstand (DAX_0) von 6.250 Punkten. Angenommen, das Aktienportfolio entspreche in seiner Zusammensetzung exakt der des DAX und habe einen Depotwert (W_0) in t=0 von 312.500,-- EUR. Das Unternehmen möchte sich in drei Monaten (t=1) von seinem Aktienpaket trennen und das aktuelle Kursniveau „einfrieren“, da es kurzfristig mit sinkenden Kursen rechnet. Unter diesen Annahmen gilt für die Anzahl (n) an abzuschließenden Futureverkaufskontrakten (Hedge-Ratio):

$$(1)\ n = \frac{W_0}{25 \cdot DAX_0} \cdot \beta_0 = \frac{312.500}{25 \cdot 6.250} \cdot 1 = 2 \text{ Kontrakte mit Verkaufspflicht in t=1}$$

Analog (1) führen zwei Kontrakte in t=0 zum aktuellen Depotwert, da die Kontraktgröße eines DAX-Future stets dem 25fachen des Indexstandes entsprechen muss (vgl. nochmals Abb. 8-5). Erklärungsbedürftig ist der in (1) enthaltene sog. **ß-Faktor** (β_0). Dieser aus dem Capital Asset Pricing Model (CAPM) stammende dimensionslose Faktor misst - vereinfacht gesagt - den individuellen Risikobeitrag einer Aktie, die Bestandteil eines Aktiensegmentes (DAX) ist, zum bestehenden (systematischen) Risiko des gesamten Aktiensegmentes. Steigt der DAX bspw. um 1%, so würde ein ß-Faktor einer einzelnen Aktie von über Eins bedeuten, dass diese Aktie in der Regel dann um mehr als 1% zulegt und vice versa.[16] Weist eine Aktie bzw. ein individuelles Aktienpaket einen Faktor von exakt Eins auf, dann verhält es sich genauso wie der Aktienindex. Und das ist hier im Beispiel unterstellt. Angenommen, das Aktienpaket reduziert sich bis t=1 analog zum DAX um 4%, entsteht folgende Situation:

- Reduktion des Aktiendepotwertes um 4% von 312.500,-- auf 300.000,-- EUR, was einen Verlust aus dem Aktienverkauf in Höhe von 12.500,-- EUR bedeutet.

---

16 Zum CAPM und weiteren Interpretationen des ß-Faktors vgl. Schmidt, R.H./Terberger, E. (Grundzüge 1997), S. 343-359. Das systematische Risiko stellt man sich am besten als Schwankungen der Aktienkurse aufgrund von allgemeinen Konjunktureinflüssen vor: Eine schlechte (gute) Konjunkturlage lässt die künftigen Gewinnaussichten und damit die Aktienkurse tendenziell sinken (steigen).

- Durch den Verkauf von zwei (*n=2*) DAX-Futures zum Futurepreis („Terminindex“ 6.250 Punkte) und gleichzeitigem Kauf von zwei Kontrakten in t=1 zu 6.000 Punkten (Glattstellungstransaktion) erzielt das Unternehmen einen Gewinn in Höhe von ($2 \cdot 25 \cdot (6.250 - 6.000) =$) 12.500,-- EUR.

Ohne Glattstellung durch das Unternehmen hätte der Kontraktpartner (Futurekäufer) die Differenz zwischen dem in t=0 vereinbarten Futurepreis (je Kontrakt 25 EUR/Punkt mal 6.250 Punkte = 156.250,-- EUR) und dem niedrigeren Abrechnungspreis in t=1 (je Kontrakt 25 EUR/Punkt mal 6.000 Punkte = 150.000,-- EUR) zu begleichen. Bei zwei Kontrakten hätte der Käufer an das Unternehmen dann ebenfalls 12.500,-- EUR zu zahlen.

Im Beispiel würde das Unternehmen den drohenden Verlust in seinem Aktiendepot aus dem Gewinn bei seiner sog. Short Future-Position exakt kompensieren. Eine exakte Kompensation ist aber in der Regel nicht zu erwarten. Dies liegt darin begründet, dass in einem Zeitpunkt (bspw. t=0) der DAX-Future i.d.R. einen höheren Punktestand (bspw. 6.280 Punkte) aufweist als der DAX (bspw. 6.250 Punkte). Dies ist eine Folge der sog. „Cost of Carry“:[17] Ein direkter Erwerb des DAX-Index (bspw. über einen Investmentfonds) würde für einen Anleger insb. Finanzierungskosten (Zinsen zur Finanzierung der Geldanlage) auslösen. Diese fallen beim DAX-Future nicht an und dienen zur Rechtfertigung einer höheren Preisnotierung gegenüber dem DAX.

Der Abschluss eines Futures hat sowohl für den Käufer als auch den Verkäufer verpflichtenden Charakter. Beide Seiten müssen sich auf eine Erfüllung per Termin, die noch in der Zukunft liegt, verlassen können. Aus diesem Grund werden an den Futurebörsen sog. Clearingstellen zwischen die Futureparteien geschaltet. Diese Clearingstellen verlangen von den Marktpartnern die Hinterlegung von Bargeld bzw. von liquiden Wertpapieren (sog. Sicherheitsleistungen bzw. Margins), um das Ausfallrisiko für den jeweiligen Vertragspartner zu reduzieren:

- Zu Beginn des Futures erbringen beide Seiten eine sog. Initial Margin. Für einen Bund-Future liegt diese anfängliche Sicherheitsleistung bei etwa 0,5% des Nominalwertes vom Kontraktvolumen (im obigen Beispiel zum Bund-Future wären dies 5.000,-- EUR je Kontraktpartner), mit der sich mögliche Verluste einer Partei abdecken lassen.
- Während der Futurelaufzeit können für eine Partei (rechnerische) Verluste aus dem Kontrakt entstehen. Sofern diese Verluste die Initial Margin aufzuzehren drohen, werden Nachzahlungsforderungen (Margin Calls bzw. Variation Margins) verlangt.
- Die Marginzahlungen von Futurekäufer und –verkäufer werden jeweils auf einem Konto festgehalten. Erzielt ein Kontoinhaber einen zwischenzeitlichen Gewinn aus der Verein-

17 Zur „Cost of Carry“ vgl. auch Hull, J.C. (Optionen 2006), S. 157.

barung, darf er diesen entnehmen, soweit die Initial Margin dadurch nicht verringert wird.[18]

Im Kontraktzeitpunkt (t=0) sind bis auf den recht begrenzten finanziellen Mitteleinsatz für die Initial Margin keine weiteren Zahlungen zu leisten. Dies führt zu einem sog. **Hebeleffekt**: Der Mitteleinsatz (bspw. 5.000,-- EUR für einen Bund-Future) steht in einem geringen Verhältnis zum Kontraktwert (im obigen Beispiel 1 Mio. EUR Nennwert) und macht Futures, deren Kontraktwert sich günstig entwickelt hat (bspw. Kursanstieg um 1%), für Spekulanten attraktiv, da in kurzer Zeit eine hohe Rendite realisierbar ist (bspw. Anstieg des Kontraktwertes aus Käufersicht um 10.000,-- EUR, dem lediglich 5.000,-- EUR Kapitaleinsatz gegenüberstehen). Freilich wäre einem am Hedging interessierten Unternehmen (Verkäufersicht) der relativ günstige Absicherungsweg über Financial Futures ohne die Motivation von Spekulanten verbaut. Zudem besteht ein weiterer Vorteil darin, seine Kursabsicherung nicht durch sofortigen Verkauf der Vermögenswerte (bspw. Bundesanleihen) vornehmen zu müssen, was die künftige Handlungsflexibilität (bspw. Planung von Reinvestitionsmaßnahmen) erhöht.

8.3 Optionen als bedingte Termingeschäfte

8.3.1 Aktienoptionen

Allgemein versteht man unter einer Option einen Vertrag zwischen zwei Parteien (Käufer und Verkäufer einer Option), bei dem der Käufer (Optionsinhaber) gegen Zahlung eines Optionspreises (Optionsprämie) das Recht erwirbt,

- einen bestimmten Basiswert (sog. Underlyer, bspw. Aktie)
- in einer festgelegten Menge (Kontraktvolumen, bspw. 100 Aktien)
- innerhalb einer bestimmten Laufzeit bzw. zu einem festgelegten Termin (Optionslaufzeit bzw. Ausübungstermin)
- zu einem im voraus vereinbarten Preis (Basis- oder Ausübungspreis)
- zu kaufen (Kaufoption bzw. Call) oder zu verkaufen (Verkaufsoption bzw. Put).

Da die Zeitpunkte von Vertragsabschluss (t=0) und Erfüllung (t=T) auseinander fallen, handelt es sich bei Optionen um Termingeschäfte. Sie sind jedoch bedingte Geschäfte, da der Käufer bzw. Inhaber einer Option lediglich das Recht, nicht aber eine Pflicht zur Erfüllung hat. Nimmt der Optionsinhaber sein Recht in Anspruch (auch als „Ausüben einer Option“ bezeichnet), ist der Verkäufer verpflichtet, den Basiswert zum vereinbarten Basispreis zu liefern (Kaufoption) bzw. abzunehmen (Verkaufsoption). Für diese Verpflichtung erhält der

18 Vgl. Zantow, R. (Finanzwirtschaft 2007), S. 352. Ein Beispiel zur Marginberechnung geben Perridon, L./Steiner, M./Rathgeber, A. (Finanzwirtschaft 2009), S. 314.

Optionsverkäufer bereits in t=0 vom Optionskäufer die Optionsprämie. Darf der Optionsinhaber während der gesamten Optionslaufzeit sein Recht wahrnehmen, spricht man von einer „amerikanischen Option". Besteht das Ausübungsrecht lediglich am Ende der Optionslaufzeit, also lediglich zu einem vorab festgelegten Ausübungstermin, liegt eine „europäische Option" vor.

Grundpositionen von Optionskontrakten

Insgesamt können vier Grundpositionen im Rahmen von Optionsverträgen unterschieden werden (vgl. Abb. 8-6):[19]

- **Long Call**: Dem Optionsinhaber ist es gestattet, den Basiswert (Aktie) zum vorab fixierten Basispreis zu erwerben, wenn er dies wünscht. Von dieser Möglichkeit wird der Inhaber dann Gebrauch machen, wenn er während der Optionslaufzeit einen Wertzuwachs des Basiswertes am Markt beobachtet (Erwartung steigender Kurse). Wird seine Erwartung enttäuscht, wird er die Option nicht ausüben bzw. verfallen lassen. Er erleidet dann einen (maximalen) Verlust in Höhe der in t=0 an den Optionsverkäufer entrichteten Optionsprämie. Sollten sich seine Erwartungen jedoch erfüllen, wird sein Gewinn um so höher ausfallen, je stärker der Kursanstieg des Basiswertes ausfällt.
- **Short Call**: Damit ein Long Call gekauft werden kann, muss es einen Call-Verkäufer geben. Ein Verkäufer wird sich nur dann zu einem solchen Optionsangebot entschließen, wenn er über die künftige Wertentwicklung des Basiswertes eine andere Erwartung hat, d.h. er spekuliert auf künftig sinkende bzw. stagnierende Kurse. Für sein Optionsangebot verlangt er bei Vertragsabschluss die sog. Optionsprämie, die für ihn einen sicheren Erlös darstellt. Ob es bei diesem Überschuss am Ende der Optionslaufzeit bleibt, hängt von der künftigen Kursentwicklung ab: Im Falle einer positiven Kursbewegung muss er damit rechnen, dass der Optionskäufer seine Option ausübt. In diesem Fall ist der Verkäufer verpflichtet, den Basiswert zum vereinbarten Bezugspreis zu liefern bzw. an den Käufer zu verkaufen. In einer solchen Situation droht ihm ein Verlust, falls der Unterschied zwischen aktuellem (höheren) Kurs und Basispreis den Betrag der Optionsprämie übersteigt. Im Fall stagnierender oder sinkender Kurse wird der Optionsinhaber sein Ausübungsrecht verfallen lassen und der Optionsverkäufer erzielt in Höhe der Optionsprämie einen endgültigen Gewinn.
- **Long Put**: Dem Optionsinhaber ist es gestattet, den Basiswert (Aktie) zum vorab fixierten Basispreis zu verkaufen, wenn er dies wünscht. Von dieser Möglichkeit wird der Inhaber dann Gebrauch machen, wenn er während der Optionslaufzeit einen Wertverlust des Basiswertes am Markt beobachtet (Erwartung fallender Kurse). Wird seine Erwartung enttäuscht, wird er die Option nicht ausüben bzw. verfallen lassen. Er erleidet dann

19 Vgl. auch Perridon, L./Steiner, M./Rathgeber, A. (Finanzwirtschaft 2009), S. 326.

einen (maximalen) Verlust in Höhe der in t=0 an den Optionsverkäufer entrichteten Optionsprämie. Sollten sich seine Erwartungen jedoch erfüllen, wird sein Gewinn um so höher ausfallen, je deutlicher der Kursrückgang des Basiswertes ausfällt.

- **Short Put**: Damit ein Long Put erworben werden kann, muss es einen Put-Verkäufer geben. Ein Verkäufer wird sich nur dann zu einem solchen Optionsangebot entschließen, wenn er über die künftige Wertentwicklung des Basiswertes eine andere Erwartung hat, d.h. er spekuliert auf künftig steigende bzw. stagnierende Kurse. Für sein Optionsangebot verlangt er bei Vertragsabschluss die sog. Optionsprämie, die für ihn einen sicheren Erlös darstellt. Ob es bei diesem Überschuss am Ende der Optionslaufzeit bleibt, hängt von der künftigen Kursentwicklung ab: Im Falle einer negativen Kursbewegung muss er damit rechnen, dass der Optionskäufer seine Option ausübt. In diesem Fall ist der Verkäufer verpflichtet, den Basiswert zum vereinbarten Bezugspreis vom Optionskäufer abzunehmen bzw. zu erwerben. In einer solchen Situation droht ihm ein Verlust, falls der Unterschied zwischen Basispreis und aktuellem (geringeren) Kurs den Betrag der Optionsprämie übersteigt. Im Fall stagnierender oder steigender Kurse wird der Optionsinhaber sein Verkaufsrecht verfallen lassen und der Optionsverkäufer erzielt in Höhe der Optionsprämie einen endgültigen Gewinn.

Vertragsparteien	**Kaufoption (Call)**	**Verkaufsoption (Put)**
Käufer (Long-Position)	• Recht auf Kauf des Basiswertes zum in t=0 festgelegten Basispreis • sog. Long Call	• Recht auf Verkauf des Basiswertes zum in t=0 festgelegten Basispreis • sog. Long Put
Verkäufer (Short-Position)	• Pflicht, den Basiswert zum in t=0 festgelegten Basispreis zu verkaufen • sog. Short Call	• Pflicht, den Basiswert zum in t=0 festgelegten Basispreis zu kaufen • sog. Short Put

Abb. 8-6: Die vier Grundpositionen bei Optionsverträgen

Zusammenfassend ist festzuhalten, dass der maximale Verlust (Gewinn) beim Optionskäufer (Optionsverkäufer) auf die Höhe der Optionsprämie bei beiden Optionsformen begrenzt ist. Dagegen bestehen recht umfangreiche Gewinnchancen (Verlustgefahren) beim Optionskäufer (Optionsverkäufer), wenn sich die Erwartungen des Inhabers der Option erfüllen sollten. Neben einem asymmetrischen Rechte-Pflichten-Verhältnis liegt demnach auch ein asymmetrisches Gewinn-Verlust-Verhältnis zwischen Käufer und Verkäufer von Optionskontrakten vor.

Anhand von Aktienoptionen, die in der Derivatepraxis eine hohe Popularität aufweisen, sollen die Grundpositionen bei Optionsgeschäften mittels zwei Beispielen anhand europäischer Kontrakte verdeutlicht werden.

Beispiel für eine Kaufoption auf Aktien (Call)

Ein Anleger verfügt über 20.000,-- GE und möchte diese für drei Monate (t=T) riskant investieren, wobei er zwei Investitionsalternativen abwägt: Er könnte heute (t=0) 1.000 Aktien einer börsennotierten AG zum aktuellen Kurs von 20 GE/Aktie erwerben. Alternativ könnte er eine Kaufoption abschließen, mit der er das Recht erwirbt, Aktien der betrachteten AG zum Basispreis von 15 GE/Aktie in t=T zu kaufen. Für dieses Recht ist in t=0 eine Optionsprämie von 5 GE/Aktie zu zahlen. Folglich kann er 4.000 Calls erwerben, die zum Bezug von 4.000 Aktien berechtigen, wobei in der Praxis zumeist ein Optionskontrakt über mindestens 100 Aktien abgeschlossen wird. D.h. der betrachtete Anleger könnte in 40 Kontrakte investieren.

Seiner Ansicht nach bestehen gute Chancen auf einen kurzfristigen Kursanstieg. Allerdings kann die Aktie auch auf ihrem bisherigen Niveau verharren oder sogar sinken. Daher durchdenkt er drei Szenarien für den Aktienkurs in t=T: (a) Kurs von 15 GE/Aktie, (b) Kurs von 20 GE/Aktie sowie (c) Kurs von 25 GE/Aktie. Abb. 8-7 verdeutlicht den Sachverhalt, wobei wir Gebühren, Steuern, ggf. anfallende Finanzierungskosten durch die Geldbeschaffung und kurzfristige Zinseffekte bzw. die Zeitpräferenz des Geldes vernachlässigen.

Zeitpunkte t	**Aktienkurse in t**	**Handlungsalternativen: Investition von 20.000,-- GE für den …**		
		Erwerb von Aktien	**Erwerb von Kaufoptionen**	
Entscheidungszeitpunkt **t=0**	20 GE/Aktie	Kauf von 1.000 Aktien	Kauf von 4.000 Calls zu je 5 GE/Call (Basispreis: 15 GE/Aktie)	
Ausübungs- bzw. Verkaufstermin **t=T**	Kursszenarien	**Gewinn/Verlust-Situation bei**		
		Aktienverkauf	**Ausübung der Option**	**Verzicht auf Optionsausübung**
	(a) 15 GE/Aktie	- 5.000,--	- 20.000,--	- 20.000,--
	(b) 20 GE/Aktie	+/- 0,--	+/- 0,--	- 20.000,--
	(c) 25 GE/Aktie	+ 5.000,--	+ 20.000,--	- 20.000,--

Abb. 8-7: Vergleich der Investitionsalternativen „Aktienkauf" und „Erwerb Kaufoption"

Entsprechend Abb. 8-7 würde das Szenario (c) dem Anleger sowohl beim Aktien- als auch beim Optionserwerb einen Gewinn bringen. Beim Aktienerwerb besteht der Gewinn (+ 5.000,--) im Anstieg des Aktienwertes von insgesamt 20.000,-- auf 25.000,--. Würde der Anleger aber einen Call in t=0 erwerben, wird er einen vierfachen Gewinn (+20.000,--) machen: In t=0 zahlt er 20.000,-- an den Optionsverkäufer und übt in t=T seine Option auf Aktienbezug zum Preis von 15 GE/Aktie aus, die er dann zum aktuellen Kurs von 25 GE/Aktie gleich wieder verkauft. Hierdurch wächst in t=T sein Geldvermögen um 40.000,-- und nach Abzug der Investitionsauszahlung (Optionsprämie) hat er einen endgültigen Überschuss von

20.000,-- erzielt. Gegenüber dem Aktiendirektkauf ermöglicht der Kauf von Aktienoptionen einen sog. **Hebeleffekt**. Wie man aber ebenfalls anhand von Abb. 8-7 erkennen kann, dreht sich dieser Effekt bei fallenden Kursen in einen finanziellen Nachteil um: Sollte der Aktienkurs in t=T lediglich auf dem Niveau des Basispreises liegen (Szenario (a)), erleidet ein Inhaber von Aktien-Calls einen Totalverlust seines Investitionsbetrages. Für Aktienbesitzer fällt der Verlust geringer aus. Zudem kann ein Aktienbesitzer seinen Verkauf verschieben und auf steigende Kurse warten. Ein Optionsinhaber müsste erst zum Basispreis Aktien kaufen, um analog zum Aktienbesitzer von ggf. künftig wieder steigenden Kursen profitieren zu können. Dies würde aber eine zusätzliche Investitionsauszahlung erfordern (im Beispiel 60.000,--), so dass einem insgesamt investierten Geldbetrag von 80.000,-- ein aktueller Aktiengegenwert in t=T von nur 60.000,-- (vgl. Szenario (a)) gegenüberstehen würden. Daher wird in einer solchen Situation, die bei unveränderter Verlustsituation einen zusätzlichen Mittelzufluss voraussetzt, auf die Optionsausübung verzichtet, was den Totalverlust definitiv werden lässt.

In der Abb. 8-8 wird das Cash-Flow-Profil eines einzelnen Calls aus Sicht des Optionskäufers in Abhängigkeit des Aktienkurses anhand der Beispieldaten dargestellt.

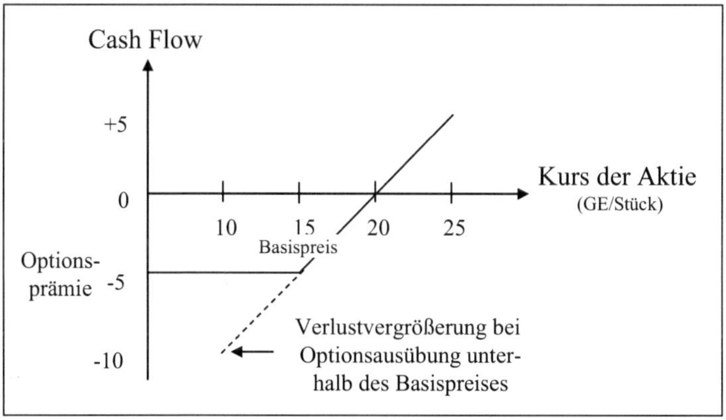

Abb. 8-8: Cash-Flow-Profil im Beispiel für einen Call aus Käufersicht

Spiegelbildlich stellt sich für die betrachtete Kaufoption die Situation aus Sicht des Verkäufers dar (vgl. Abb. 8-9): Sein Gewinn ist nach oben auf die erhaltene Optionsprämie limitiert. Im Falle eines Kursanstiegs der Aktie über den vereinbarten Basispreis würde sein endgültiger Überschuss sukzessiv reduziert und kann negativ werden. Sollte der Aktienkurs am Ausübungstag bspw. bei 20 GE/Aktie oder darüber liegen, müsste der Stillhalter zum aktuellen Kurs Aktien beschaffen und zu 15 GE/Aktie an den Optionsinhaber weiterleiten.

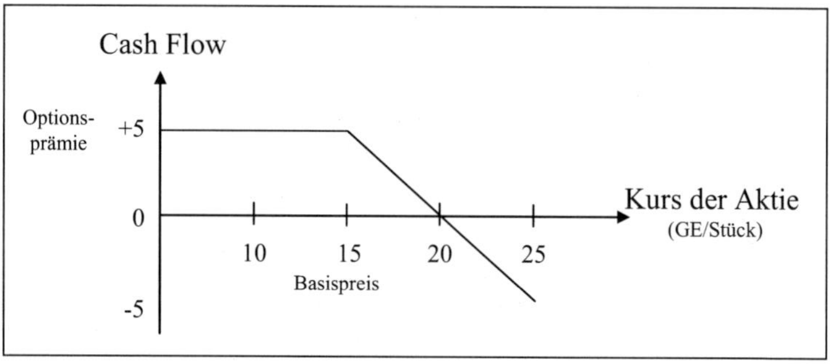

Abb. 8-9: Cash-Flow-Profil im Beispiel für einen Call aus Verkäufersicht

Beispiel für eine Verkaufsoption auf Aktien (Put)

Ein Anleger besitzt 1.000 Aktien an einer börsennotierten AG. Der aktuelle Aktienkurs sei 28 GE/Aktie. Der Anleger befürchtet in den nächsten drei Monaten einen Kursrückgang und möchte sich vor diesem Risiko schützen. Entsprechend erwirbt er heute (t=0) zehn Verkaufsoptionskontrakte (sog. Puts) mit einer dreimonatigen Laufzeit, wobei ein Kontrakt das Verkaufsrecht von 100 Aktien beinhaltet. Die Option darf nur bei Laufzeitende ausgeübt werden (sog. europäische Option). Den Verkaufsoptionen liegt ein Basispreis für die Aktie (Underlyer) von 27,50 GE/Aktie zugrunde. Als Optionspreis bzw. -prämie hat er in t=0 1,-- GE/Aktie zu entrichten, also insgesamt 100,-- GE pro Put-Kontrakt bzw. 1.000,-- GE für die gesamte Kurssicherungsmaßnahme. Transaktionskosten und Steuern werden vernachlässigt. In der Abb. 8-10 wird der Aktiendepotwert des Anlegers (abzüglich der Auszahlung für die Absicherungsstrategie) in Abhängigkeit vom Aktienkurs, der sich in drei Monaten einstellen könnte, dargestellt. Dabei wird sowohl der Depotwert mit als auch ohne Hedgingmaßnahme verdeutlicht.

Entsprechend Abb. 8-10 kann er sich einen Mindestdepotwert im Falle sinkender Aktienkurse in Höhe von 26.500,-- GE nach Abzug der zu entrichtenden Optionsprämie sichern. Würde der Aktienkurs in drei Monaten bspw. bei 25 GE/Aktie liegen, wäre sein Depotwert ohne Hedging lediglich 25.000,-- GE. Dank der Ausübung seiner Verkaufsoptionen verlassen Aktien im Wert von 25.000,-- GE sein Depot und er erhält eine Wertgutschrift in Höhe des Basispreises je Aktie, insgesamt damit 27.500,-- GE. Nach Abzug der bereits gezahlten Prämie von 1.000,-- GE hält er in t=T einen Depotwert von 26.500,-- GE. Im Vergleich zur Situation ohne Absicherung hat er einen Vermögensverlust von 1.500,-- GE verhindert.

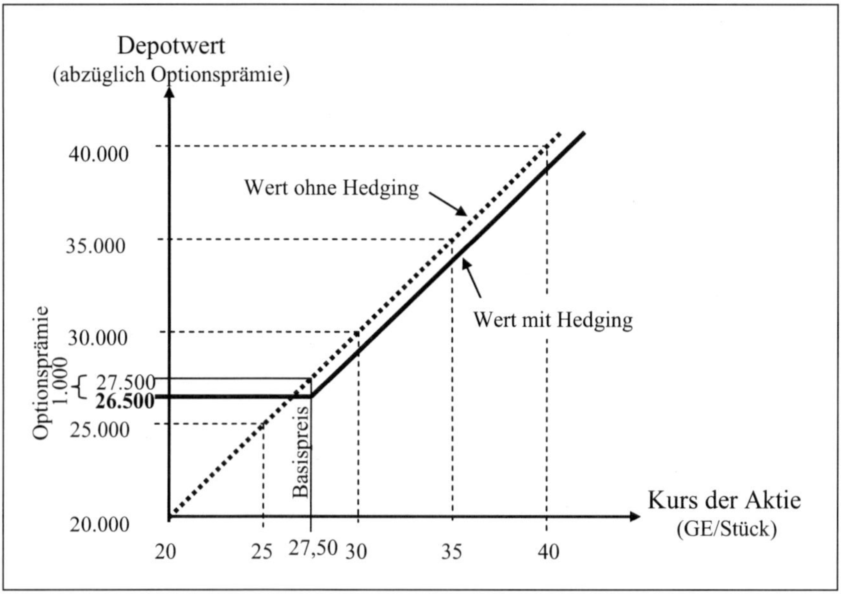

Abb. 8-10: Aktiendepotwert im Beispiel mit bzw. ohne Hedging

Anders stellt sich der Sachverhalt dar für künftige Aktienkurse, die über 26,50 GE/Aktie liegen: Aufgrund der gesparten Auszahlungen für die Absicherungsstrategie würde sich bei einem Hedgingverzicht jeweils ein um 1.000,-- GE höherer Depotwert einstellen. Eine Optionsausübung wäre nicht sinnvoll, da dies den realisierbaren Depotwert mindern würde. Angenommen, der künftige Kurs wäre 30 GE/Aktie. Falls die Verlaufsoption vom Anleger ausgeübt würde, tauscht er 30.000,-- GE für eine Gegenleistung von 27.500,-- GE ein. Abzüglich der gezahlten Optionsprämie an den Optionsverkäufer würde er wieder über einen Depotwert von 26.500,-- GE verfügen. Verzichtet er auf eine Ausübung, hat er dagegen einen Depotwert (abzüglich Optionsprämie) von 29.000,-- GE erzielt.

Verkaufsoptionen sind aus Sicht von Optionskäufern quasi als Versicherungen gegen künftige Kursverluste interpretierbar. Analog zu einem Call (Kaufoption) ist es auch bei Puts üblich, die optionsbedingten Cash Flows bzw. Depotwertänderungen aus Käufersicht in Abhängigkeit zum Aktienkurs darzustellen (vgl. Abb. 8-11). Es zeigt sich, dass der Depotwert des Käufers bei ansteigenden Kursen maximal um 1.000,-- GE (also in Höhe der entrichteten Optionsprämie) abnehmen kann. Anders dagegen bei fallenden Aktienkursen. Betrachten wir bspw. am Ende der Optionslaufzeit einen Aktienkurs von 22,50 GE/Aktie, so nimmt der Optionsinhaber seine Verkaufsmöglichkeit wahr: Er erhält den garantierten Basispreis (27,50 GE/Aktie) durch Verkauf seiner Aktien an den Optionsverkäufer zum aktuellen Kurs (22,50

GE/Aktie). Pro Aktie erzielt er einen Überschuss von 5 GE/Aktie, insgesamt also 5.000,-- GE. Nach Abzug der bereits gezahlten Optionsprämie wird sein Depotwert bzw. sein Geldvermögen letztlich um 4.000,-- GE erhöht. Im Beispiel besitzt der betrachtete Anleger bereits in t=0 Aktien. Alternativ würde sich für einen Anleger ein Überschuss von 4.000,-- GE ergeben, wenn er erst am Ende der Optionslaufzeit Aktien der betrachteten AG für 22,50 GE/Aktie erwirbt und dann seine in t=0 erworbene Verkaufsoption ausübt.

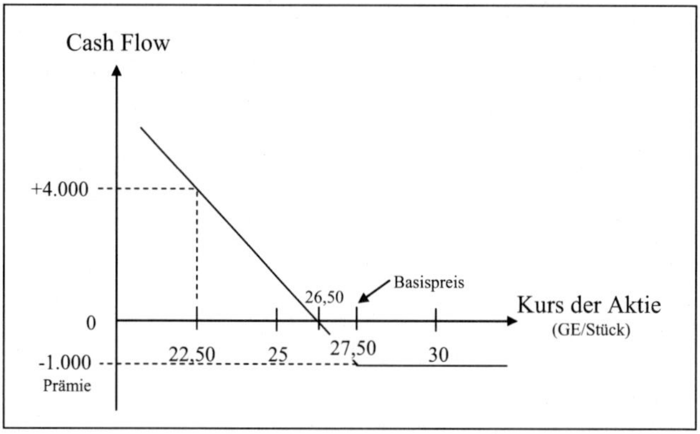

Abb. 8-11: Cash Flow-Profil einer Verkaufsoption aus Sicht des Optionskäufers

In der nächsten Abbildung wird das Cash Flow-Profil aus Sicht des Optionsverkäufers dargestellt: Es zeigt sich in Abb. 8-12, dass der Stillhalter einen maximalen Überschuss in Höhe der an ihn fließenden Optionsprämie erzielen kann, sofern der Aktienkurs am Ende der Optionslaufzeit nicht unter den vereinbarten Basispreis (27,50 GE/Aktie) absinkt. Bei Kursen unter 26,50 GE/Aktie würde er einen endgültigen Verlust aus der Transaktion erleiden.

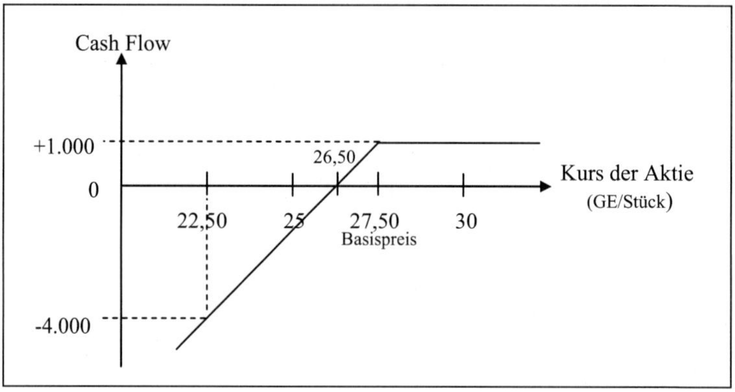

Abb. 8-12: Cash Flow-Profil einer Verkaufsoption aus Sicht des Optionsverkäufers

Theoretisch kann der Käufer bzw. Verkäufer eines Puts einen maximalen Gewinn bzw. maximalen Verlust erleiden, wenn der Aktienkurs auf Null absinkt. Mit den Beispieldaten würde sich ein Gewinn bzw. Verlust von 26.500,-- GE ergeben. Aus Käufersicht entspricht dieser Gewinn zugleich seinem am Ende der Optionslaufzeit erreichbaren Depotwert.

Preisbildung von Aktienoptionen

Ein Optionskäufer erwirbt gegen Zahlung einer Optionsprämie bzw. eines Optionspreises ein Recht vom Optionsverkäufer. Der in einem Zeitpunkt zu entrichtende Marktpreis für eine Option (*OP*) besteht aus zwei Komponenten,

- dem sog. inneren Wert (*IW*) sowie
- dem sog. Zeitwert (*ZW*).

(1) $OP = IW + ZW$

Betrachten wir vereinfacht eine Kaufoption, die je Call zum Kauf einer Aktie berechtigt, so gilt: Der **innere Wert** (*IW*) zeigt an, um wie viel es aktuell günstiger ist, die Aktie per Kaufoption anstatt direkt über die Aktienbörse zu erwerben. Notiert eine Aktie bspw. zu einem Kurs (*K*) von 20 GE/Aktie und gilt als Basis- bzw. Ausübungspreis (*A*) für einen Call auf diese Aktie bspw. ein Betrag von 15 GE/Aktie, so kann ein Call-Inhaber durch Ausübung seines Rechtes einen Vorteil von 5 GE/Aktie erzielen. Würde die betrachtete Option zu einem geringeren Wert als 5 GE/Call notieren, bspw. bei 3 GE/Call, ergäbe sich ein sicherer Gewinn von letztlich 2 GE/Aktie: Kauf des Calls (-3 GE), Ausübung des Rechts auf Aktienbezug zu 15 GE/Aktie (-15 GE) und sofortiger Aktienverkauf zum aktuellen Kurs (+20 GE). Da jeder Marktteilnehmer diese Arbitragemöglichkeit erkennt, kommt es solange zu einer verstärkten Nachfrage nach dem Call und damit zu einem Preisanstieg der Option, bis diese Wechselstrategie finanziell nicht mehr lohnt. Am Ende des Anpassungsprozesses wird der Optionspreis bei mindestens 5 GE/Call liegen. Weist die Option aktuell einen positiven Wert auf, gilt sie als „in the money" („im Geld"). Würde dagegen der aktuelle Aktienkurs nur 10 GE/Aktie betragen, wäre das Ausüben der betrachteten Kaufoption ökonomisch sinnlos: Niemand würde für ein Recht auf Aktienbezug einen Preis zahlen, wenn er bei Optionsausübung mehr für die Aktie (Ausübungspreis 15 GE/Aktie) als am Aktienmarkt (10 GE/Aktie) entrichten muss. Da die Option vom Inhaber nicht ausgeübt werden muss, wird er auf eine Ausübung verzichten. Der Preis der Option muss in einer solchen Situation Null sein; sie gilt als „out of the money" („aus dem Geld"). Folglich sind negative Optionspreise logisch ausgeschlossen und es gilt allgemein für den inneren Wert eines Calls (IW_C):

(2) $IW_C = K - A$ für $K > A$, sonst: 0

Spiegelbildlich ist für den Erwerb einer Verkaufsoption (Put) zu argumentieren: Wenn der Put das Recht beinhaltet, eine Aktie für 15 GE/Aktie verkaufen zu dürfen, macht dies für den

Optionsinhaber nur dann Sinn, wenn man sie am Aktienmarkt aktuell günstiger beschaffen kann, bspw. für 10 GE/Aktie. In einer solchen Situation würde die Nachfrage nach dem Put mindestens auf ein Niveau ansteigen, bis die mit einer Verkaufsoption verknüpfte Wechselstrategie (Kauf eines Puts, günstiger Aktienkauf und vorteilhafterer Weiterverkauf an den Stillhalter) keinen Vorteil mehr in einem Zeitpunkt aufweisen würde. Sollte aber der Aktienkurs über dem Ausübungspreis (15 GE/Aktie) liegen, wird niemand sein Recht auf Aktienverkauf ausüben, da die Aktienbeschaffung teuerer als der Erlös, den der Stillhalter bietet, kommt. Der Put wäre aktuell wertlos bzw. „out of the money". Damit gilt allgemein für den inneren Wert eines Puts (IW_P):

(3) $IW_P = A - K$ für $K < A$, sonst: 0

Neben die innere tritt allerdings noch eine zeitliche Wertkomponente, der sog. **Zeitwert**: Aktien verändern ihre Kurse börsentäglich bzw. permanent. Daher kann nicht ausgeschlossen werden, dass sich der Aktienkurs innerhalb der noch verbleibenden Optionslaufzeit in einer Weise entwickelt, die positiv auf den aktuellen Optionspreis am Markt wirkt:

- Für eine Kaufoption signalisiert ein positiver Zeitwert die Chance bzw. die Erwartung der Marktteilnehmer, dass der Aktienkurs in der verbleibenden Restlaufzeit des Calls wieder bzw. weiter steigt.
- Für eine Verkaufsoption signalisiert ein positiver Zeitwert die Chance bzw. die Erwartung der Marktteilnehmer, dass der Aktienkurs in der verbleibenden Restlaufzeit des Calls wieder bzw. weiter sinkt.

Für diese Chance bzw. Hoffnung sind Optionskäufer bereit, einen Aufschlag auf den aktuellen inneren Wert zu zahlen. Gegen Ende der Restlaufzeit der Option bzw. am Verfallstag ist der Zeitwert null. Es lässt sich beobachten, dass der Zeitwert bei gegebener Optionslaufzeit dann am größten ist, wenn die Option „am Geld" („at the money") notiert. Dies ist dann der Fall, wenn der aktuelle Aktienkurs auf dem Niveau des Basispreises, zu dem die Option ausgeübt werden darf, notiert.

Abb. 8-13 verdeutlicht das Zusammenwirken beider Wertkomponenten anhand eines Calls auf Aktien.

Für die Prognose von Optionspreisen sind in der Finanzierungstheorie eine Reihe von Bewertungsmodellen entwickelt worden. Ein recht anschaulicher Ansatz stellt das sog. Binomialmodell dar, dessen Annahmen und Arbeitsweise anhand eines stark vereinfachten Beispiels veranschaulicht werden.[20]

20 Zum Binomialmodell sowie zu weiteren Ansätzen der Optionspreisbewertung vgl. näher Rudolph, B./Schäfer, K. (Finanzmarktinstrumente 2010),S. 257-270; Hull, J.C. (Optionen 2006), S. 300 ff.; Götze, U. (Investitionsrechnung 2008), S. 399-402; Kruschwitz, L. (Finanzierung 2004), S. 313-341; Perridon,

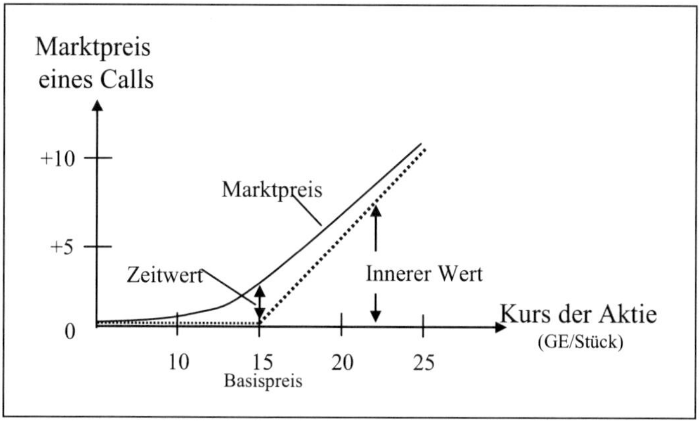

Abb. 8-13: Optionspreis für einen Call und seine Wertkomponenten[21]

Beispiel zur Optionspreisprognose

Betrachtet wird eine Kaufoption (Call) auf eine Aktie, die heute in t=0 erworben und in t=1 ausgeübt werden kann. Transaktionskosten bleiben unberücksichtigt. Der Basis- bzw. Ausübungspreis (A), zu dem die Aktie in t=1 gekauft werden darf, betrage 70 GE/Aktie. Der aktuelle Aktienkurs (K_0) in t=0 beträgt 60 GE/Aktie. Damit ist, den bisherigen Ausführungen zufolge, der innere Wert des Calls in t=0 Null. Einen von Null verschiedenen Optionspreis kann es dann nur noch über den sog. Zeitwert geben.

Alle Marktteilnehmer besitzen gleiche bzw. rationale Erwartungen über den bis t=1 sich einstellenden Kursverlauf der betrachteten Aktie: Der Aktienkurs wird von t=0 bis t=1 entweder um 40% ansteigen (Aufstiegsfaktor u in Höhe von 1,40; u steht für „up") oder aber um 30% gegenüber t=0 sinken (Abstiegsfaktor d in Höhe von 0,7; d steht für „down"). Folglich betragen die beiden allein für möglich gehaltenen Aktienkurse in t=1:

(4) $K_{1u} = u \cdot K_0 = 1{,}4 \cdot 60 = 84$ GE/Aktie sowie $K_{1d} = d \cdot K_0 = 0{,}7 \cdot 60 = 42$ GE/Aktie

Unter der Annahme eines vollkommenen Kapitalmarktes haben gleichartige Vermögenstitel zu jedem Zeitpunkt auch den gleichen Börsenwert bzw. –preis. Sollte es bspw. möglich sein, ein Portfolio aus einer bestimmten Anzahl (Δ) börsennotierter Aktien (unsichere Geldanlage) und Obligationen (sichere Geldanlage) zusammenzustellen, das die gleichen Rückflüsse für einen Investor erzeugt wie die betrachtete Kaufoption (Call), so müssen sich die Werte von

L./Steiner, M./Rathgeber, A. (Finanzwirtschaft 2009), S. 333-340; Spremann, K. (Finance 2007), S. 308-321 und S. 331 ff.; Brealey, R.A./Myers, S.C./Allen, F. (Finance 2006), S. 565-579.

21 Vgl. Schmidt, M. (Finanzinstrumente 2006), S. 141.

diesem sog. Duplikationsportfolio und dem Call (*C*) stets entsprechen.[22] Abb. 8-14 veranschaulicht diese Idee, für die formal in t=1 gelten würde:

(5) $C_{1u} \overset{!}{=} \Delta \cdot u \cdot K_0 + q \cdot B_0$ (falls Aktienkurs von t=0 nach t=1 steigt) bzw.

$C_{1d} \overset{!}{=} \Delta \cdot d \cdot K_0 + q \cdot B_0$ (falls Aktienkurs von t=0 nach t=1 sinkt)

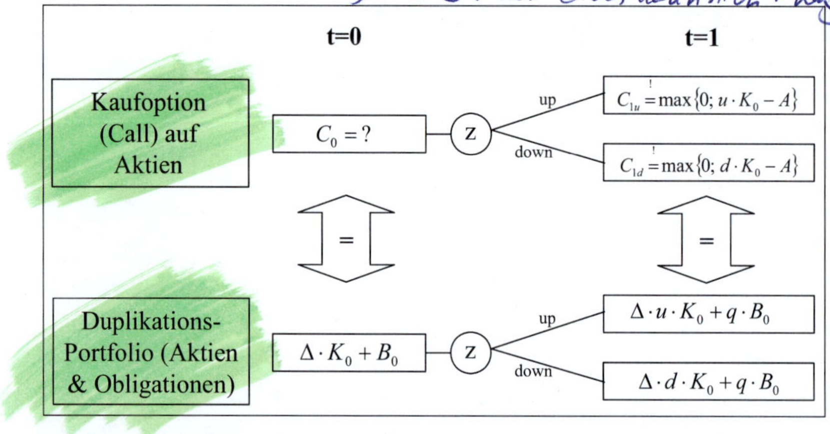

Abb. 8-14: Die Idee der Nachbildung eines Optionspreises mittels Duplikationsportfolio

In (5) sind zwei Gleichgewichtsbedingungen für t=1 unter der Annahme von zwei Zufallspfaden (steigender bzw. fallender Aktienkurs gegenüber t=0) wiedergegeben. Die linke Seite zeigt die gesuchten Optionspreise in t=1. Unter Rückgriff auf unsere bisherigen Überlegungen wird dieser Preis am Ausübungstag nur noch vom sog. inneren Wert bestimmt. Formal:

(6) $C_{1u} \overset{!}{=} \max\{0; u \cdot K_0 - A\}$ bzw. $C_{1d} \overset{!}{=} \max\{0; d \cdot K_0 - A\}$

Einsetzen der Beispieldaten in (6) führt zu:

(7) $C_{1u} \overset{!}{=} \max\{0; 1{,}4 \cdot 60 - 70\} = 14$ GE/Call bzw. $C_{1d} \overset{!}{=} \max\{0; 0{,}7 \cdot 60 - 70\} = 0$ GE/Call

Die rechte Seite von (5) bildet den Endwert des Duplikationsportfolios in t=1 ab. Er setzt sich zum einen

- aus dem für möglich gehaltenen Aktienwert (entweder $\Delta \cdot u \cdot K_0$ oder $\Delta \cdot d \cdot K_0$) sowie
- aus dem Endwert der in t=0 getätigten sicheren Geldanlage (B_0) einschließlich der erzielbaren Verzinsung zum sicheren Basiszinssatz (*i*) bzw. Zinsfaktor ($q = 1+i$)

22 Obligationen sind sowohl als sichere Geldanlage- als auch als sichere Geldaufnahmemöglichkeit interpretierbar.

zusammen.

Für den sicheren Basiszinssatz *i* legen wir 5% fest.

Sind die Preise bzw. Werte von Aktien-Call und Duplikationsportfolio in jedem Zeitpunkt annahmegemäß identisch, müssen auch die Wertdifferenzen zwischen den beiden Zufallsentwicklungen („up" bzw. „down") in jedem Zeitpunkt gleich sein. Differenzbildung von (5) auf beiden Seiten führt uns zu (8):

$$(8)\ C_{1u} - C_{1d} \overset{!}{=} \Delta \cdot K_0 \cdot (u - d)$$

Die in (8) dargestellte Differenz ist analog zu (5) als Gleichgewichtsbedingung interpretierbar. Der Endwert der sicheren Geldanlage ($q \cdot B_0$) ist in t=1 in jedem Zustand („up" bzw. „down") gleich hoch und kürzt sich heraus. Dank Differenzbildung kann nun die in t=0 bis t=1 zu haltende und uns bislang unbekannte Aktienmenge (Δ) bestimmt werden:

$$(9)\ \Delta = \frac{C_{1u} - C_{1d}}{K_0 \cdot (u - d)}$$

Wird (9) in eine der beiden in (5) wiedergegebenen Gleichungen eingesetzt, kann man den in t=0 bislang unbekannten Umfang an sicherer Geldanlage bzw. -aufnahme (B_0) beziffern. Wir erhalten nach elementaren Umformungen:

$$(10)\ B_0 = \frac{u \cdot C_{1d} - d \cdot C_{1u}}{q \cdot (u - d)}$$

Nachdem wir aus der für t=1 geforderten Wertgleichheit von Aktien-Call und Duplikationsportfolio nun die zu haltende Aktienmenge sowie das Obligationsvolumen bestimmt haben, können wir das eigentliche Ziel, den Optionspreis für t=0 zu ermitteln, erneut als Gleichgewichtsbedingung formulieren:

$$(11)\ C_0 \overset{!}{=} \Delta \cdot K_0 + B_0$$

Werden die Zwischenergebnisse aus (9) und (10) in (11) eingesetzt, sodann die rechte Seite von (11) um „*q/q*" erweitert und nochmals jeweils im Zähler und Nenner durch „*(u-d)*" dividiert, vereinfacht sich der Ausdruck zu:

$$(12)\ C_0 \overset{!}{=} \frac{\frac{(q-d)}{(u-d)} \cdot C_{1u} + \frac{(u-q)}{(u-d)} \cdot C_{1d}}{q} = \frac{p \cdot C_{1u} + (1-p) \cdot C_{1d}}{q}, \text{ mit } p = \frac{(q-d)}{(u-d)}$$

Für die Variable *p* hat sich in der Optionspreistheorie die Bezeichnung „Pseudo-Wahrscheinlichkeit" für den Eintritt eines steigenden Aktienkurses bzw. Kaufoptionspreises etabliert, da der hinter *p* sowie der hinter *(1-p)* stehende Quotient zusammen den Wert Eins ergeben. Zudem ist der gesuchte Optionspreis in t=0 völlig unabhängig von subjektiven Wahrscheinlichkeitsüberlegungen einzelner Marktteilnehmer hinsichtlich des Eintretens steigender bzw. sinkender Aktienkurse. Auf der Grundlage von (12) kann abschließend der für t=0 gesuchte Preis der betrachteten Kaufoption bestimmt werden, indem wir die gegebenen Beispieldaten, einschließlich der in (7) berechneten (inneren) Call-Werte am Ausübungstermin (t=1), einsetzen:

$$(13)\ C_0 \stackrel{!}{=} \frac{\frac{(1{,}05-0{,}7)}{(1{,}4-0{,}7)}\cdot 14+\frac{(1{,}4-1{,}05)}{(1{,}4-0{,}7)}\cdot 0}{1{,}05}=\frac{0{,}5\cdot 14+0{,}5\cdot 0}{1{,}05}=\frac{7}{1{,}05}\approx 6{,}67\ \text{GE/Call.}$$

Entsprechend (13) bzw. bei Gültigkeit der im Beispiel gemachten Annahmen sollte der Marktpreis bzw. Zeitwert des Calls bei rund 6,67 GE liegen.

Neben den bislang beschriebenen vier Grundpositionen von Optionskontrakten existieren in der Finanzpraxis vielfältige sog. Optionshandelsstrategien (sog. Spreads, Straddles, Strips and Straps sowie Strangles), bei denen mehrere Optionskontrakte (bspw. Erwerb eines Calls sowie eines Puts bei gleicher Optionslaufzeit, aber abweichenden Basispreisen) kombiniert werden, um unter anderem Verlustrisiken aus Optionsverträgen zu begrenzen.[23]

8.3.2 Weitere Optionsarten

Neben Optionsverträgen auf Aktienbasis nutzen Unternehmen insbesondere drei weitere Optionsarten, die durch andere Basiswerte (Underlyer) charakterisiert sind:

- Währungs- bzw. Devisenoptionen,
- Indexoptionen sowie
- Zinsoptionen.

Währungs- bzw. Devisenoptionen

Währungsoptionen werden überwiegend als OTC-Geschäfte getätigt. Allerdings existiert auch ein standardisierter Börsenhandel (bspw. an der Philadelphia Stock Exchange).[24] So kann ein Unternehmen, das künftig zu einem heute bereits bekannten Zeitpunkt Deviseneinnahmen erzielen wird, das Wechselkursrisiko absichern, indem es Verkaufsoptionen auf die entsprechende Devise erwirbt, die zu diesem Zeitpunkt fällig werden. Dadurch wird der Umtauschwert der Devisen mindestens auf den Basispreis des Devisen-Puts eingefroren. Sollte der Wechselkurs aus Sicht des Unternehmens günstiger ausfallen (Aufwertung der ausländischen Währung), wird die Verkaufsoption nicht ausgeübt und das Unternehmen profitiert durch direkten Währungsumtausch am Devisenmarkt bei Fälligkeit der Kundenzahlungen. Ver-

---

23 Vgl. zu diesen speziellen Handelsstrategien bspw. Hull, J. C. (Optionen 2006), S. 278-294; Schmidt, M. (Finanzinstrumente 2006), S. 152-161.

24 Vgl. Hull, J.C. (Optionen 2006), S. 233.

kaufsoptionen sind damit eine Versicherungsmaßnahme aus Sicht eines deutschen Exporteurs, der Zahlungsziele im Ausland gewährt. Besteht die Zielsetzung des Unternehmens primär im Hedging, sollten die Gesamtkosten (Optionsprämie einschließlich Transaktionsgebühren) dabei nicht höher ausfallen als folgende alternative Sicherungsstrategie: Das deutsche Exportunternehmen könnte zeitgleich mit dem Zielverkauf im Ausland einen kurzfristigen Bankkredit in der betreffenden Fremdwährung aufnehmen. Durch die Kreditaufnahme wird sofort eine Einzahlung generiert und diese mit dem aktuellen Wechselkurs in heimische Währung transformiert. Der Auslandskredit wird zum Zeitpunkt der Kundenzahlungen, die in Fremdwährung erfolgen, getilgt. Durch diese alternative Strategie sind zwar Wechselkursgewinne ausgeschlossen, aber im Einzelfall könnte dieses Vorgehen günstiger sein, falls Zinszahlungen und die mit dem Kredit verknüpften Transaktionskosten ein geringes Niveau als die Preise für Optionskontrakte aufweisen. Bei vollkommenen internationalen Kapitalmärkten sollten sich die finanziellen Konsequenzen entsprechen. Entscheidend ist freilich die termingerechte Begleichung der Auslandsforderungen durch die Kunden.

Indexoptionen

Im Falle von Indexoptionen tritt an die Stelle des Basiswertes „Aktie“ ein ganzer Aktienindex, bspw. der DAX. Der entscheidende Unterschied gegenüber einer normalen Aktienoption besteht darin, dass keine Lieferung der im Index enthaltenen Werte bzw. des Index selbst, sondern eine Bar- bzw. Gewinnabrechnung erfolgt.[25] Um Indexoptionen kaufen bzw. verkaufen zu können, bedarf es einer Standardisierung. So ist insbesondere die Kontraktgröße zu definieren. Bei DAX-Optionen liegt diese bei 5 EUR pro Indexpunkt.

Erwirbt bspw. ein Investor eine Kaufoption auf den DAX zum Ausübungspreis bzw. Indexstand 6.000 Punkte im Umfang des fünffachen Indexwertes, hat sein Optionskontrakt ein Vertragsvolumen von 30.000,-- EUR. Übt der Investor seine Option bei einem Indexstand von bspw. 6.600 Punkte aus, so erhält er vom Optionsverkäufer $((6.600 - 6.000) \cdot 5 =)$ 3.000,-- als Barausgleich überwiesen. In diesem Fall hätte der Optionsinhaber seine Wette gegen den Stillhalter über die künftige DAX-Entwicklung gewonnen. Der endgültige Überschuss des Inhabers ergibt sich durch Abzug der vorab gezahlten Optionsprämie. DAX-Optionen haben eine Laufzeit von bis zu fünf Jahren und werden nur als europäische Option angeboten, so dass der Stillhalter innerhalb der Optionslaufzeit keine Optionsausübung durch den Inhaber befürchten muss, was ihm eine gewisse Planungssicherheit verschafft.[26]

---

25 Vgl. Hull, J.C. (Optionen 2006), S. 387. Dieses sog. „cash settlement” ist erforderlich, da es über einen Index kein lieferbares Wertpapier gibt

26 Vgl. Becker, H.P. (Investition 2008), S. 284.

Zinsoptionen

Zinsoptionen liegen als Basisobjekte Zinstitel, insbesondere Geldmarktzinssätze wie EURIBOR oder LIBOR, zugrunde, die als OTC-Produkte individuell vereinbart werden. Ihr Einsatzgebiet stellt aus Sicht von Industrieunternehmen bzw. Anleger vornehmlich die Absicherung von Risiken dar, die sich aus variabel verzinsten Krediten bzw. Anleihen ergeben können.[27] In Abschnitt 5.3.2.2 haben wir in Zusammenhang mit Floating Rate Notes bereits auf mögliche Zinsbegrenzungsverträge hingewiesen. Diese Verträge werden hier nun als Zinsoptionen näher vorgestellt:

- Mit einem sog. Cap (Deckel) wird eine Zinsobergrenze gegenüber einem Referenzzinssatz (bspw. EURIBOR) vereinbart, wobei das hinter der Zinsobergrenze stehende Kapitalvolumen sowie die Laufzeit der Vereinbarung mit festzulegen ist. Der Käufer eines Caps erwirbt das Recht, vom Stillhalter eine Ausgleichszahlung zu verlangen, falls der Referenzzinssatz über der vereinbarten Zinsobergrenze liegt. Er geht damit von künftigen Zinssteigerungen aus, was eine Absicherung insb. aus Sicht von Kreditgebern (bspw. Emittenten von Floatern) erklärt.
- Anstelle einer Zinsober- kann man eine Zinsuntergrenze (sog. Floor) vereinbaren. Der Käufer eines Floors erwirbt das Recht, vom Verkäufer eine Ausgleichszahlung zu verlangen, falls der vereinbarte Referenzzinssatz unter der vereinbarten Zinsuntergrenze liegen sollte. Diese Absicherungsmaßnahme ist vornehmlich für Anleiheinhaber interessant, die sich, da sie von künftig sinkenden Referenzzinssätzen ausgehen, vor rückläufigen Zinserträgen schützen möchten.
- Eine Kombination aus Cap und Floor stellt der sog. Collar (Kragen) dar, mit dem man gleichzeitig eine Zinsober- sowie eine Zinsuntergrenze vereinbart. Der Käufer eines Collars ist damit sowohl Käufer eines Caps als auch Verkäufer eines Floors. Durch diese Kombination wird es bspw. Kreditnehmern, die einen Floater emittiert haben, möglich, den variablen Zinszahlungsverpflichtungen eine feste Bandbreite vorzugeben. Analog muss der Optionsverkäufer ein Cap-Verkäufer sowie ein Floor-Käufer sein. Der Verkäufer eines Collar rechnet dann als Inhaber eines Floaters mit eher rückläufigen Zinserträgen und ist zugleich bereit, auf künftige Zinssteigerungen über eine Zinsobergrenze hinaus zu verzichten.

Anhand eines Beispiels für einen Cap wird die Funktionsweise von Zinsoptionen verdeutlicht.[28]

[27] Vgl. Drukarczyk, J. (Finanzierung 2003), S. 419.

[28] Zu Beispielen für einen Floor und einen Collar vgl. Gräfer, H./Schiller, B./Rösner, S. (Finanzierung 2010), S. 222-227 sowie Zantow, R. (Finanzwirtschaft 2007), S. 380-381.

Beispiel für einen Cap

Ein Unternehmen hat einen Floater über einen Nennwert von 10 Mio. GE emittiert, der in fünf Jahren getilgt werden muss. Der Kreditzinssatz ist der 12-Montas-EURIBOR zuzüglich eines Aufschlags von 1%, nachschüssig per 30.6. eines Jahres an die Anleger zu zahlen. Für die Restlaufzeit des Kredites rechnet das Unternehmen mit steigenden Geldmarktzinsen. Die Hausbank nennt für die Absicherung mittels eines Caps folgende Konditionen:

- Referenzzinssatz: 12-Monats-EURIBOR.
- Cap-Stichtag (sog. Roll-Over-Termin): 30.06. eines Jahres.
- Gesamtlaufzeit: 5 Jahre.
- Vereinbarte Zinsobergrenze (sog. Strike): 6% p.a..
- Volumen: 10 Mio. GE.
- Laufende Optionsprämie für die Bank: 1% des Volumens (100.000,-- GE) p.a..

Wird der Cap vom Unternehmen gekauft, erhält das Unternehmen Ausgleichszahlungen, wenn der EURIBOR am Cap-Stichtag die Marke von 6% überschreiten sollte. Angenommen, am 30.6. des Folgejahres sei der Stand des EURIBOR bei 8%, hätte das Unternehmen einen Zahlungsanspruch gegen den Optionsverkäufer (Hausbank) von (8%-6%=) 2% auf den Nominalbetrag bzw. auf das Cap-Volumen (200.000,-- GE). Zu beachten ist, dass die Optionsprämie jedes Jahr zu entrichten ist. Vor Erwerb des Caps könnte das Unternehmen mehrere EURIBOR-Szenarien annehmen und ein zu erwartendes Cash Flow-Profil aus der Zinsoption erstellen (vgl. Abb. 8-15).

EURIBOR in %	**5**	**6**	**7**	**8**	**9**
Zinszahlungen ohne Cap in GE	**-600.000**	**-700.000**	**-800.000**	**-900.000**	**-1.000.000**
Optionsprämie für Cap in GE	-100.000	-100.000	-100.000	-100.000	-100.000
Ausgleichszahlung in GE	nein	nein	+100.000	+200.000	+300.000
Zinszahlungen einschließlich Cap in GE	**-700.000**	**-800.000**	**-800.000**	**-800.000**	**-800.000**

Abb. 8-15: Jährliche Auszahlungen des Unternehmens bei alternativen EURIBOR-Entwicklungen

Wie Abb. 8-15 zeigt, wird der Cap ab EURIBOR-Zinssätzen von über 7 % p.a. für das Unternehmen zur sinnvollen Maßnahme. Da die Optionsprämie jedes Jahr zu zahlen ist, sollte der erwartete Zinsanstieg aus Unternehmenssicht hinsichtlich seiner Dauer bzw. Nachhaltigkeit gut begründet sein. Ein Cap ist umso preiswerter für das Unternehmen zu vereinbaren, je kürzer die Restlaufzeit eines Caps bzw. Kredites ist und je höher die Zinsobergrenze in Relation zum Referenzzinssatz festgelegt wird.

8.4 Finanzswaps

8.4.1 Zinsswaps

Ein Zinsswap ist eine individuelle und damit außerbörsliche Vereinbarung zwischen zwei Vertragspartnern, Zinszahlungen bezogen auf einen Kapitalbetrag in gleicher Währung für eine bestimmte Laufzeit zu tauschen. Ein Tausch der Kapitalbeträge erfolgt nicht. In den meisten Fällen tauschen die Partner feste gegen variable Zinsen (sog. Kuponswap) oder auch gelegentlich variable Zinszahlungen mit unterschiedlichen Referenzzinssätzen und/oder abweichenden Zinssatzfristigkeiten (bspw. 6-Monats-LIBOR mit 12-Monats-EURIBOR; sog. Basisswap).

Erstes Beispiel

Ein Unternehmen hat Floating Rate Notes emittiert, die noch eine Restlaufzeit von drei Jahren besitzen. Der Nominalbetrag dieser Schuldverschreibung sei 10 Mio. GE und ist mit folgender variabler Zinssatzvereinbarung gegenüber den Obligationären ausgestattet: 12-Monats-EURIBOR, Zinszahlung jährlich am 30.06./01.07.

Das Management erwartet für die Restlaufzeit des Kredites einen Anstieg des allgemeinen Zinsniveaus und möchte die künftigen Zinszahlungen auf dem derzeit aktuellen Niveau von 6% p.a. begrenzen. Das Unternehmen möchte also variable in feste Zinszahlungen tauschen und einen dafür geeigneten Swap abschließen. Die festzulegenden Vertragsparameter haben folgendes Aussehen:

Nominalbetrag des Swaps (= Nominalbetrag der Anleihe)	10 Mio. GE
Laufzeit des Swap (= Restlaufzeit der Anleihe)	3 Jahre
Referenzzinssatz (an dem sich die variablen Zinszahlungen orientieren sollen)	12-Monats-EURIBOR
Zinszahlungstermine (sog. Roll-Over-Termine für den Zinsaustausch beim Swap)	jährlich per 30.06./01.07
Festzinssatz (Swapsatz)	6% p.a.

Abb. 8-16: Vertragsparameter für einen Zinsswap in Form eines Kuponswaps[29]

Wie Abb. 8-16 zeigt, wird ein aktuell gültiger Zinssatz (hier: 6% p.a.) für die noch bestehende Restlaufzeit des Floaters fixiert. Um ein Zinsänderungsrisiko für das Unternehmen auszuschließen, wird der gleiche Nominalbetrag Gegenstand des Swapvertrages, wie auch das Un-

[29] Vgl. auch Gräfer, H./Schiller, B./Rösner, S. (Finanzierung 2010), S. 232-233.

ternehmen nominales Fremdkapital aufgenommen hat. Damit es zum Abschluss eines solchen Vertrages kommt, muss das Unternehmen einen Vertragspartner finden, der für die nächsten Perioden eher an ein rückläufiges Zinsniveau glaubt und deshalb mit einem Gewinn aus dem Swapgeschäft rechnet: Der Vertragspartner erhält künftig vom Unternehmen feste 6% Zinsen auf 10 Mio. GE und zahlt als Gegenleistung Zinsen in Höhe eines ggf. sinkenden 12-Monats-EURIBOR-Zinssatzes. Abb. 8-17 veranschaulicht die Transaktion.

Die Vorteile des betrachteten Zinsswaps[30] liegen in der Flexibilität, auf veränderte Zinssatzerwartungen reagieren zu können, ohne das neue Kreditverträge abgeschlossen werden müssen, die den geänderten Erwartungen eher entsprechen und neue Transaktionskosten verursachen würden. So müsste das betrachtete Unternehmen anstelle eines Swapvertrages bspw. den emittierten Floater vorzeitig tilgen und eine neue klassische Obligation mit festen Zinszahlungen begeben.

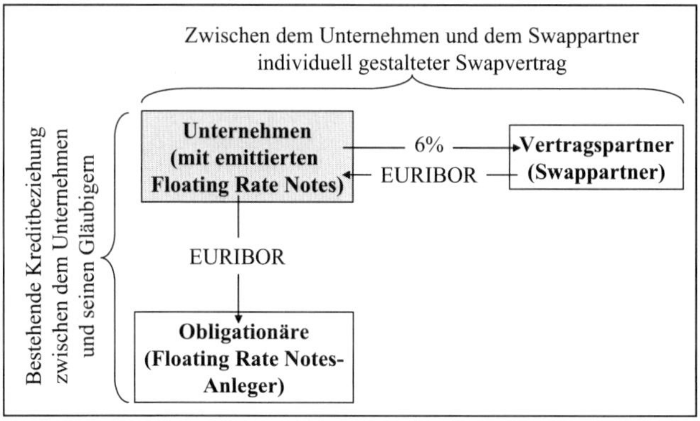

Abb. 8-17: Darstellung des Zins- bzw. Kuponswaps aus Unternehmenssicht

Als Swappartner fungiert vielfach eine Bank. Die Höhe des festen Zinssatzes (im Beispiel 6%), den die Bank dem Unternehmen anbietet, ist abhängig von der Swaplaufzeit und dem variablen Geldmarktzins (hier: EURIBOR). Bei normaler Zinsstruktur steigen die Swap- bzw. Festzinssätze mit zunehmender Laufzeit. Falls, wie hier im Beispiel, die Bank der Empfänger fester Zinszahlungen ist (und variable Zinsen entrichtet), berechnet sie dem Unternehmen einen sog. Briefzinssatz. Zahlt die Bank feste Zinsen (und erhält variable Zinsen), legt sie den sog. Geldzinssatz fest, der unter dem Briefzinssatz liegt. Aus der Differenz beider Zinssätze ergibt sich ihre Gewinnmarge, wie die Fortführung des Beispiels zeigt.

30 Aus Sicht des Unternehmens, welches den Festzins an den Swappartner entrichtet, spricht man in der Derivatepraxis auch von einem sog. Payerswap. Aus Sicht des Empfängers fester Zinsen liegt dann ein sog. Receiverswap vor. Vgl. Becker, H.P. (Investition 2008), S. 246.

Fortführung des ersten Beispiels

Das betrachtete Unternehmen geht als Kreditnehmer bzw. Emittent von Floatern von künftig steigenden Geldmarktzinssätzen aus, was den Wunsch nach einer Festzinsvereinbarung mit dem Swappartner erklärt.

Betrachtet man die Bank als Finanzintermediär (Vermittler bzw. Arrangeur), so wird sie ihrerseits versuchen, EURIBOR-Zinsen von einem anderen (zweiten) Unternehmen zu beschaffen, das diese variablen Zinsen gegen feste Zinsen einzutauschen bereit ist, wobei sich die Kapitalbeträge entsprechen sollten. Dies gelingt dann, wenn das zweite Unternehmen (in Abb. 8-18 gedacht als ein Anleger in Floating Rate Notes) von der Erwartung sinkender Geldmarktzinsen ausgeht und damit aktuell den Wunsch nach einer künftig festen Guthabenverzinsung hat. Aus der Differenz von gewährtem Geldzinssatz (für das zweite Unternehmen) und verlangtem Briefzinssatz (für das erste Unternehmen) resultiert die (sichere) Gewinnmarge für die Bank.

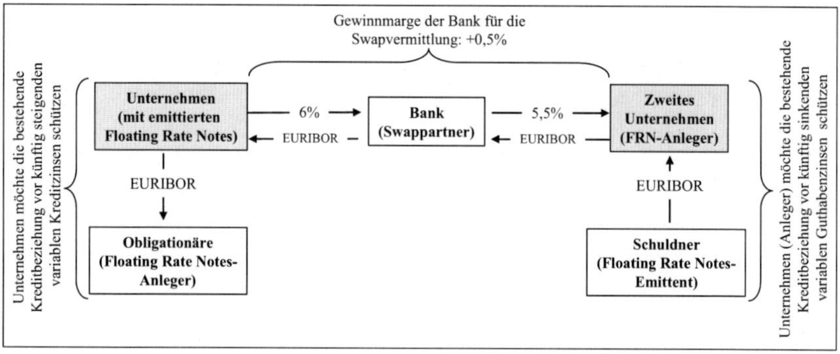

Abb. 8-18: Banken als Vermittler im Rahmen von Zinsswaps

Durch Integration eines zweiten Unternehmens, das als Finanzinvestor agiert, zeigt sich, dass Zinsswaps auch zur Absicherung künftiger Ertrags- bzw. bestehender Forderungspositionen genutzt werden können (sog. Aktivmanagement). Dank der Swapvermittlung ist ein Verkauf des Floaters sowie ein anschließender Erwerb einer Festzinsanleihe nicht erforderlich, so dass Transaktionskosten eingespart werden. Zudem können Zinsswaps verkauft werden, bspw. dann, wenn das (zweite) Unternehmen seine Anleihe vor Ablauf der Swaplaufzeit veräußert, damit keinen Sicherungsbedarf mehr aufweist, und an seine Stelle ein anderer Investor in den Swapvertrag eintritt. Für den neuen Investor wäre ein bereits geschlossener Swapvertrag umso wertvoller, je stärker das Marktzinsniveau gegenüber dem Vertragszeitpunkt bereits gesunken ist, da der Swap ihm in seiner Restlaufzeit einen vergleichsweise höheren Festzinssatz garantiert. Der Verkaufspreis für den Swap an den neuen Investor müsste damit mindestens dem Barwert der Zinsdifferenzen entsprechen, die sich für die Restlaufzeit ergeben.

Zweites Beispiel

Swapverträge beruhen auf unterschiedlichen Erwartungen der Kontraktpartner. Zusätzlich kann bspw. der Fall vorliegen, dass beide Vertragsseiten für je 10 Jahre einen gleich hohen Kreditbedarf (z.B. 10 Mio. GE) haben, den sie zu unterschiedlichen Konditionen aufgrund abweichender Bonitätsbeurteilung bekommen können.

Unternehmen A rechnet tendenziell mit stabilen oder eher sinkenden Zinsniveaus, weshalb es einen variabel zu verzinsenden Kredit präferiert. Unternehmen B bevorzugt dagegen einen Kredit mit festen Zinszahlungen aufgrund gegenläufiger Erwartungen. Die Konditionen, zu denen sich beide Unternehmen verschulden können, sind Abb. 8-19 zu entnehmen.

Unternehmen B hat sowohl im Falle einer fest als auch im Falle einer variabel verzinsten Kreditaufnahme gegenüber A einen Zinskostennachteil, allerdings ist der Nachteil beim Festzinskredit um (2,5% - 1% =) 1,5% größer. Anders formuliert: Wenn B die günstigeren Konditionen von A wollte (Vorteil aus Sicht B: 2,5%), könnte B dem Unternehmen A zunächst nur die Kondition „EURIBOR + 1,5%" anbieten (Nachteil aus Sicht A: 1%). Zu einem Swapvertrag wird es deshalb nur dann kommen, wenn nach Saldierung von „Vorteil B" mit „Nachteil A" eine positive Differenz (im Beispiel: 1,5%) verbleibt, um A zum Konditionentausch zu motivieren. Weil die Kreditkonditionen beider Unternehmen einen für beide Seiten vorteilhaften Zinstausch ermöglichen, kann man vom Ausnutzen sog. komparativer Kostenvorteile sprechen, die durch Kooperation entstehen.

	Unternehmen A	**Unternehmen B**	**Differenz** (B – A)
Interessenlage	variable Zinszahlungen	feste Zinszahlungen	
Kredit mit festem Zinssatz	6%	8,5%	+2,5%
Kredit mit variablem Zinssatz	EURIBOR + 0,5%	EURIBOR + 1,5%	+1%

Abb. 8-19: Gegenüberstellung der Konditionen von Unternehmen A und B

Mit folgender Strategie könnten hier beide Unternehmen einen Zinskostenvorteil erzielen:

- Unternehmen A nimmt einen „Festzinssatzkredit" über 10 Mio. GE für 10 Jahre zu 6% auf[31] (obwohl A an variablen Kreditzinsen interessiert ist).
- Unternehmen B nimmt spiegelbildlich einen zinssatzvariablen Kredit über 10 Mio. GE für 10 Jahre zu den Konditionen „EURIBOR + 1,5%" auf (obwohl B an festen Zinszahlungen interessiert ist).

31 Dies kann bspw. ein langfristiger Kredit in Form einer klassischen Schuldverschreibung oder eines Bankdarlehens sein.

- Abschluss eines Zinsswapvertrages über 10 Mio. GE für 10 Jahre, bei dem Unternehmen A dem Unternehmen B feste Zinssätze bzw. umgekehrt das Unternehmen B dem Unternehmen A variable Zinszahlungen in einer Weise anbietet, dass beide Seiten letztlich eine Zinsbelastung erzielen, die gegenüber einer Situation ohne Swapvereinbarung bzw. ohne Kooperation geringer ausfällt.

Der letzte Punkt der Strategie ist näher zu erläutern. Hierfür bietet es sich an, „Kooperationsgrenzen" aus Sicht des jeweiligen Unternehmens zu identifizieren:

Unternehmen A ist an einem zinsvariablen Kredit interessiert. Im Falle eines Kooperationsverzichts müsste A Kreditzinsen in Höhe von „EURIBOR + 0,5%" aufbringen. Höhere Kreditzinsen würde A im Falle einer Kooperation mit B nicht akzeptieren. Wenn B entsprechend der Interessenlage des A nun einen zinsvariablen Kredit aufnimmt (obwohl B feste Zinsen wünscht), muss A an B den EURIBOR entrichten. Wenn A entsprechend der Interessenlage des B einen Festzinskredit aufnimmt, muss A zudem 6% Kreditzinsen an seine Gläubiger zahlen. Da die Summe der Zinszahlungen an B und die Festzinskreditgeber um 5,5% über der Zinsbelastung für A im Falle eines Kooperationsverzichts liegen, wird A von B als Kompensationsleistung mindestens einen Festzinssatz von 5,5% verlangen. Der von B an A zu zahlende feste Zins stellt aus Sicht von A einen „Mindestpreis" oder eine „Preisuntergrenze" (PUG) dar. Damit gilt aus Sicht von A (negative bzw. positive Vorzeichen signalisieren für A eine Auszahlung bzw. eine Einzahlung):

(1) -(EURIBOR+0,5%) = +PUG (fester Zinssatz) – EURIBOR – 6% bzw.

(2) PUG (fester Zinssatz) = +5,5%

Betrachten wir nun die Interessenlage von B: Schließt B einen variabel zu verzinsenden Kredit mit seinen Gläubigen ab, so sind an diese „EURIBOR + 1,5%" zu entrichten. Da A an variablen Zinszahlungen interessiert ist, erhält B von A den EURIBOR-Zinssatz, was die Zinsbelastung für B vorläufig auf 1,5% reduziert. Allerdings muss B noch an A feste Zinsen aus dem Swap entrichten. B wäre maximal bereit, einen Zinssatz zu akzeptieren, der ihn mit dem Swap genauso gut stellt wie ohne Kooperation. Aus der Differenz der 8,5%, die B bei einem Festkredit zu entrichten hätte, und den vorläufigen 1,5% ergibt sich ein maximal an A zu zahlender Zins von 7%, der für B gerade noch hinnehmbar wäre. Aus Sicht von B ist damit ein „Höchstpreis" bzw. eine „Preisobergrenze" für die Zinszahlungen an A bestimmt.

Da A mindestens 5,5% von B als festen Zins beim Swap verlangen muss und B an A maximal 7% zu zahlen bereit sein wird, besteht ein „positiver Einigungsbereich" für beide Seiten. Wie dieser komparative Kostenvorteil zwischen A und B aufgeteilt wird, ist Ergebnis individueller Vertragsverhandlungen. Abb. 8-20 verdeutlicht den Sachverhalt grafisch.

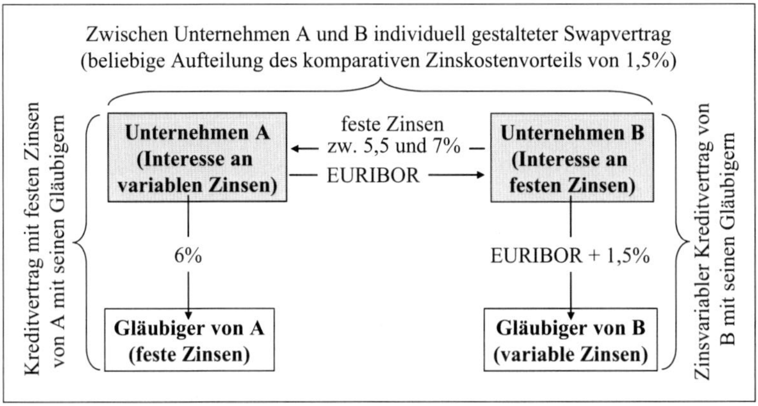

Abb. 8-20: Ausnutzung komparativer Kostenvorteile mittels Zinsswap

Nehmen wir an, die Unternehmen einigen sich in der Weise, dass der von B an A zu zahlende feste Zinssatz 6,5% beträgt, so zeigt Abb. 8-21 die durch die Kreditaufnahmen und den Swapvertrag erzielten Konditionen für beide Unternehmen (Zeile 6) gegenüber einer Situation, in der auf eine Kooperation verzichtet wird (Zeile 2). Am Ende haben beide Unternehmen einen swapbedingten Vorteil (Zeile 7) realisiert, wobei A von der Verteilung des komparativen Zinskostenvorteils stärker profitiert.

	Unternehmen	**A**	**B**
1	Interessenlage	variable Kreditzinsen	feste Kreditzinsen
2	**Zinskonditionen ohne Swapvertrag**	**-EURIBOR - 0,5%**	**-8,5%**
3	Zinszahlungen gegenüber eigenen Gläubigern	-6%	-EURIBOR - 1,5%
4	Zinszahlungen von A an B	-EURIBOR	+EURIBOR
5	Zinszahlungen von B an A	+6,5%	-6,5%
6	**Zinskonditionen mit Swapvertrag** (Saldo aus 3 bis 5)	**-EURIBOR+0,5%**	**-8%**
7	**Kooperationsvorteil** (Vorteil von 6 gegenüber 2)	**+1%**	**+0,5%**

Abb. 8-21: Kooperationsvorteile von Unternehmen A und B im Beispiel

8.4.2 Währungsswaps

Bei einem Währungsswap handelt es sich um den Tausch von Zinszahlungen und Kapitalbeträgen in unterschiedlicher Währung. Während die Zinsen laufend getauscht werden, erfolgt der Tausch der Kapitalbeträge lediglich zu Beginn sowie am Ende der Swaplaufzeit. Zudem ist bei beiden Swappartnern die Art der Zinszahlung (fester oder variabler Zinssatz) identisch. Sind die Zinsen bei beiden Währungsbeträgen fest, spricht man auch von einem „Fixed-for-Fixed".[32] Die Swapvolumina sind in der Regel hoch und die Vertragslaufzeit erstreckt sich oftmals über mehrere Jahre.[33] Analog zum zweiten Beispiel im Rahmen der erörterten Zinsswaps, ist das Eingehen von Währungsswaps durch das Ausnutzen komparativer Kostenvorteile (Arbitrage) motiviert.

Beispiel

Ein deutscher Konzern (A) benötigt für sein Tochterunternehmen in den USA ein Investitionsdarlehen über ein Volumen von 12,5 Mio. USD mit einer Laufzeit von 5 Jahren. Analog hat ein US-Konzern (B) ein Interesse an einem Investitionskredit über ebenfalls 5 Jahre, den er für seine deutsche Tochter benötigt. Das erforderliche Kreditvolumen ist mit dem des deutschen Konzerns identisch, allerdings ist es zum Zeitpunkt des Vertrages in EUR umzurechnen. Der Wechselkurs sei (in Mengennotierung) 1,25 USD/EUR. Der vergleichbare Kreditbedarf ist damit 10,0 Mio. EUR. Der zu Beginn des Swapvertrages geltende Wechselkurs wird, unabhängig seiner künftigen Entwicklung am Devisenmarkt, während der gesamten Swaplaufzeit „eingefroren". Hierdurch werden sowohl künftige wechselkursbedingte Zinsniveauänderungen zwischen den beteiligten Währungsräumen ausgeklammert als auch ein betragsäquivalenter Austausch der Kapitalbeträge am Ende der Laufzeit ermöglicht.

Beide Unternehmen möchten über die Kreditlaufzeit eine feste Verzinsung. Die Kredite seien als Endfälligkeitsdarlehen konzipiert. Die im jeweiligen Land angebotenen Zinskonditionen zeigt Abb. 8-22.

Betrachten wir zunächst das deutsche Unternehmen A: Ohne Kooperation hätte es 6% Zinsen in den USA auf USD-Basis zu entrichten. Nimmt es nun aber zunächst einen Kredit in EUR auf, hat es an seine Gläubiger 5% Zinsen zu zahlen. Da der US-Konzern B für A den Dollarkredit aufnimmt, muss es auch an B 7% entrichten. Damit stehen 12% Zinszahlungen im Falle der Kooperation 6% Zinszahlungen im Falle eines Kooperationsverzichts gegenüber. Folglich verlangt A von B mindestens die Zahlung von 6% Zinsen.

32 Vgl. Hull, J.C. (Optionen 2006), S. 210.

33 Vgl. Becker, H.P. (Investition 2008), S. 253.

Unternehmen	A (Deutschland)	B (USA)
Interessenlage	Aufnahme eines Kredites in USD	Aufnahme eines Kredites in EUR
Zinskonditionen in den USA	6%	7%
Zinskonditionen in Deutschland	5%	8%
Strategischer Ansatzpunkt	Aufnahme eines Kredites in EUR	Aufnahme eines Kredites in USD

Abb. 8-22: Zinskonditionen zum Beispiel für einen Währungsswap

Aus Sicht von B gilt: Der Konzern muss 7% Zinsen an seine US-Gläubiger entrichten, die es aber von A erstattet bekommt. Würde B in Deutschland einen Kredit aufnehmen, wären 8% zu zahlen, so dass die maximale Vergütung an A aus Sicht von B bei 8% liegt.

Saldiert betrachtet liegt ein positiver Einigungsbereich zwischen 6% und 8% Zinszahlungen an A vor. Die Zinsdifferenz (2%) stellt zugleich den Unterschiedsbetrag aus den Zinssummen dar, die sich aus dem Vergleich „mit (5%+7%=12%) versus ohne (6%+8%=14%) Kooperation" ergeben. Die endgültige Aufteilung der Zinsdifferenz ist Verhandlungssache. Abb. 8-23 verdeutlicht den zeitlichen Ablauf der Swaptransaktion:

- Im ersten Schritt erfolgen die Kreditaufnahmen (1) im jeweiligen Währungsraum sowie der Austausch der Kreditbeträge (2) zwischen A und B.
- Während der Swaplaufzeit tauschen A und B ihre Zinszahlungen laufend aus (3): B zahlt an A die EUR-Zinsen (mindestens 6%), wobei aus Sicht des US-Konzerns USD-Beträge zum vereinbarten Wechselkurs in EUR-Beträge transformiert werden. Analog entrichtet der deutsche Konzern A an B die zu leistenden USD-Zinsen (7%) unter Nutzung des fixierten Wechselkurses. Die empfangenen Zinszahlungen werden an die jeweiligen Unternehmensgläubiger weitergeleitet in Höhe der vereinbarten Kreditzinsen, wobei bei A eine Marge verbleiben muss, um den Konditionennachteil von B beim US-Kredit ausgleichen zu können.
- Am Ende der Vereinbarung (also nach 5 Jahren) werden die Währungsbeträge für die zu leistende Kredittilgung zurückgetauscht (4) und die Tilgung der originären Kreditaufnahmen vorgenommen (5).

Neben den für beide Seiten erzielbaren Konditionenvorteil gegenüber jeweils isolierter Kreditaufnahme (positiver Arbitrageeffekt dank Kooperation) haben die beiden Unternehmen zusätzlich mögliche Währungsrisiken während der Kreditlaufzeit über den „eingefrorenen Wechselkurs" abgesichert.

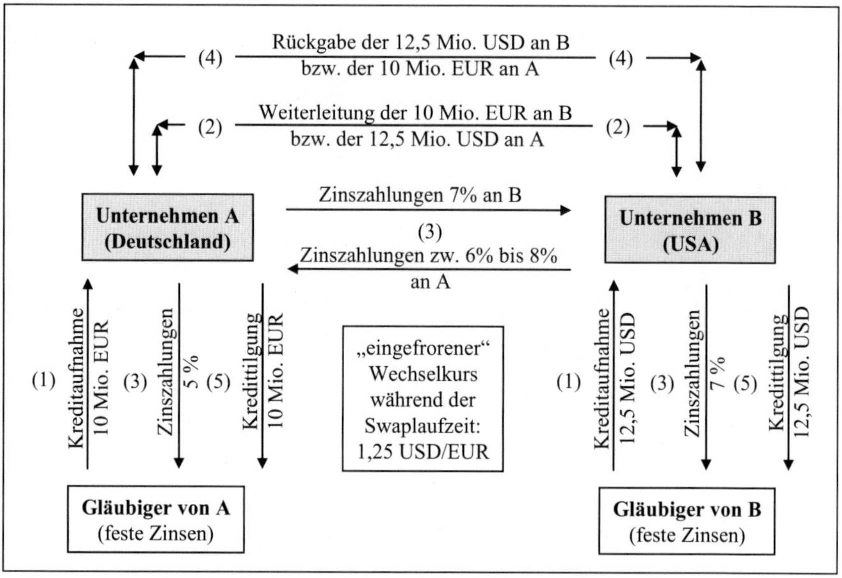

Abb. 8-23: Ablauf beim betrachteten Währungsswap[34]

Alternativ zu dem im Beispiel dargestellten Währungsswap gibt es in der Derivatepraxis ferner die Variante eines kombinierten Zins-Währungs-Swaps. Dieser unterscheidet sich lediglich darin, dass die beiden Swappartner nun variable gegen feste Zinsen tauschen.

8.5 Kreditderivate

In nahezu jeder Kreditbeziehung besteht für den Kreditgeber ein Ausfallrisiko. Von einem Kreditausfall (Credit Default) spricht man dann, wenn einer oder mehrere der folgenden Punkte vorliegen:[35]

- Der Kreditnehmer ist mit seinen Zahlungsverpflichtungen erheblich (bspw. mehr als drei Monate) in Verzug.
- Beim Schuldner ist ein Insolvenzverfahren eröffnet.
- (Andere) Gläubiger haben der Verschiebung von fälligen Zins- und Tilgungszahlungen zugestimmt.

34 Zu einer ähnlichen Darstellung vgl. Perridon, L./Steiner, M./Rathgeber, A. (Finanzwirtschaft 2009), S. 321.

35 Vgl. Bösch, M. (Derivate 2011), S. 216.

- Nach aktuellster Hochschätzung gilt es als unwahrscheinlich, dass der Kreditnehmer seinen Auszahlungsverpflichtungen noch in vollem Umfang nachkommen wird.

In solchen Fällen sind Kreditderivate nützliche versicherungsähnliche Instrumente, mittels derer die mit Finanzforderungen verbundenen Kreditrisiken auf andere Marktteilnehmer (sog. Sicherungsgeber) übertragen werden. Die originäre Kreditbeziehung zwischen dem Kreditgeber, der sich gegen das Kreditausfallrisiko abzusichern wünscht (sog. Sicherungsnehmer), und dem Kreditnehmer bleibt dabei jedoch unverändert bestehen. Verkauft wird lediglich das Ausfallrisiko an die Sicherungsgeber. Damit wird eine Finanzforderung aus Sicht des Kreditgebers weiterhin in dessen Bilanz aktiviert.[36] Hauptnutznießer von Kreditderivaten sind naturgemäß die Geschäftsbanken, deren Kreditgeschäft im Falle von Kreditausfällen eine geringere Wirtschaftlichkeit aufweisen würde.

Die wichtigsten Kreditderivate der Finanzierungspraxis stellen der sog. **Credit Default Swap** (CDS), das **Credit Linked Note** sowie der **Total Return Swap** dar. Diese drei Derivate lassen sich aus Sicht des Kreditgebers bzw. Sicherungsnehmers wie folgt charakterisieren:

- Bei einem **CDS** leistet der Sicherungsgeber bei Eintritt eines vorab definierten Schadensereignisses (Credit Event) einen finanziellen Ausgleich an den Sicherungsnehmer. Dafür erhält der Sicherungsgeber vorab eine laufende Prämie, deren Höhe u.a. von der Bonität des Schuldners, der Laufzeit der Vereinbarung und der Definition des Schadensereignisses abhängt. Ein CDS hat damit – ähnlich einer Option – den Charakter eines bedingten Termingeschäftes, weshalb man das Derivat manchmal auch Credit Default Option nennt.37
- Ist der Sicherungsgeber eines CDS bei Schadenseintritt nicht in der Lage, den vereinbarten Ausgleich an den Sicherungsnehmer zu leisten, hätte der Sicherungsnehmer dennoch den Ausfall aus seiner Kreditbeziehung zu verkraften. Daher besteht für ihn beim Abschluss eines CDS-Kontraktes die Möglichkeit, sich bereits vorab den prognostizierten Gegenwert des maximalen Verlustes aus seiner Finanzforderung vom Sicherungsgeber auszahlen zu lassen, was einer Vorauszahlung einer potentiellen Versicherungsleistung vor Eintritt des Schadensfalles gleichkommt. Dies wird durch das Instrument **Credit Linked Note** realisiert: Der Sicherungsnehmer emittiert eine Anleihe (daher „Note"), die der Sicherungsgeber erwirbt. Auf diese Weise erzielt der Sicherungsnehmer einen Emissionserlös. An den Sicherungsgeber hat er die in der Anleihe verbrieften Kreditzinsen zu zahlen. Der Rückzahlungsbetrag ist – anders als bei normalen Anleihen – an ein definiertes Schadensereignis geknüpft und wird bei dessen Eintreten entsprechend gekürzt.

---

36 Vgl. Wöhe, G./Bilstein, J./Ernst, D./Häcker, J. (Grundzüge 2009), S. 338.

37 Vgl. Becker, H.P. (Investition 2008), S. 292.

- Bei einem **Total Return Swap** tauschen Sicherungsnehmer und -geber die Zinsen und Wertveränderungen einer Finanzforderung aus. Dabei leitet der Sicherungsnehmer, der bspw. über eine Anleihe im Finanzanlagevermögen verfügt, die Zinserträge und Kurssteigerungen an den Sicherungsgeber weiter, während dieser wiederum einen von Anfang an vereinbarten (vielfach variablen) Zins sowie einen Ausgleich für ggf. auftretende Kursverluste an den Sicherungsnehmer zahlt. Die Swap-Vereinbarung endet nach Ablauf der festgelegten Laufzeit oder aber mit dem Eintreten des vereinbarten Schadensereignisses aus der Finanzforderung des Sicherungsnehmers.

Als das bedeutendste Kreditderivat gilt der **Credit Default Swap** (CDS),[38] so dass er im Folgenden näher betrachtet wird. Ein CDS bietet Schutz gegen einen möglichen Kreditausfall. Der CDS-Käufer erwirbt den Ausfallschutz (Sicherungsnehmer). Der Verkäufer des Ausfallschutzes (Sicherungsgeber) muss mit dem Käufer folgende Sachverhalte vertraglich festlegen:[39]

- Referenzaktivum: Es ist zu klären, welche Finanzforderungen (Einzelforderung oder Forderungsportfolio) versichert werden sollen. Der Gesamtnennwert der Referenzaktiva wird als Nominalbetrag des CDS bezeichnet und stellt den Basiswert des Kreditderivats dar.
- Definition von Schadensereignissen (Credit Events): Das vertraglich zu fixierende Schadensereignis (bspw. Insolvenz, Zahlungsverzug, Nichteinhaltung von Kreditklauseln seitens des Referenzschuldners) sollte idealerweise objektiv messbar und von den Vertragsparteien nicht beeinflussbar sein.
- Leistungen des CDS-Verkäufers bzw. Ansprüche des CDS-Käufers: Sofern das definierte Schadensereignis, auf das sich das Ausfallrisiko bezieht, eintritt, ergeben sich die Leistungsalternativen „physische Lieferung" oder „Ausgleichszahlung". Beim Fall der physischen Lieferung verkauft der CDS-Käufer das Referenzaktivum an den Sicherungsgeber und erhält als Gegenleistung den Nominal- bzw. Nennwert. Die physische Lieferung von Finanzforderungen hat den Vorteil, dass zwischen den Kontraktpartnern kein Streit über die Bewertung der Referenzaktiva nach Eintritt des Schadensereignisses entstehen kann. Diesen Vorteil bietet eine Ausgleichszahlung (sog. Cash Settlement) nicht. Denn bei dieser erhält der Sicherungsnehmer vielfach eine Zahlung in Höhe der Differenz zwischen Nominalwert und dem (ggf. strittigen) Restwert des Referenzaktivums nach Eintritt des Schadensereignisses. Da die Restwertermittlung im Einzelfall problematisch ist und nicht immer durch eine vorab festgelegte Schiedsstelle (Calculation Agent) zur Zufriedenheit der Kontraktpartner gelöst werden kann, sehen CDS-Kontrakte auch alternativ einen fixen Ausgleichsbetrag vor, der bei Eintritt des Schadensereignisses fällig wird. Bei dieser

38 Vgl. Rudolph, B./Schäfer, K. (Finanzmarktinstrumente 2010),S. 176.

39 Vgl. Bösch, M. (Derivate 2011), S. 223-224.

Variante wird der Bewertungskonflikt in die Phase der Vertragsgestaltung zeitlich vorverlagert.

- Laufzeit der Vereinbarung: Im Kontrakt muss die Laufzeit des CDS festgelegt werden, die maximal der Laufzeit der zugrundeliegenden Referenzaktiva entsprechen kann. Tritt das definierte Schadensereignis mit den dadurch ausgelösten Leistungen des CDS-Verkäufers während der Laufzeit ein, wird die CDS-Vereinbarung vorzeitig beendet.
- Fixierung der CDS-Prämie für den Sicherungsgeber: Der CDS-Käufer erhält den Ausfallschutz. Dafür erhält der CDS-Verkäufer regelmäßige Prämienzahlungen, die als Prozentsatz des Nominalwertes des CDS vereinbart werden (sog. CDS-Prämie oder CDS-Spread). Sie erfolgen zumeist jährlich, halb- oder vierteljährlich bis zum Ende der CDS-Laufzeit bzw. bis zum Eintritt des Schadensereignisses. Auch einmalige Vorauszahlungen sind möglich.

Abb. 8-24 zeigt den prinzipiellen Ablauf für den Fall einer vereinbarten Ausgleichszahlung.

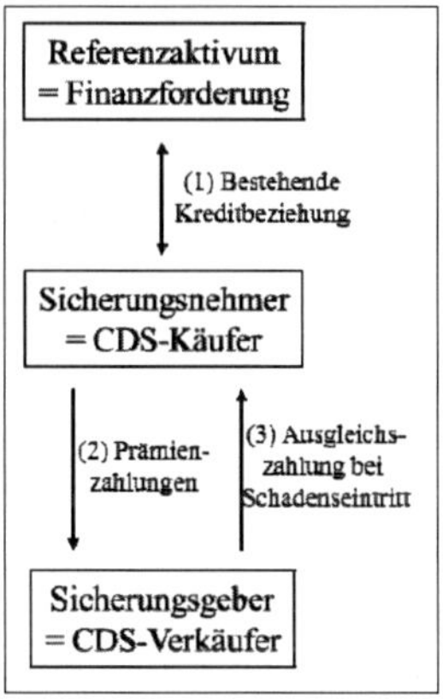

Abb. 8-24: Grundstruktur eines CDS-Kontraktes mit Ausgleichszahlung

Besonders interessant ist die Frage, wie sich die zu leistenden CDS-Prämien, die bei Vertragsabschluss zu fixieren sind, bestimmen lassen. Ein weit verbreiteter Ansatz stellt das Gleichsetzen des zu erwartenden Present Value der Prämienzahlungen, die der Sicherungsnehmer zu entrichten hat (vgl. Punkt (2) in Abb. 8-24), mit dem Present Value der zu erwartenden Ausgleichszahlungen vom Sicherungsgeber (vgl. Punkt (3) in Abb. 8-24) dar. Zum Abzinsen wird ein risikoloser Basiszinssatz verwendet.

Beispiel

Zwei Kontraktpartner vereinbaren in t=0 den Abschluss eines CDS. Als Referenzaktivum gilt eine neu emittierte Anleihe, die Unternehmen A im Finanzanlagevermögen hält. Als Schadensereignis sei die Einstellung der Zinszahlungen an A vereinbart. Der CDS sieht dann eine physische Lieferung an den Kontraktpartner B vor. Jede Teilschuldverschreibung der Anleihe weist einen Nennwert von 100 GE auf und damit auch der Nominalbetrag bzw. Basiswert eines CDS. Da die Laufzeit der Anleihe vier Jahre beträgt, endet der CDS ebenfalls in t=4. Der Sicherungsnehmer (Unternehmen A) verpflichtet sich, während der CDS-Laufzeit jährlich nachschüssig eine CDS-Prämie (*p*) auf den Nominalbetrag zu zahlen. Für die Ermittlung der CDS-Prämie gilt es zunächst, die sog. bedingte Ausfallwahrscheinlichkeit (*bA*), die in der von Firma A gehaltenen Anleihe steckt, abzuschätzen. Bei börsennotierten Anleihen kann auf am Kapitalmarkt beobachtbare Daten (hier: Anleiherenditen) zurückgegriffen werden, indem der Risikozuschlag („Spread") der betrachteten Anleihe (*RZ*), der sich gegenüber risikolosen Schuldverschreibungen ergibt, ins Verhältnis zur ebenfalls abzuschätzenden Verlustquote im Schadensfall (*VQ*) gesetzt wird:

$$(1)\ bA = \frac{RZ}{VQ}$$

Hinter (1) steht damit die Idee, das der Risikozuschlag beim Anleihezins der zusätzlichen Renditeforderung der Marktteilnehmer aufgrund erwarteter Verluste aus der Kreditbeziehung entspricht. Nehmen wir an, die hier betrachtete Anleihe weist gegenüber risikofreien Anleihen, die eine Rendite von 5% p.a. bieten, einen „Spread" von 2% p.a. auf. Das Unternehmen A schätzt die Verlustquote im Falle eines Kreditausfalls auf 50%, da ein Teil der Finanzforderung durch Verwertung von Sicherheiten, die der originäre Kreditnehmer stellt, erfüllt wird. Die bedingte Ausfallwahrscheinlichkeit, die auch Ausfallintensität genannt wird,[40] beträgt exakt 4% p.a.

In Abb. 8-25 wird gezeigt, wie sich der Present Value der vom Unternehmen A (Sicherungsnehmer) zu leistenden Prämienzahlungen berechnet, wobei der CDS-Prämiensatz (*p*) laufzeitkonstant ist und zunächst noch die unbekannte bzw. von uns gesuchte Größe darstellt.

In Zeile [1] der Abb. 8-25 wird zunächst die sog. marginale Ausfallwahrscheinlichkeit einer Kreditperiode t berechnet. Sie ist das Produkt aus bedingter Ausfallwahrscheinlichkeit gemäß Formel (1) (hier: 4% p.a.) und der sog. Überlebenswahrscheinlichkeit (*ÜW*) zum Ende der Vorperiode t-1. Die Überlebenswahrscheinlichkeit ergibt sich, wie Zeile [3] zeigt, nach Abzug der in [2] per t kumulierten marginalen Ausfallwahrscheinlichkeiten. Alternativ kann diese mit Formel (2) errechnet werden:

$$(2)\ \ddot{U}W_t = (1 - bA)^t$$

40 Vgl. Bösch, M. (Derivate 2011), S. 225.

Formel (2) stellt letztlich eine zeitliche Abfolge von bedingten Wahrscheinlichkeiten dar, die auf der Annahme basieren, dass bis Periode t kein Schadensereignis bzw. Kreditausfall eingetreten ist.[41]

Nr.	Zeitpunkt t	0	1	2	3	4
[1]	Marginale Ausfallwahrscheinlichkeit	---	0,04·1 =0,04	0,04·0,96 =0,0384	0,04·0,9216 =0,0369	0,04·0,8846 =0,0354
[2]	Kumulierte marginale Ausfallwahrscheinlichkeit	0	0,04	0,04+0,0384 =0,0784	0,0784+0,037 =0,1154	0,1154+0,0354 =0,1508
[3]	Überlebenswahrscheinlichkeit (ÜW)	1	1-0,04 =0,96	1-0,0784 =0,9216	1-0,1154 =0,8846	1-0,1508 =0,8492
[4]	Erwartete Prämienzahlung je 100 GE Nominalbetrag	---	96·*p*	92,16·*p*	88,46·*p*	84,92·*p*
[5]	Mit 5% diskontierte erwartete Prämienzahlung je 100 GE Nominalbetrag	---	91,43·*p*	83,59·*p*	76,42·*p*	69,86·*p*
[6]	**Present Value der Prämienzahlungen je 100 GE Nominalbetrag**	**321,3·*p***	---	---	---	---

Abb. 8-25: Present Value der von Unternehmen A zu leistenden Prämienzahlungen

Immer dann, wenn das Schadensereignis noch nicht eingetreten ist, also der Kredit „überlebt" hat, sind Prämien zu zahlen. Daher stellt die Überlebenswahrscheinlichkeit auch zugleich die Wahrscheinlichkeit der Prämienzahlung dar. Da im Zeitablauf die (kumulierten) Ausfallwahrscheinlichkeiten steigen, sinkt analog die Wahrscheinlichkeit der Prämienzahlung mit zunehmender Kreditdauer. Dies hat im Beispiel zur Folge, dass für das erste Kreditjahr mit 96%iger Eintrittswahrscheinlichkeit eine Prämie zu entrichten ist; im vierten Jahr dagegen nur noch mit knapp 85%. Die Prämie wird als Prozentsatz auf den Anleihenennwert erhoben (vgl. Zeile [4] in Abb. 8-25) und ergibt abgezinst in t=0 einen Present Value („Barwert") von rund 321,3·*p*.

Ein rational handelnder Sicherungsnehmer wird nur dann diesen „Prämien-Present Value" zahlen, wenn dieser nicht größer ausfällt als der Wert der von ihm zu erwartenden Ausgleichszahlungen bei Eintritt des definierten Schadensereignisses. Der Present Value der

41 Dies wird besonders deutlich, wenn man die Problemstellung mit dem aus der Investitionsrechnung bekannten Instrument des Entscheidungsbaumverfahrens analysiert. Vgl. hierzu bspw. Kesten, R. (Investitionsrechnung 2011), S. 199-212.

Ausgleichszahlungen je „versicherter“ Teilschuldverschreibung zeigt Abb. 8-26. Demnach ergibt sich die in jeder Periode zu erwartende Ausgleichszahlung aus der Multiplikation von periodenbezogenen marginalen Ausfallwahrscheinlichkeiten und dem „Verlustbetrag“ je Teilschuldverschreibung, der aus dem Produkt von zu schätzender Verlustquote und dem Nennwert einer Teilschuldverschreibung resultiert (vgl. Zeile [3] der Abb. 8-26). Mit den Beispieldaten erhalten wir als Present Value in t=0 rund 6,70 GE je 100 GE Nominalbetrag.

Nr.	**Zeitpunkt t**	**0**	**1**	**2**	**3**	**4**
[1]	Marginale Ausfallwahrscheinlichkeit	---	$0{,}04 \cdot 1 = 0{,}04$	$0{,}04 \cdot 0{,}96 = 0{,}0384$	$0{,}04 \cdot 0{,}9216 = 0{,}0369$	$0{,}04 \cdot 0{,}8847 = 0{,}0354$
[2]	Verlustquote bei Kreditausfall	---	0,5	0,5	0,5	0,5
[3]	Erwartete Ausgleichszahlung je 100 GE Nominalbetrag	---	$0{,}04 \cdot 0{,}5 \cdot 100 = 2{,}00$	$0{,}0384 \cdot 0{,}5 \cdot 100 = 1{,}92$	$0{,}0369 \cdot 0{,}5 \cdot 100 = 1{,}85$	$0{,}0354 \cdot 0{,}5 \cdot 100 = 1{,}77$
[4]	Mit 5% diskontierte erwartete Ausgleichszahlung je 100 GE Nominalbetrag	---	1,90	1,74	1,60	1,46
[5]	**Present Value der Ausgleichszahlung je 100 GE Nominalbetrag**	**6,70**	---	---	---	---

Abb. 8-26: Present Value der von Unternehmen A zu erwartenden Ausgleichszahlung

Abschließend sind die beiden Present Values aus den Abb. 8-25 und 8-26 gleichzusetzen und nach der gesuchten CDS-Prämie (*p*) aufzulösen:

$$(3)\ 321{,}3 \cdot p \overset{!}{=} 6{,}70 \Rightarrow p = \frac{6{,}70}{321{,}3} \approx 0{,}0209$$

Der Sicherungsnehmer sollte im Beispiel also maximal 2,09% p.a. an Prämie zahlen. Bei einer höheren Prämie wäre der Derivatekontrakt für ihn nicht mehr absolut vorteilhaft. Unterstellen wir, dass auch der Sicherungsgeber mit gleichen Annahmen rechnet, kann man den Prämiensatz als „fairen Marktpreis“ interpretieren. Auf diesen Preis kommt man auch näherungsweise, wenn die laufzeitkonstante Ausfallintensität (4%) mit der geschätzten Verlustquote im Falle des Kreditausfalls (50%) multipliziert wird (2%). Dies unterstellt, dass sich die

CDS-Prämie letztlich am Risikozuschlag, den die betrachtete Anleihe bei den Zinsen gegenüber einer risikolosen Vergleichsanleihe bietet, orientiert.

Abschließend sei darauf hingewiesen, dass Credit Default Swaps (CDS) gegenüber den in Abschnitt 8.2 bis 8.4 diskutierten Derivateformen die Besonderheit einer **asymmetrischen Informationsverteilung** zugunsten des Sicherungsnehmers aufweisen: Betrachtet man bspw. eine Kaufoption auf Aktien (vgl. Abschnitt 8.3.1), so wird die künftige Wertentwicklung des Basiswertes von vielen Einflussfaktoren (bspw. allgemeine Konjunktur, Branchentrends, Firmenstrategie) bestimmt. Zudem können sich alle Marktteilnehmer – wenn sie wollen – aus einer Vielzahl von zugänglichen Informationsquellen über die weitere Entwicklung der Einflussfaktoren informieren. Der Wert eines CDS hängt jedoch zentral von der Einflussgröße „Ausfallwahrscheinlichkeit des Kredites" ab. Die Hausbanken des Schuldners und ggf. die Ratingagenturen, die eine Bonitätseinstufung durchgeführt haben, besitzen bezüglich der Einschätzung der Ausfallrisiken einen Informationsvorsprung gegenüber allen übrigen Marktteilnehmern, was für diese zu einer besseren Wertprognose für einen CDS führt. Aufgrund der Informationsasymmetrie ist zu erwarten, dass bevorzugt die Kreditrisiken zum Verkauf angeboten werden, die überdurchschnittlich hoch sind, da die potentiellen Kontraktpartner die Ausfallwahrscheinlichkeiten nicht zutreffend beurteilen können. Es kommt aus deren Sicht zu einer „Negativauslese" (**adverse Selektion**). Zudem hat der Kreditgeber, der das Ausfallrisiko über den CDS verkauft hat, möglicherweise kein Interesse mehr, Maßnahmen, die die Ausfallwahrscheinlichkeit verkleinern würden (bspw. Überwachung der gewährten Kreditlinien, regelmäßige Berichterstattung usw.), einzuleiten, da es für ihn keinen Anreiz mehr gibt, den möglichen Kreditausfall zu verhindern. Die Gefahr einer „Verrohung der Sitten bzw. der Geschäftskultur" als denkbare Folge wird **Moral Hazard** genannt und stellt schon immer ein Grundproblem für Versicherungsgesellschaften dar.[42] Betrachtet man die modelltheoretische Ableitung von CDS-Prämien, so muss man zugeben, dass die Bewertungsmethodik noch nicht so ausgefeilt und standardisiert ist wie bspw. die Ansätze zur Bewertung von Aktienoptionen (vgl. hierzu nochmals Abschnitt 8.3.1). So basieren die in Abb. 8-25 und 8-26 gezeigten Berechnungen auf einer risikoneutralen Einstellung der CDS-Kontraktpartner.[43] Sicherungsnehmer unterliegen damit der Gefahr, überhöhte Preise für den Kreditausfallschutz zu entrichten. Aber auch die Sicherungsgeber müssen letztlich begreifen, dass sie aufgrund der Ungleichverteilung der Informationen über die Kreditbeziehung im Regelfall wohl mehr Risiken als „nur" das Ausfallrisiko tragen.

42 Kaum haben wir unser Auto umfassend versichert, fahren wir gern gleich schneller. Kaum haben wir eine Rechtsschutzversicherung abgeschlossen, ermutigt uns das zu häufigeren Streitereien mit unseren Mitmenschen usw.

43 In unserem Kulturkreis geht man eher von der Annahme der Risikoaversion aus, was zu einer Reduktion von Present Values führt. Zur Bedeutung der Risikoeinstellung von Investoren vgl. Kesten, R. (Investitionsrechnung 2011), S. 185-191.

Literaturverzeichnis

Achleitner, A.-K./Engel, R. (Inkubatoren 2001); Situation und Entwicklungstendenzen auf dem Markt für Inkubatoren in Deutschland. In: Finanz Betrieb 1/2001, S. 76-82.

Achleitner, A.-K./Nathusius, E. (Valuation 2004); Venture Valuation, Stuttgart 2004.

Becker, H.P. (Investition 2008); Investition und Finanzierung, 2. Aufl., Wiesbaden 2008.

Betsch, O./Groh, A./Lohmann, L. (Finance 2000); Corporate Finance, 2. Aufl., München 2000.

Bösch, M. (Derivate 2011); Derivate, München 2011.

Bösch, M. (Finanzwirtschaft 2009); Finanzwirtschaft, München 2009.

Brealey, R.A./Myers, S.C./Allen, F. (Finance 2006); Corporate Finance, 8. Aufl., Boston/u.a. 2006.

Coenenberg, A.G./Haller, A./Schultze, W. (Jahresabschluss 2009); Jahresabschluss und Jahresabschlussanalyse, 21. Aufl., Stuttgart 2009.

Dinstuhl, V. (Unternehmensbewertung 2003); Konzernbezogene Unternehmensbewertung, Wiesbaden 2003.

Drukarczyk, J. (Finanzierung 2003); Finanzierung, 9. Aufl., Stuttgart 2003.

Drukarczyk, J./Schüler, A. (Unternehmensbewertung 2007); Unternehmensbewertung, 5. Aufl., München 2007.

Engelmann, A. (Inkubationsprinzip 2000); Das Inkubationsprinzip – Ein ganzheitlicher Ansatz zur Unterstützung der Existenzgründung. In: Finanz Betrieb 5/2000, S. 329-335.

Ernst, H.-J./Hanikaz, M. (Businessplanung 2005); Modulgesteuerte Businessplanung als Instrument der Unternehmensbewertung. In: Praxishandbuch der Unternehmensbewertung (Hrsg.: Peemöller, V.H.), 3. Aufl., Herne/Berlin 2005, S. 135-157.

Franke, G./Hax, H. (Finanzwirtschaft 2004); Finanzwirtschaft des Unternehmens und Kapitalmarkt, 5. Aufl., Berlin/u.a. 2004.

Götze, U. (Investitionsrechnung 2008); Investitionsrechnung, 6. Aufl., Berlin/u.a. 2008.

Gräfer, H./Schiller, B./Rösner, S. (Finanzierung 2010); Finanzierung, 7. Aufl., Berlin 2010.

Gruber, M./Harhoff, D./Tausend, C. (Entwicklung 2003); Finanzielle Entwicklung junger Wachstumsunternehmen. In: Controlling von jungen Unternehmen (Hrsg.: Achleitner, A.-K./Bassen, A.), Stuttgart 2003, S. 27-50.

Hammer, H. (Unternehmen 2001); Himmlische Zeiten für junge Unternehmen? In: Finanz Betrieb 2/2001, S. 151-154.

Henselmann, K./Kniest, W. (Unternehmensbewertung 2002); Unternehmensbewertung: Praxisfälle mit Lösungen, 3. Aufl., Herne/Berlin 2002.

Hull, J.C. (Optionen 2006); Optionen, Futures und andere Derivate, 6. Aufl., München/Boston/u.a. 2006.

Institut der Wirtschaftsprüfer (Wirtschaftsprüferhandbuch II 2002); Wirtschaftsprüferhandbuch 2002, Band II (Hrsg.: Institut der Wirtschaftsprüfer in Deutschland e.V.), 12. Aufl., Düsseldorf 2002.

Jöhnk, T. (Projektfinanzierung 2011); Die Fallstudie Projektfinanzierung. In: WISU 8-9/2011, S. 1110-1113.

Kesten, R. (Investitionsrechnung 2011); Investitionsrechnung in Fällen und Lösungen, Herne 2011.

Kesten, R. (Adjusted Present Value 2007); Adjusted Present Value und Unternehmenssteuerreform 2008/2009, Arbeitspapiere der Nordakademie, August 2007.

Kesten, R. (Immobilieninvestitionen 2001); Management und Controlling von Immobilieninvestitionen, Chemnitz 2001.

Kesten, R. (Stolpersteine 2004); Methodische Stolpersteine für Controller im Rahmen von Unternehmensbewertungen. In: Controller Magazin 6/2004, S. 538-547.

Krag, J./Kasperzak, R. (Unternehmensbewertung 2000); Grundzüge der Unternehmensbewertung, München 2000.

Kruschwitz, L. (Finanzierung 2004); Finanzierung und Investition, 4. Aufl., München/Wien 2004.

Kruschwitz, L. (Finanzmathematik 2001); Finanzmathematik, 3. Aufl., München 2001.

Kruschwitz, L. (Investitionsrechnung 2009); Investitionsrechnung, 12. Aufl., München/Wien 2009.

Küting, K. (Möglichkeiten 2000); Möglichkeiten und Grenzen der Bilanzanalyse am Neuen Markt (Teil II). In: Finanz Betrieb 11/2000, S. 674-683.

Loderer, C. (Bewertung 2005); Handbuch der Bewertung, 3. Aufl., Zürich 2005.

Müller, A./Müller, D. (Kreditvergabe 2007); Risikosteuerung der Kreditvergabe, 3. Aufl., Herne/Berlin 2007.

Müller, O. (Mezzanine 2002); Mezzanine Finance unter besonderer Berücksichtigung von private Mezzanine in der Schweiz und Europa, Bamberg 2002.

Müller, O. (Mezzanine 2003); Mezzanine Finance, Bern 2003.

Nelles, M./Klusemann, M. (Mezzanine-Capital 2003); Die Bedeutung der Finanzierungsalternative Mezzanine-Capital im Kontext von Basel II für den Mittelstand. In: Finanz Betrieb, 1/2003, S.1-10.

Nittka, I. (Business Angels 2000); Informelles Venture Capital und Business Angels. In: Finanz Betrieb 4/2000, S. 253-262.

Nowak, K. (Unternehmensbewertung 2003); Marktorientierte Unternehmensbewertung, 2. Aufl., Wiesbaden 2003.

Peemöller, V.H./Geiger, T./Barchet, H. (Bewertung 2001); Bewertung von Early-Stage-Investments im Rahmen der Venture Capital-Finanzierung. In: Finanz Betrieb 5/2001, S. 334-344.

Perridon, L./Steiner, M./Rathgeber, A. (Finanzwirtschaft 2009); Finanzwirtschaft der Unternehmung, 15. Aufl., München 2009.

Rudolph, B./Fischer, C. (Private Equity 2000); Der Markt für Private Equity. In: Finanz Betrieb 1/2000, S. 49-56.

Rudolph, B./Schäfer, K. (Finanzmarktinstrumente 2010); Derivative Finanzmarktinstrumente, 2. Aufl., Berlin/Heidelberg 2010.

Schiffer, K.J./Schubert, M. von (Venture-Capital-Finanzierung 2000); Venture-Capital-Finanzierung im E-Business. In: Finanz Betrieb 11/2000, S. 733-738.

Schmeisser, W. (Venture Capital 2000); Venture Capital und Neuer Markt als strategische Erfolgsfaktoren der Innovationsförderung. In: Finanz Betrieb 3/2000, S. 189-193.

Schmidt, M. (Finanzinstrumente 2006); Derivative Finanzinstrumente, 3. Aufl., Stuttgart 2006.

Schmidt, R.H./Terberger, E. (Grundzüge 1997); Grundzüge der Investitions- und Finanzierungstheorie, 4. Aufl., Wiesbaden 1997.

Schneider, D. (Geschichte 1981); Geschichte betriebswirtschaftlicher Theorie, München/Wien 1981.

Schneider, D. (Gewinnprinzip 1990); Unternehmensethik und Gewinnprinzip in der Betriebswirtschaftslehre. In: Zeitschrift für betriebswirtschaftliche Forschung, 42. Jg. (1990), S. 869-891.

Schneider, D. (Grundlagen 1993); Betriebswirtschaftslehre, Band 1: Grundlagen, München/Wien 1993.

Schulte, K.-W. (Immobilienökonomie 2000); Immobilienökonomie, Band 1: Betriebswirtschaftliche Grundlagen (Hrsg.: Schulte, K.-W.), 2. Aufl., München/Wien 2000.

Spremann, K. (Finance 2007); Finance, 3. Aufl., München/Wien 2007.

Streit, B./Baar, S./Hirschfeld, A. (Mezzanine-Kapital 2004); Einsatz von Mezzanine-Kapital zur Unternehmensfinanzierung im Mittelstand. In: Buchführung Bilanz Kostenrechnung (BBK) 19/2004, S. 899-908.

Volk, G. (Börseneinführung 2000); Die Kosten einer Börseneinführung. In: Finanz Betrieb 5/2000, S. 318-323.

Wöhe, G./Bilstein, J./Ernst, D./Häcker, J. (Grundzüge 2009); Grundzüge der Unternehmensfinanzierung, 10. Aufl., München 2009

Zantow, R. (Finanzwirtschaft 2007); Finanzwirtschaft der Unternehmung, 2. Aufl., München/u.a. 2007.

Stichwortverzeichnis

C§W – Chemnitzer Schriften zum Wirtschaftsrecht

- „Umsetzung des Aktionsplanes Finanzdienstleistungen in der EU" (Jens Gampe), 2009, 312 S., ISBN: 978-3-934235-80-9, 49,95 €
- „Ansprüche bei Verletzung des Persönlichkeitsrechts …" (Dileyha Altintas), 2010, 202 S., ISBN: 978-3-934235-34-2, 39,90 €
- „Sanierungsberatung als Rechtsberatung und Rechtsdienstleistung …" (Michael Franz Schmitt), 2010, 354 S., ISBN: 978-3-934235-84-7, 49,95 €
- „Challenges in the Implementation of the East African Community Common Market Protocol" (Natujwa Umbertina Mvungi), 2011, 220 S., ISBN: 978-3-934235-82-3, 42,95 €

Dissertationen

- „Produktionssteuerung mittels modularer Simulation" (Gert Blazejewski), 2000, 270 S., ISBN: 3-934235-04-2, 39,90 €
- „Investitionsmanagement in divisionalen Unternehmen" (Christian Bosse), 2000, 320 S., ISBN: 3-934235-07-7, 39,90 €
- „Marketing-Unternehmensspiel MARKUS" (Hans-Jürgen Prehm), 2. Aufl., 2000, 318 S., ISBN: 3-934235-09-3, 49,90 €
- „Management und Controlling von Immobilieninvestitionen" (Ralf Kesten), 2001, 426 S., ISBN: 3-934235-12-3, 44,90 €
- „Verarbeitung unscharfer Informationen für die fallbasierte Kostenschätzung im Angebotsengineering" (Silke Meyer), 2001, 200 S., ISBN: 3-934235-16-6, 39,90 €
- „Grundgedanken einer evolutionär-institutionalistischen Controllingkonzeption" (Michael Rösner), 2003, 285 S., ISBN: 3-934235-21-2, 42,90 €
- „Relativkosten-Kataloge als Kosteninformationssysteme für Konstrukteure" (Jan O. Fischer), 2003, 217 S., ISBN: 3-934235-22-0, 39,90 €
- „Kontextsensitives Kosteninformationssystem…" (Mike Rösler), 2005, 260 S., ISBN: 3-934235-26-3, 42,90 €
- „Energieertrag und dynamische Belastungen in einer Windkraftanlage" (Tong Zhang), 2004, 214 S., ISBN: 3-934235-30-1, 39,90 €
- „Ermittlung divisionaler Eigenkapitalkosten in wertorientierten Steuerungsansätzen" (Thomas Suhiater), 2004, 340 S., ISBN: 3-934235-31-X, 44,95 €
- „Optimales Investitionsvolumen divisionaler Unternehmen" (Kai Steinbach), 2005, 315 S., ISBN: 3-934235-36-0, 46,95 €
- „Der Sachsen-Finanzverband und die Sachsen-Finanzgruppe" (Dino Uhle), 2006, 404 S., ISBN: 3-934235-38-7, 49,95 €
- „Strategische Beschaffungsplanung für Dienstleistungen als Input industrieller Produktionsprozesse" (Axel Wagner), 2005, 245 S., ISBN: 3-934235-40-0, 42,90 €
- „Kostenbenchmarking" (Marc Wagener), 2006, 264 S., ISBN: 3-934235-43-3, 42,90 €
- „Konzeption eines wertorientierten Führungsinformationssystems" (Uwe Schmitz), 2006, 350 S., ISBN: 3-934235-45-X, 49,90 €
- „Risikoorientierte Standortstrukturgestaltung mit einem Ansatz zur Modellierung von Risiken" (Dirk Hinkel), 2006, 236 S., ISBN: 3-934235-47-6, 42,90 €
- „DIMA – Decentralized Integrated Modelling Approach" (Dmitry Ivanov), 2006, 268 S., ISBN: 978-3-934235-56-4, 42,90 €
- „Risikocontrolling im Führungssystem aus funktionaler und instrumentaler Perspektive" (Harald Oetzel), 2007, 385 S., ISBN: 978-3-934235-59-5, 49,95 €
- „Strategisches Risiko- und Diversifikationsmanagement" (Katja Fichtner), 2008, 330 S., ISBN: 978-3-934235-62-5, 49,90 €
- „Make-or-buy-Entscheidungen" (Barbara Mikus), 3. Aufl., 2008, 348 S., ISBN: 978-3-934235-65-6, 44,90 €
- „Wissensbasiertes Beratungssystem zur Nutzung des impliziten Wissens im Geschäftsprozess der Anlageberatung" (Andreas Benz), 2008, 211 S., ISBN: 978-3-934235-70-0, 39,90 €
- „Bankenzusammenschlüsse im Fokus des Kernkompetenzansatzes: Bezugsrahmen, Fallstudienanalyse, Gestaltungsempfehlungen" (Susanne Maurenbrecher), 2009, 420 S., ISBN: 978-3-934235-71-7, 49,95 €
- „Erfolgsfaktoren für das Management strategischer Investitionen" (Thilo Dückert), 2009, 274 S., ISBN: 978-3-934235-72-4, 42,90 €
- „F&E-orientiertes strategisches Supply Chain Management" (Anja Schmidt), 2009, 408 S., ISBN: 978-3-934235-73-1, 49,95 €
- „Beurteilung und Steuerung der Wirtschaftlichkeit in der freien Wohlfahrtspflege am Beispiel der Diakonischen Altenpflege in Sachsen" (Heike Maschke), 2009, 300 S., ISBN: 978-3-934235-74-8, 46,95 €
- „Kooperationskompetenz als Metakompetenz - Ein mehrdimensionaler Bezugsrahmen" (Nicole Landt), 2009, 268 S., ISBN: 978-3-934235-76-2, 42,90 €
- „Unterstützung der auftragsinitiierten Finanzplanung durch Erfahrungswissen" (Martin Mihalovits), 2009, 209 S., ISBN: 978-3-934235-81-6, 39,95 €

- „Simulationen zur Abschätzung der Marktanteilsentwicklung unterschiedlicher Antriebsvarianten am deutschen Fahrzeugmarkt“ (Robert Weikl), 2010, 206 S., ISBN: 978-3-934235-85-4, 39,90 €
- „Der Wertbeitrag von Stil bei Immobilien“ (Nikolai Alexander Mader), 2010, 252 S., ISBN: 978-3-934235-86-1, 42,95 €
- „Erweiterung der didaktischen Metadatenbeschreibung für E-Learning Bausteine zur Verbesserung ihrer Wiederverwendung“ (Uwe Wendt), 2010, 350 S., ISBN: 978-3-934235-88-5, 49,95 €
- „Heuristiken begrenzter Rationalität bei der Aktienauswahl“ (Volker Weber), 2011, 280 S., ISBN: 978-3-934235-78-6, 69,95 €
- „IT-Infrastructure-Library - Adaptierung für eine Nutzung durch kooperierende IT-Shared-Service-Center“ (Henrich Brandes), 2011, 214 S., ISBN: 978-3-86367-002-3, 39,90 €
- „Arbeitsvertrag und Allgemeine Vertragsbedingungen - eine vergleichende Analyse zur Begrenzung der Regelungsmacht der Arbeitsvertragsparteien durch Gesetzgebung und Rechtsprechnung“ (Kathleen Hegner), 2011, 252 S., ISBN: 978-3-86367-004-7, 42,90 €